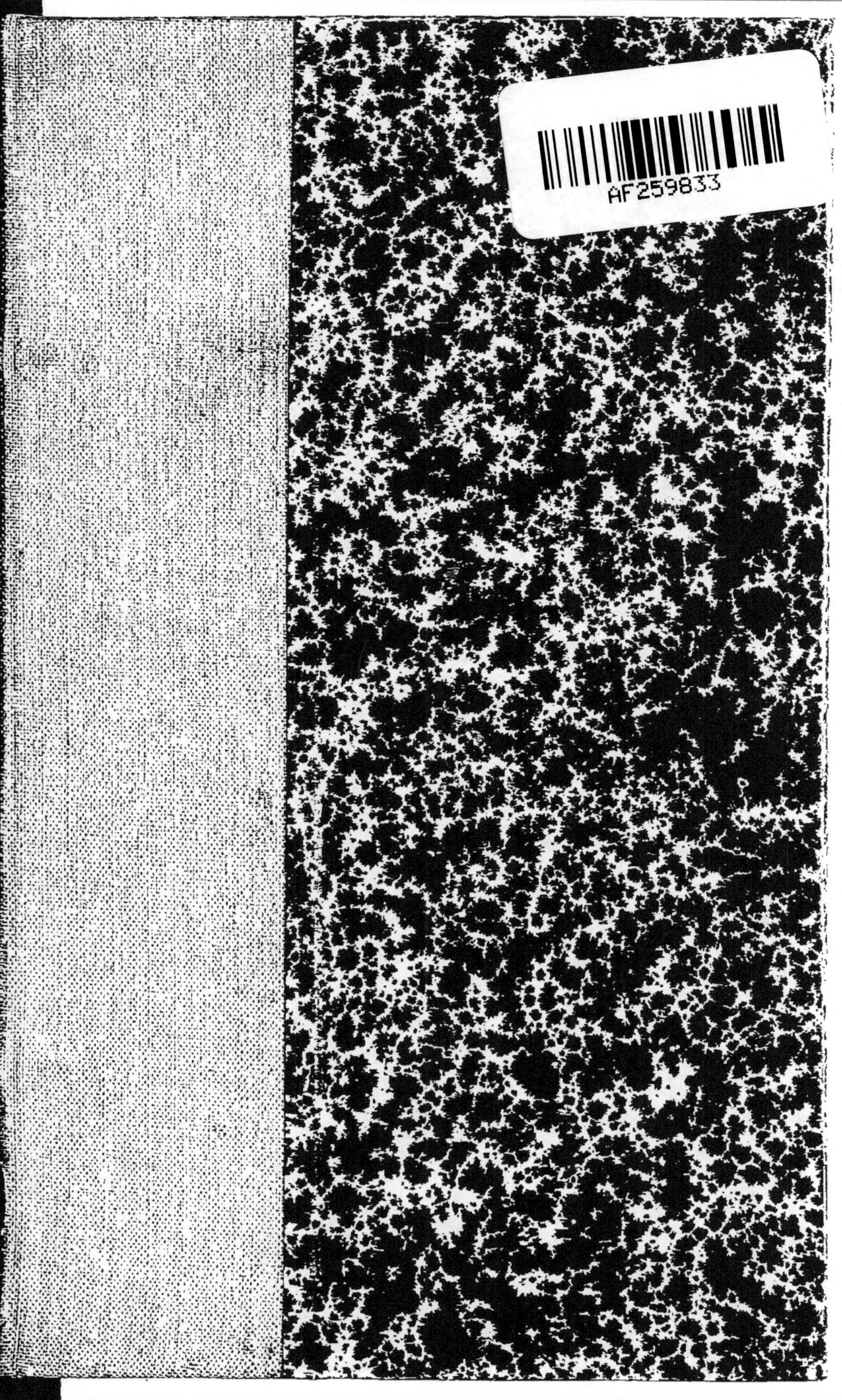

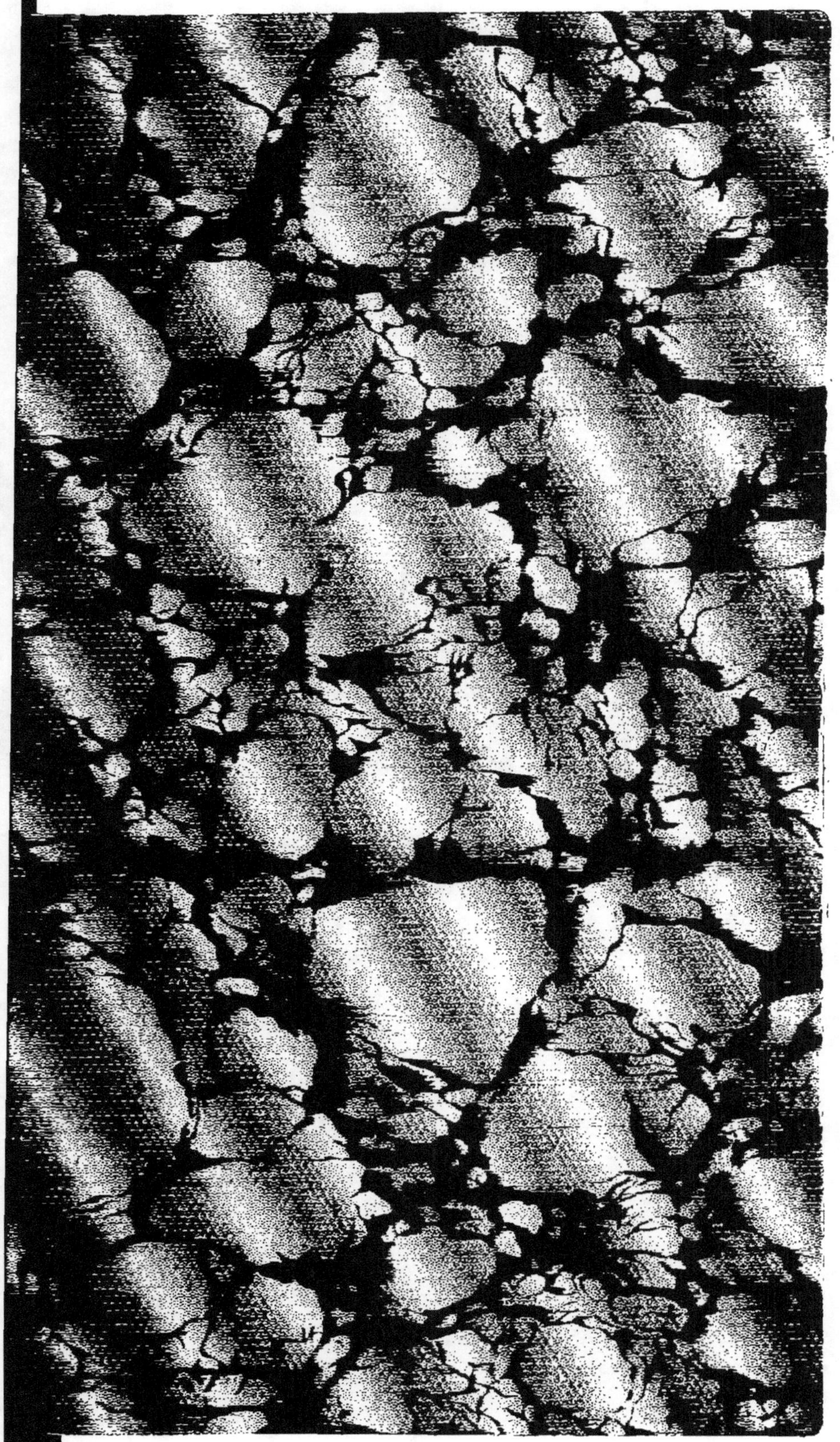

VIE

DE LA VÉNÉRÉE SŒUR

ANNE-MADELEINE RÉMUZAT

DÉCÉDÉE LE 15 FÉVRIER 1730

au Monastère de la Visitation Sainte-Marie

DE MARSEILLE

FÉLIX GIRARD, LIBRAIRE ÉDITEUR

LYON | PARIS

Rue Mercour, 30 | Rue Cassette, 30

1899

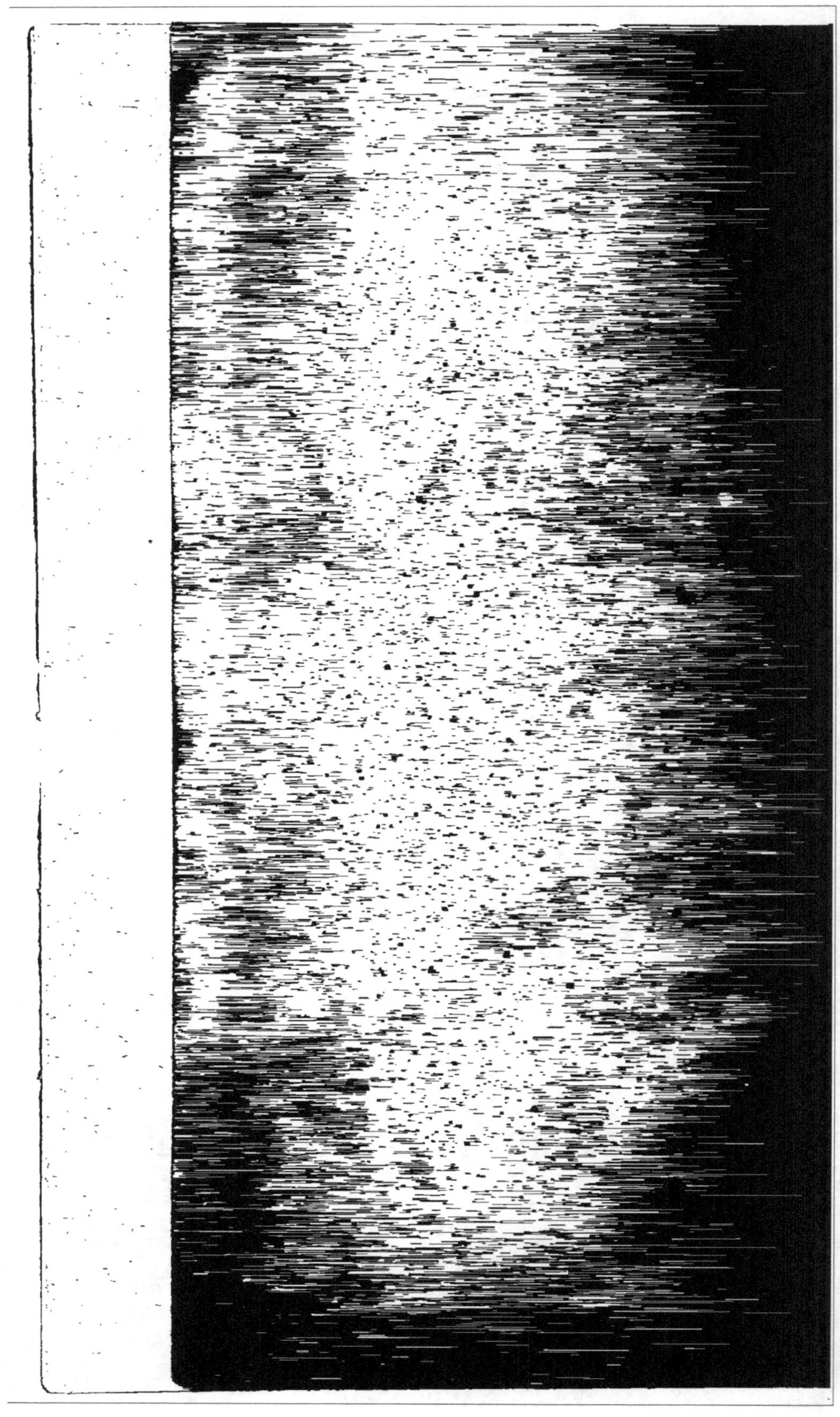

VIE

VÉNÉRÉE SŒUR ANNE-MADELEINE REMUZAT

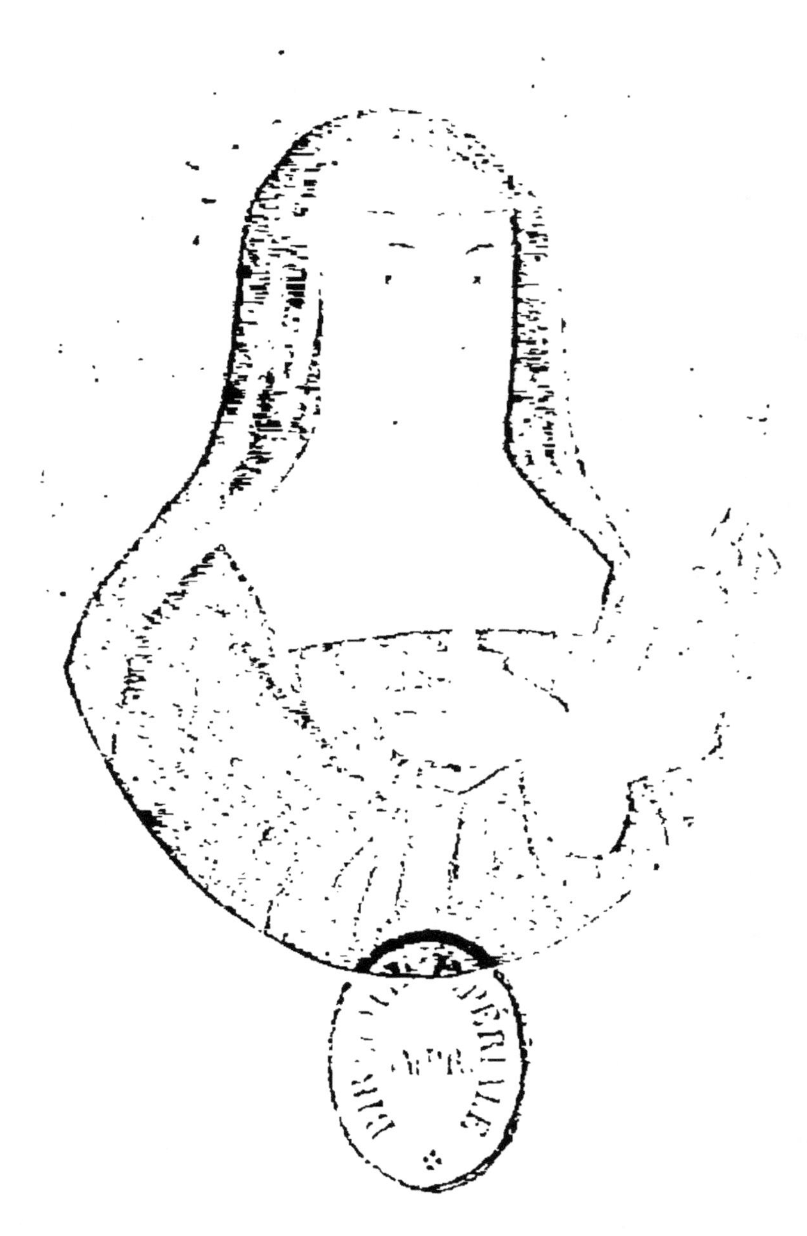

VIE

DE LA VÉNÉRÉE SŒUR

ANNE-MADELEINE REMUZAT

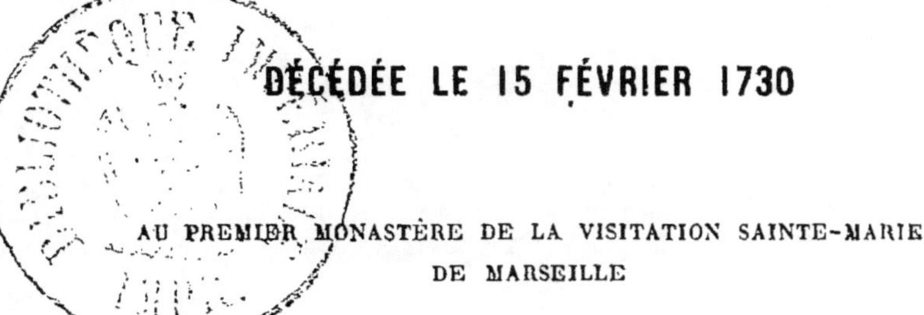

DÉCÉDÉE LE 15 FÉVRIER 1730

AU PREMIER MONASTÈRE DE LA VISITATION SAINTE-MARIE
DE MARSEILLE

FÉLIX GIRARD, LIBRAIRE ÉDITEUR

LYON	PARIS
Place Bellecour, 30.	Rue Cassette, 30.

—

1868

AVIS PRÉLIMINAIRE.

L'édition de la première Vie de notre vénérée Sœur Anne-Madeleine Remuzat se trouvant épuisée depuis bien des années, nous sentions le besoin de la faire rééditer, d'après le désir que nous en témoignaient plusieurs de nos chers monastères. L'embarras était de rencontrer une main habile qui voulût bien se charger de ce travail, attendu que nous ne pouvions bonnement rééditer sans refondre complètement. Nous n'avons donc rien oublié dans cette recherche; mais toutes nos tentatives sont demeurées sans succès, et il nous a fallu tout bellement nous mettre à l'œuvre, ne comptant que sur la grâce de Dieu et l'indulgence de nos bien-aimées Sœurs.

Dès la mort de notre vénérée Sœur, c'est-à-dire en 1730, la très-honorée Mère Anne-Théodore Nogaret, supérieure de notre premier monastère de Marseille, remit des mémoires et un grand nombre de lettres écrites de la main de notre Sœur Anne-Madeleine au serviteur de Dieu qui voulut bien se charger de rédiger cette précieuse Vie, et dont nous ignorons entièrement et le nom et la qualité. Arrêté tout d'abord par la crainte de mettre au jour des faveurs célestes et des faits miraculeux qui pourraient exciter

le sourire les incrédules, il hésita trente ans entiers. Ce ne fut
donc qu'en 1760 seulement que l'impression en eut lieu à Marseille, chez Brébion.

Notre très-honorée Mère Marie-Charlotte Billon s'empressa
alors de faire hommage de cette Vie à l'Institut, qui l'attendait
avec impatience. Nous allons transcrire la circulaire de cette digne Mère :

« V. J. De notre premier monastère de Marseille, le 12 août 1760. »

« Ma très-honorée Sœur,

« ... La cherté de l'impression et la dureté des temps n'ont pu
« arrêter l'empressement que nous avions de communiquer à
« notre cher Institut la Vie de notre vertueuse Sœur Anne-Ma-
« deleine Remuzat. Depuis trente ans qu'elle est décédée dans ce
« monastère, en odeur de sainteté, on ne cessait de demander
« cette Vie de toutes parts. Il n'a pas tenu à nous d'avoir plus
« tôt cette consolation ; c'en est une bien sensible pour moi,
« ayant eu le bonheur de précéder cette chère Sœur en Religion,
« d'avoir eu beaucoup de part à sa confiance tout le temps qu'elle
« a vécu, et de lui survivre pour confirmer le public dans la haute
« idée qu'il a de sa sainteté, en *attestant qu'il n'est aucun fait*
« *rapporté dans sa Vie dont je n'aie été témoin, ainsi que plu-*
« *sieurs de nos Sœurs.* Il n'est aucun de ces faits qui n'ait été
« sérieusement examiné et bien prouvé. L'excellent auteur qui
« a mis cette Vie en œuvre refuse à notre reconnaissance le plai-
« sir de le faire connaître à Votre Charité ; sa modestie augmente
« la vivacité de nos sentiments...
« Je vous prie d'être bien persuadée de l'attachement respec-

tueux avec lequel j'ai l'honneur d'être, dans les sacrés Cœurs
« de Jésus et de Marie,

« Ma très-honorée Sœur,

« Votre très-humble et indigne Sœur et servante en N. S.

« Sœur MARIE-CHARLOTTE BILLON,

« Supérieure de la Visitation Sainte-Marie.

« Dieu soit béni. »

Il est à regretter que l'ancien biographe ait cru devoir abréger
singulièrement une Vie si précieuse, ne nous donnant que de
simples extraits des nombreuses lettres et des mémoires qui lui
avaient été confiés par nos anciennes Mères. Ces omissions sont
d'autant plus fâcheuses qu'il n'y a pas eu moyen d'y remédier.
Les mémoires furent rendus, il est vrai, par l'auteur après l'impression; mais en 1792 la Sœur chargée de ce dépôt sacré se
laissa gagner par la peur, aux approches des visites domiciliaires,
et elle eut la faiblesse de tout jeter au feu. A peine avons-nous
pu en recueillir dans nos annales quelques fragments que nous
joignons avec bonheur à ce qui nous a été transmis par le témoignage de nos Sœurs anciennes, et tout spécialement par celui de
notre respectable et bien-aimée Mère Agathe-Elisabeth Remuzat.
Cette digne Supérieure était petite-fille de M. Remuzat, frère de
notre vénérée Sœur Anne-Madeleine. Sans avoir connu sa tante,
notre bonne Mère était parfaitement renseignée sur tout ce que
sa vie avait eu de remarquable et d'édifiant; de plus, elle avait
vu une Sœur qui lui était contemporaine.

Mais en attestant l'authenticité des faits rapportés dans cette

Vie, nous sommes fort loin d'avoir la prétention de porter un jugement sur la sainteté de notre chère Sœur Anne-Madeleine. Si nous nous sommes permis de la qualifier quelquefois du titre de *sainte Sœur*, nous n'avons voulu y attacher d'autre sens que celui de *vertueuse Sœur*. A Dieu ne plaise qu'une seule de nos paroles semblât vouloir prévenir tant soit peu les décisions de la sainte Eglise, notre mère et notre unique lumière.

VIE

DE LA

VÉNÉRÉE SŒUR ANNE-MADELEINE REMUZAT.

CHAPITRE PREMIER.

Naissance de notre Sœur Anne-Madeleine et sa première éducation. — Dès ses premières paroles, elle manifeste sa vocation
à la vie religieuse. — A huit ans, elle presse son père et sa
mère de lui permettre de demander le petit habit de Sainte-
Claire.

C'est à notre vénérée Sœur Anne-Madeleine Remuzat
que Marseille, où elle naquit, doit sa plus belle gloire.
Nous voulons parler de la consécration solennelle de cette
ville au sacré Cœur de Jésus, lors de l'affreuse peste de
1720. On en verra plus bas le touchant récit.

Notre Sœur Anne-Madeleine a eu le bonheur d'atteindre, par la sainteté de sa vie, la fin sublime que se proposa
notre bienheureux Père saint François de Sales en éta-
blissant notre petit Institut. Il voulut que ses filles fussent
des *hosties de sacrifice*, des *holocaustes vivants*, et à cet
effet il nous fonda spirituellement *sur le mont du Calvaire*,
comme il le dit dans la constitution 33ᵉ *pour le service de*

Jésus-Christ crucifié. Mais il a désiré que l'amour seul nous attachât à la croix. « Nous n'avons d'autre lien, nous « dit-il, que le lien de la dilection, puisque la dilection est « forte comme la mort, et le zèle d'amour ferme comme « l'enfer. » Ce bienheureux Père nous promit ensuite que, si nous étions fidèles à notre céleste vocation, nous pourrions porter véritablement le nom de *filles évangéliques*, établies dans ces derniers siècles pour être les imitatrices du sacré Cœur du Verbe incarné dans la douceur et l'humilité, base et fondement de notre Institut. Ce grand Saint met le dernier trait à ce magnifique tableau par ces paroles : « Si les Sœurs de cette petite Congrégation sont « bien humbles et fidèles à Dieu, elles auront le Cœur de « Jésus, leur Epoux crucifié, pour séjour et demeure en « ce monde, et la vie bienheureuse en l'autre. »

Voilà la route qu'a suivie fidèlement la bien-aimée Sœur dont nous allons essayer de retracer la vie. Jamais elle ne descendit de l'autel où son amour la fit s'offrir en sacrifice dès ses premières années. Aussi notre divin Maître daigna-t-il révéler à cette vraie épouse les douleurs les plus intimes de son Cœur adorable, afin qu'elle l'aidât, pour ainsi dire, à les porter; puis, dilatant en quelque sorte ce Cœur ainsi soulagé, il le lui donna pour séjour et demeure dès cette terre d'exil.

La famille Remuzat occupait, à Marseille, un rang distingué dans la société, par son crédit, sa probité, son opulence même, et par les charges municipales qu'un grand nombre de ses membres avaient remplies et remplissaient encore depuis longues années. M. Hyacinthe Remuzat, père de notre Sœur Anne-Madeleine, joignait au mérite de ses ancêtres des qualités personnelles qui le rendaient extrêmement cher à tous ses concitoyens. C'était un homme de foi, d'une justesse et d'une solidité d'esprit peu communes. Le Seigneur avait béni son union avec Mlle Anne

Constant ; une famille aussi aimable que nombreuse faisait le charme et la consolation des deux époux, dont les
vertus attiraient les regards du ciel. Deux garçons et huit
filles les entouraient déjà lorsque la petite Madeleine vint
au monde. Cette chère enfant fut baptisée le même jour,
30 novembre 1696, dans l'église de Notre-Dame des Ac-
coules. Cette église n'existe plus aujourd'hui ; le clocher
seul a échappé au vandalisme de 1792.

Mme Remuzat, quoique chargée d'une aussi nombreuse
famille, ne laissa pas de veiller sur Madeleine comme
si elle n'eût eu qu'elle au monde. La tendre piété de cette
bonne mère la fit s'appliquer surtout à prévenir en quelque sorte dans son enfant l'usage de la raison pour lui
apprendre à connaître et à aimer son Créateur. Madeleine, douée d'un esprit vif et pénétrant, d'une sensibilité
remarquable dans un âge si tendre, comprit bientôt les
leçons de sa tendre mère. Elle connut Dieu et l'aima avant
de se connaître elle-même, et le premier sentiment exprimé par sa langue enfantine fut le désir d'être toute à
lui : *Maman, je veux être religieuse !* dit-elle un jour à sa
mère, bégayant encore. Et depuis lors elle le redit bien
des fois ; on n'y attachait aucune importance. Mais ce qui
étonnait, c'était la piété instinctive de cette enfant ; sa
modestie angélique, son empressement à la prière, con-
trastaient singulièrement avec l'extrême vivacité qui l'empêchait de s'assujettir partout ailleurs.

M. Remuzat, quoique fort occupé par la multitude de
ses affaires commerciales, comprenait aussi bien que son
épouse l'importance de ses devoirs touchant l'éducation de
sa famille ; aussi le vit-on y employer constamment tous
ses soins. Cette affaire était pour lui la plus sérieuse et la
plus essentielle. Rien n'était oublié par ce bon père pour
former l'esprit et le cœur de ses enfants, pour leur inspirer cet esprit de foi qui le caractérisait tout particulière-

ment. Mme Remuzat le secondait merveilleusement, joignant à une douceur charmante beaucoup de force d'âme. Jamais on ne la vit faiblir quand il lui fallut corriger un défaut ou s'opposer à un caprice ; mais ses réprimandes étaient faites avec tant de calme, de sagesse et de suavité, qu'il était impossible à ses enfants d'y méconnaître son affection maternelle ; aussi avait-elle acquis sur ces jeunes cœurs un ascendant qui lui permettait d'en disposer à son gré. C'est à la sagesse de cette conduite que la petite Madeleine dut la victoire qu'elle remporta bientôt sur sa bouillante vivacité. Sa raison prématurée lui fit sentir tout ce qu'avait de beau la douceur et l'égalité d'âme de sa tendre mère ; elle était toute confuse de l'imiter si peu, et la grâce secondant une raison prématurée, Madeleine parvint à devenir elle-même un modèle de douceur et de patience.

La vivacité ne fut cependant pas le seul défaut à corriger dans cette chère enfant : un certain goût pour la toilette se manifesta chez elle dès ses premières années. Il fallait que rien ne manquât à ses petits ajustements ; et, quand on voulait la punir, on n'avait qu'à l'habiller d'une manière moins soignée, ou l'obliger à porter sur elle un objet peu assorti au reste de ses vêtements. Mme Remuzat se prévalut ainsi de ce moyen pour l'aider à surmonter ce penchant à la vanité. Mais la grâce l'emporta bientôt encore dans cette aimable enfant, comme elle l'avait fait sur sa vivacité.

Douée d'une grande sensibilité de cœur, Madeleine ne pouvait pourtant pas souffrir les caresses ; il suffisait de lui donner un baiser pour la voir aussitôt retirer son petit visage, et cet éloignement prenait un caractère plus sérieux à l'égard des hommes. On la voyait alors se débattre et courir se cacher, criant et sanglotant. Ces plaisantes scènes amusèrent d'abord la famille, et furent plus d'une fois provoquées; mais l'extrême souffrance de cette innocente colombe obligea enfin sa bonne mère à s'y opposer.

Madeleine grandissait cependant, et l'on eût pu dire d'elle comme du divin Maître, qu'elle croissait *en sagesse et en grâce devant Dieu et devant les hommes*. Son cœur se retournait tout entier vers Celui qu'elle avait appris à aimer dès le berceau. Elle avait à peine huit ans quand, éclairée par une lumière tout à fait extraordinaire pour une enfant de cet âge, elle éprouva un tel dégoût du monde, qu'elle se détermina à le quitter incessamment pour se retirer dans un cloître. Notre chère enfant n'ignorait pas pourtant l'impuissance de s'y engager par des vœux pendant bien des années encore; mais elle avait ouï dire que les religieuses de Sainte-Claire recevaient de jeunes filles pour être revêtues du saint habit et observer la règle en partie, en attendant l'âge déterminé pour les vœux. Madeleine demanda donc à sa bonne mère de solliciter cette faveur auprès de l'Abbesse de Sainte-Claire. Elle en parla aussi à son père, mais ce fut en vain : M. et Mᵐᵉ Remuzat, loin d'y consentir, sentirent leur tendresse s'en alarmer, et l'âge seul de leur chère enfant put les rassurer sur une telle demande. Cette dernière, profondément affligée, dissimula d'abord sa peine pour ménager la sensibilité d'un père et d'une mère qu'elle chérissait; mais le mouvement intérieur qui lui était donné d'en haut devenait tous les jours plus pressant. Elle réitéra donc ses instances, en y joignant tout ce que les charmes de son innocence et la vivacité de son esprit pouvaient avoir de plus propre pour obtenir ce qu'elle souhaitait si ardemment. Elle eut à subir encore bien des refus; cependant la persévérance de cette aimable enfant parvint à faire supposer que sa demande pourrait avoir quelque motif plus sérieux qu'on ne l'avait cru d'abord, et, sans accéder pleinement aux désirs de Madeleine, M. Remuzat lui pro

mit de la faire élever dans un cloître, quand son âge le permettrait. Cette promesse, sans la satisfaire entièrement, la consola en lui faisant entrevoir la grâce d'habiter sous peu dans la maison du Seigneur. Mais il lui fallut voir s'écouler bien des mois sans qu'il fût question de son entrée au couvent, et cependant ses désirs en devenaient chaque jour plus pressants. Son cœur se retournait sans cesse vers les tabernacles du Seigneur et y demeurait constamment attaché. « Ma bonne maman, disait-elle quel-
« quefois à M*** Remuzat, le temps passe... Je grandis, et
« vous ne me parlez pas de mon entrée au couvent ! » La bonne mère souriait et promettait de s'occuper de cette affaire un peu plus tard. Madeleine, désolée de ces délais, recourait à son père, employant auprès de lui toute sa naïve éloquence pour lui montrer les avantages d'une éducation religieuse, et cela avec une maturité de sens fort au-dessus de son âge. Ce tendre père l'écoutait ; mais, ne pouvant se résoudre à se séparer encore de son enfant, il lui donnait un baiser, et les choses en demeuraient là.

La bonté de Dieu mit cependant un terme à cette longue épreuve. La solide piété de M. et M*** Remuzat étant trop éclairée pour leur permettre de s'opposer à ce qu'ils croyaient une volonté divine, ils s'y déterminèrent enfin. Comme une de leurs parentes, religieuse à notre deuxième monastère de Marseille, était chargée de la conduite du pensionnat, ils préférèrent cette maison à toute autre. M*** Remuzat se rendit auprès de sa cousine, prit avec elle les arrangements voulus, et fit part ensuite à sa chère enfant de la décision qui venait d'avoir lieu. A cette nouvelle, Madeleine ne peut contenir sa joie, et, dans la vivacité de sa reconnaissance, elle se jette tour à tour dans les bras de son père et de sa mère, et les caresse avec une effusion de bonheur difficile à rendre ; puis elle les prie de ne pas différer l'exécution de ce projet. L'un et l'autre arrosent de leurs larmes cette chère enfant, et, ne pouvant maîtriser leur douloureuse émotion, ils consentent à la conduire ce même jour au couvent.

L'annonce de ce départ fut un vrai deuil pour cette famille si unie et si aimante. Madeleine en était surtout tendrement chérie. Le cœur de cette aimable enfant, doué d'une exquise sensibilité, dut éprouver à son tour tout le déchirement d'une telle séparation ; mais elle avait déjà acquis sur elle-même, dans un âge aussi tendre, tout l'empire de la maturité, et le trait de la grâce fut assez puissant pour arrêter ses larmes et essuyer même celles que son départ faisait répandre. C'était chose admirable de voir cette intéressante enfant consoler l'un, caresser l'autre, les encourager tous avec des paroles si suaves, si énergiques, qu'à peine une personne d'un âge mûr en eût-elle été capable.

CHAPITRE DEUXIÈME.

Après avoir dit un dernier adieu à sa famille, Madeleine s'achemina vers le couvent avec un sentiment de bonheur proportionné à la vivacité de ses désirs et aux obstacles qu'il lui avait fallu surmonter. A la vue des murs de cet asile béni, sa joie redouble, et, arrivée sur le seuil de la porte, elle le franchit avec tant de vivacité et un visage si radieux, que sa maîtresse, en la serrant dans ses bras, ne peut s'empêcher de dire : « Cette enfant m'étonne ; je « n'en ai jamais vu aucune nous arriver aussi joyeuse- « ment. » Ces témoignages extérieurs étaient cependant loin de rendre les délices intérieures dont l'âme de la petite Madeleine était inondée. Quand elle vit surtout la porte de clôture se fermer, il lui sembla, dit-elle plus tard, être entrée au ciel, et l'idée si avantageuse qu'elle s'était faite du cloître n'approchait pas de l'impression qu'elle en reçut dès son arrivée; aussi se promit-elle bien de n'en sortir jamais. Le cœur de cette sainte enfant était trop plein pour n'avoir pas besoin de se répandre. Quand elle se vit seule avec sa maîtresse, qui était aussi sa tante, elle lui fit ses petites confidences, lui disant que Jésus était l'unique époux choisi par son cœur, et qu'elle avait dit adieu au monde pour toujours. La maîtresse écouta un instant avec intérêt sa petite élève; mais, ignorant les grâces de prédilection dont Dieu l'avait comblée dès sa plus tendre enfance, elle attacha peu d'importance à ce qui lui était confié, et se contenta de dire un peu froidement à Madeleine qu'il lui fallait mériter la grâce de la vocation religieuse par la fidélité à ses devoirs d'élève. Madeleine vit bien qu'elle n'était pas comprise, et elle se promit dès lors de prouver autrement que par des paroles la solidité de sa vocation. On la vit en effet, dès le premier jour, remplir avec une exactitude remarquable tous ses petits devoirs. Son attention à la prière, son application à l'étude, au travail, la rendirent bientôt un modèle dans le pensionnat. Cependant le Seigneur, qui avait de grands desseins sur cette enfant de prédilection, voulut établir en elle le règne de sa grâce par la connaissance prématurée de la fragilité humaine et du besoin incessant de la force divine pour se soutenir dans le bien. Il permit donc que Madeleine fît, un peu plus tard, une faute assez considérable; mais il ne manqua pas d'en tirer sa gloire, et de cette époque datent les faveurs admirables dont cette âme choisie fut l'objet. Voici ce qui donna lieu à cette faute : Madeleine, douée de toutes les qualités de l'esprit et du cœur, était remarquable aussi par son adresse dans la confection de certains petits ouvrages. Sa maîtresse mit tous ses soins à faire valoir les dispositions de cette chère enfant. Une charmante broderie venait d'être achevée, lorsque Madeleine aperçut sa bonne tante renfermer soigneusement des pelotons de soie dont elle eût bien voulu disposer à son gré. La pauvre enfant, s'oubliant dans cette occasion de sa soumission accoutumée, se laissa entraîner par le désir d'employer sa soie selon ses petits projets. Elle regarde tristement le tiroir renfermant son petit trésor, et par malheur sa tante est obligée de s'absenter. Madeleine hésite, mais la tentation l'emporte; elle ouvre en tremblant le tiroir, prend ses pelotons de soie et court les cacher. La maîtresse revient un peu plus tard et s'aperçoit du vide fait dans le tiroir. Elle croit d'abord que son élève, dont elle connaît la sagesse, a pris sans scrupule cette soie, comme chose lui appartenant. Pour mieux s'en assurer, elle la fait appeler et lui demande ce qui en est. Madeleine effrayée, craignant d'être grondée, se trouble, rougit, balbutie et dit ne pas avoir touché à cette soie. La maîtresse dissimule sa peine et doute encore; elle fait donc appeler séparément chacune de ses élèves, et toutes affirment n'avoir pas touché aux pelotons. La bonne tante, convaincue alors de la faute de Madeleine, la rappelle dans sa chambre, l'interroge de nouveau, et la petite coupable, à demi morte de frayeur, ajoute un second mensonge au premier; et ses jambes ne la soutenaient plus, quand, la cloche du souper des élèves venant à sonner, elle quitte brusquement sa tante et s'enfuit en toute hâte. Comme elle descendait l'escalier, ses yeux s'arrêtent sur un tableau attaché au mur et représentant notre Seigneur trahi par Judas. Au bas de ce tableau elle lit ces paroles : *Celui qui voudra me trahir usera de mensonge.* A cette vue, le cœur de notre chère enfant est percé de part en part; un trait de lumière semble s'être détaché de ce tableau : elle a compris toute l'étendue de sa faute. Un torrent de larmes s'échappe de ses yeux, et, au lieu de descendre au réfectoire, elle entre dans une tribune qui se rencontrait sur son passage, se prosterne la face contre terre, et demande en sanglotant à notre bon Sauveur le pardon de l'injure qu'elle lui a faite par son mensonge. La pensée d'avoir trahi un si bon Maître lui est insupportable, et la mort lui paraîtrait mille fois préférable. Ses sanglots redoublent, et il lui semble devoir succomber à la vivacité de son repentir, quand notre Seigneur lui apparaît chargé de sa croix et le visage plein de majesté, de douleur et de bonté ; il la regarde en lui disant : *C'est vous, ma fille, qui m'avez mis en cet état.* La jeune enfant, à cette vue, perd l'usage de ses sens, et, ravie hors d'elle-même, elle demeure ainsi un espace de temps assez considérable, abîmée dans un excès de douleur et d'amour. Revenue de ce ravissement ineffable, elle promet à son bon Maître une fidélité constante, et court se jeter aux pieds de sa tante ; elle lui avoue sa faute et lui demande avec instances une pénitence proportionnée. La maîtresse, touchée des larmes et du repentir de la pauvre enfant, lui pardonne, la presse sur son cœur et s'attache plutôt à la consoler qu'à la punir.

Depuis lors l'image de la lourde croix dont Madeleine avait vu son Sauveur chargé par son offense ne pouvait s'effacer de sa mémoire ; elle eût voulu à tout prix lui en alléger le poids. Aussi, dès cette époque, sa piété prit un accroissement très-remarquable, et sa conduite, pleine de sagesse et de raison, fit juger qu'il ne fallait pas différer davantage de la préparer à recevoir pour la première fois le pain de vie. A cette nouvelle, Madeleine tressaillit de bonheur, et sa pensée désormais ne quitta plus le tabernacle. Tous les instants de sa journée devinrent une préparation incessante à la grâce qui l'attendait ; on la voyait employer à la prière ses moindres loisirs. Son recueillement devant le Très-Saint-Sacrement, son attitude angélique, édifiaient à tel point, qu'il suffisait à ses compagnes d'arrêter sur elle leurs regards pour sentir leur foi se ra-

nimer et leur piété se nourrir. Les petites pratiques de
mortification suggérées à notre chère enfant par sa bonne
maîtresse lui paraissaient toujours trop faciles. Elle eût
voulu n'entendre parler que de l'Eucharistie. Ses larmes
abondantes et continuelles pendant la prière, et surtout
au pied du saint autel, étonnaient; sa maîtresse finit par
s'en inquiéter. Elle avait de la peine à se persuader qu'une
enfant de cet âge pût avoir à un tel degré le don des larmes; elle appréhendait quelque mécontentement secret
dans sa chère petite élève. Pour s'en éclaircir, elle lui demanda un jour ce qui la faisait ainsi pleurer. « Ah ! ma
« bonne tante, lui dit Madeleine, ne vous étonnez pas de
« mes larmes; vous le savez, je dois bientôt recevoir mon
« Dieu ! La pensée d'un tel bonheur les fait couler mal-
« gré moi. »

Ce beau jour arriva enfin. Le visage enflammé et baigné de pleurs de cette chère enfant, son recueillement,
son immobilité même, firent juger que de grandes choses
se passaient en son âme. Nous avons à regretter de ne pas
les connaître; les effets seuls nous ont été transmis. Là
conduite de Madeleine, déjà si exemplaire, devint un sujet d'admiration pour tous. Une religieuse consommée en
vertu n'eût pas agi avec plus de perfection. Elle goûtait
dans l'oraison des délices ineffables, et y passait des heures entières abîmée en Dieu; son attitude y était celle d'un
séraphin, surtout au pied du tabernacle. Sa maîtresse, qui
s'attachait à éprouver la vertu de son angélique élève,
l'en retirait fréquemment pour l'employer à certaines occupations extérieures; mais elle ne trouva jamais en elle
une ombre de résistance. Madeleine se levait au moindre
signe de l'obéissance, sans se permettre la plus légère parole de mécontentement; son visage seul, quoique gracieux et affable, annonçait par sa rougeur l'émotion et la
douleur de son âme quand il lui fallait quitter son Dieu.

Cependant, comme elle ne voulait rien lui dérober du temps consacré à son amour, on la voyait habituellement y employer ses récréations. Sa maîtresse ne manqua pas d'en être informée à la fin par la Sœur chargée de surveiller les élèves hors des classes. Madeleine fut reprise sévèrement de cette prétendue singularité par sa bonne tante, qui lui fit entendre combien l'obéissance est préférable aux œuvres même les plus saintes, ajoutant que, si elle voulait être une vraie fille de saint François de Sales, il lui fallait éviter soigneusement dans sa conduite tout ce qui pourrait la faire tant soit peu remarquer. Notre vertueuse enfant comprit admirablement cette leçon, et sa vie tout entière en a été le résultat. La volonté, l'intention même de ses Supérieurs ont réglé ses moindres démarches; l'obéissance, en un mot, fut l'âme de toutes ses actions. Elle ne se pardonna jamais la plus légère infraction à ce sujet, lors même que sa volonté n'y eût eu aucune part. Ainsi, à l'époque dont nous parlons, comme elle avait été chargée par ses maîtresses de surveiller au chœur une petite fille assez étourdie placée à son côté, il arriva un jour qu'absorbée pendant la messe par la pensée de la communion qu'elle allait faire, elle oublia sa mission auprès de la petite élève. Au moment de s'avancer vers la sainte table, elle s'aperçoit de sa faute; sa conscience s'en alarme; elle n'ose s'approcher de son Dieu après avoir manqué à son devoir. Dans cette alternative, elle avoue à sa bonne maîtresse son oubli, et, son pardon obtenu, elle communie en paix. La parfaite fidélité de cette aimable enfant lui attirait sans cesse de nouvelles grâces. Elle reçut non seulement de si bonne heure le don d'oraison, mais encore *l'esprit d'oraison.* L'élévation de son âme vers Dieu était déjà chez elle sans interruption; son visage, imprimé d'un recueillement céleste, impressionnait tous ceux qui l'approchaient, et cela parmi les occupations

les plus propres à la distraire et à la détourner de son attrait intérieur. Ce recueillement si intime n'avait cependant rien d'austère dans Madeleine; ses manières étaient
fort aimables et enjouées, tout en elle respirait la douce
joie et la sainteté. Son esprit vif, pénétrant et plein de
sens lui donnait une facilité remarquable à saisir ce qui
lui était enseigné, et la rendait supérieure à toutes ses
compagnes, qui ne laissaient pas de la chérir et de la respecter. Ses maîtresses s'en prévalaient quelquefois pour
lui en confier la surveillance, et jamais elles n'eurent à
s'en repentir. Madeleine se distinguait encore par son ordre et sa dextérité pour toutes choses. Elle était chargée
de maintenir l'arrangement des classes, de distribuer aux
élèves le papier, les plumes et tout ce qui était nécessaire
aux devoirs. Les leçons données, notre chère enfant re-
mettait chaque chose à sa place, et l'on pouvait se reposer
entièrement sur ses soins et sa bonne petite administra-
tion. Une fois néanmoins elle s'oublia : l'heure du coucher arrivée, Madeleine monte au dortoir avec ses compagnes et se met au lit. On éteint la lumière, et le sommeil
commence à la gagner, quand elle se rappelle n'avoir pas
remis la classe en ordre après la dernière leçon donnée.
Que faire? Il n'y a plus de lumière; de longs corridors la
séparent de la classe. Par surcroît, une religieuse vient de
mourir depuis peu. Son courage semble défaillir... Néanmoins elle a manqué à son devoir, il lui faut réparer sa
faute. Elle se lève donc, et, à demi vêtue, se confiant en
Celui qu'elle veut contenter à tout prix, elle surmonte sa
frayeur, et, à travers l'obscurité la plus profonde, elle arrive à tâtons dans la classe, y remet tout à sa place et re-
gagne doucement son dortoir, heureuse d'avoir donné à
un Dieu qu'elle aime si uniquement un nouveau témoignage de son amour et de sa fidélité. On juge si le bon
Maître se laissa vaincre jamais en générosité par cette âme

choisie. Il ne tarda pas, en effet, à la récompenser tout spécialement de ce dernier acte de fidélité ; mais Il le fit à la façon dont Il a coutume d'en agir avec les saints. Jusque là Madeleine avait joui de l'estime et de l'affection la plus tendre de toutes les élèves. Elle en était tout à la fois le modèle et l'amie ; mais le moment allait arriver où notre chère enfant verrait tout à coup cette amitié si douce, cette estime si vraie faire place au dégoût, à l'éloignement de tous les cœurs de ses compagnes, et même à leurs persécutions. Le démon se servit d'un acte d'obéissance que nous admirons aujourd'hui pour donner lieu à cette batterie.

Madeleine, toujours plus chérie de sa famille, en recevait fréquemment de nouveaux témoignages. Pendant la saison des fruits, sa bonne mère ne manquait pas de lui en envoyer de très-beaux paniers. Notre chère enfant, toute joyeuse, s'empressait aussitôt de les distribuer largement à ses compagnes ; mais la délicatesse de son âme ne tarda pas à lui faire entrevoir comme une imperfection la consolation si douce qu'y rencontrait son cœur. Elle crut devoir en faire le sacrifice, et se rendant auprès de la Sœur portière, elle lui dit : « La distribution de ce fruit « m'est un embarras ; ayez la bonté, quand on m'en ap- « portera encore, d'en disposer comme bon vous semblera. » La Sœur portière, qui était une âme droite et simple, ne se douta pas de l'innocente ruse de Madeleine et se rendit à ses désirs. Les fruits ne parurent plus au pensionnat ; mais la maîtresse, informée plus tard de ce qui se passait, devina le motif du refus de ces fruits. Elle appela Madeleine, et la gronda bien fort d'avoir agi ainsi sans permission pour suivre un caprice de son esprit, ajoutant qu'elle se chargerait dorénavant elle-même de faire distribuer ces fruits. Ce n'est pas tout : Madeleine reçut l'ordre formel de manger tout ce qui lui en serait servi. La pauvre enfant, toujours douce et soumise, demanda pardon de sa faute et promit d'obéir; elle le fit en effet, et beaucoup plus que ne l'eût voulu sa bonne tante. Peu de jours après, de nouveaux fruits furent apportés et distribués selon la volonté de la maîtresse : Madeleine en eut sa large part; mais en les lui servant on ne s'était pas aperçu qu'un grand nombre de ces fruits étaient gâtés. Notre sainte enfant vit bien vite ce qui en était; mais, heureuse de rencontrer en obéissant l'occasion d'une mortification aussi extrême, elle mangea sans distinction tout ce qui lui était servi, comme si elle n'y eût pas pris garde.

C'est là que l'attendait l'épreuve. La vue de ces fruits gâtés n'avait pas échappé non plus à ses jeunes compagnes. Tous les regards s'étaient attachés sur Madeleine pour voir ce qu'elle ferait. La pauvre enfant, les yeux bas selon sa coutume pendant les repas, ne se douta pas qu'on l'épiait. A peine eut-elle achevé le dernier fruit, que des claquements de mains, des éclats de rire, des paroles de mépris retentirent de toutes parts dans le réfectoire, et l'indignation fut à son comble quand, interrogée sur le motif d'une mortification aussi étrange, elle eut répondu : *J'ai cru devoir obéir.* Si la légèreté du jeune âge et la malice de Satan contre une âme qui tend à la sainteté ne nous étaient aussi bien connues, nous aurions de la peine à nous expliquer comment un tel acte de vertu, pratiqué par une élève aussi sincèrement aimée et estimée d'un pensionnat tout entier, avait pu y soulever ainsi tous les esprits et lui en éloigner les cœurs aussi subitement, comme il arriva.

Dès cet instant Madeleine devint en effet l'objet de la plus injuste persécution. Toute la bonté de son cœur, les charmes de ses manières, la douce et agréable vivacité de son esprit, et surtout la solidité de sa piété et de sa vertu, furent entièrement méconnus. On ne vit plus en elle qu'un esprit rétréci, une dévotion fausse et bizarre. Chacune s'arrogeait le droit de lui faire la leçon, de blâmer sa conduite, d'interpréter selon son caprice tout ce qu'elle disait ou faisait. La pauvre enfant eut donc à subir un martyre inexprimable ; mais, fortifiée par la grâce et toujours fidèle à en suivre les moindres mouvements, elle eut assez de générosité pour s'interdire une seule parole de plainte auprès de sa maîtresse. A l'égard de ses compagnes, elle n'opposa à leurs railleries et à leurs mépris que le silence le plus absolu, et ce silence, loin de faire rentrer les coupables en elles-mêmes, les enhardissait. On voyait, matin et soir, ces scènes se renouveler pendant les récréations, lorsqu'après bien des jours, une maîtresse entendant des éclats de rire plus bruyants que de coutume, et apercevant dans la salle un petit attroupement, elle fendit les rangs et vit avec étonnement les traits portés contre Madeleine. Elle s'informa alors de ce qui en était, et l'ayant su, son mécontentement fut extrême. Une pénitence exemplaire lui parut avec raison indispensable ; elle en prononça donc la sentence. Madeleine, qui jusque là s'était tue pour l'amour du Dieu qu'elle avait contemplé chargé de sa croix, retrouva la parole pour plaider, avec toute la bonté de son cœur et la vivacité de son esprit, la cause de celles qui l'avaient si longuement et si douloureusement offensée. La maîtresse ne put résister à la naïve éloquence de son élève, et, craignant d'ajouter à sa souffrance, elle lui accorda le pardon demandé.

Tandis que Madeleine, si jeune encore, marchait d'un tel pas dans les sentiers de la perfection la plus élevée, le Seigneur se plaisait en échange à l'inonder de délices célestes. Son cœur embrasé d'amour se portait sans cesse vers le ciboire, et les larmes de tendresse qu'elle versait au souvenir de Jésus-hostie étaient intarissables. Elle eût voulu attirer autour de lui tous les cœurs pour le consoler dans son isolement. Dès sa première communion, une faim insatiable de ce pain de vie se fit sentir dans son âme. Il fallut, peu après, lui permettre de s'en nourrir tous les dimanches et les fêtes, et encore c'était trop peu pour satisfaire la véhémence de ses désirs; les jours écoulés d'une communion à l'autre lui paraissaient interminables.

Le moment arrivait cependant où cette âme d'élite devait passer par le creuset des souffrances intérieures et se préparer ainsi progressivement à la mission sublime qui lui était destinée. Jésus, dans sa miséricorde infinie, l'avait choisie pour être la victime et l'apôtre de son divin Cœur. L'amour de Madeleine fut en quelque sorte le glaive dont Dieu se servit pour commencer à l'immoler. Son caractère plein d'ardeur et d'énergie la portait puissamment à la recherche du bien. Son amour s'accroissait chaque jour, et chaque jour aussi elle eût voulu aussi en donner de nouveaux témoignages à son céleste Fiancé; mais, arrêtée par son impuissance, une inquiétude vague s'éleva peu à peu dans son âme et alla se fortifiant. Un désir violent de mieux connaître ce qui pourrait être agréable à la divine Bonté devint l'unique occupation de son esprit; toutes ses oraisons tendaient à ce but. Elle passait des heures entières à appeler la lumière du ciel : cette lumière lui fut enfin donnée. Un jour de la Visitation de la très-sainte Vierge, après avoir communié, comme notre chère enfant renouvelait avec larmes ses vives instances, elle entendit distinctement dans le fond de son âme ces paroles : *Je veux que tu me sois fidèle.* Son esprit fut éclairé par une vive et brillante clarté. Elle vit comment la fidélité parfaite à la grâce du moment présent était tout ce que Dieu demandait de son amour. Dès cet instant ses inquiétudes cessèrent; toute son attention se porta à correspondre au mouvement intérieur qui lui était donné. Mettant de côté ses goûts et ses répugnances pour l'accomplissement de ses devoirs et la pratique de la vertu, contenter Dieu était son unique but. Madeleine avait alors seulement une douzaine d'années ; mais l'innocence, la candeur et la simplicité étaient tout ce qui lui demeurait de l'enfance. Son esprit et son âme avaient acquis depuis longtemps la sagesse et la maturité de l'âge parfait. Sa constante fidélité à se vaincre en toutes rencontres faisait l'étonnement de ses maîtresses, qui l'estimaient et la chérissaient à l'envi. Sa bonne tante, chargée plus spécialement de sa conduite, avait cependant à la reprendre quelquefois de quelques actes excessifs de mortification où l'emportait sa ferveur. En voici un trait bien remarquable, et dont le seul récit fait frémir la nature. Madeleine avait une extrême horreur pour certains insectes, disons-le, pour les punaises ; elle ne pouvait en apercevoir sans un saisissement qui la faisait presque défaillir. Cette faiblesse ne tarda pas à lui paraître répréhensible ; elle résolut donc de la surmonter à tout prix. L'occasion s'en présenta bientôt. Comme elle traversait un jour le dortoir des élèves, dont on nettoyait les lits, la pauvre enfant sentit son cœur se soulever comme de coutume. Elle s'arrête alors, et, se voyant seule, elle s'approche d'un lit, l'examine, et aperçoit dans l'une des fentes un grand nombre de ces insectes si dégoûtants. Son cœur bondit, mais son ardent amour l'emporte ; elle prend ces punaises, les met sous la dent, et les avale intrépidement. On juge du degré d'énergie de cette jeune enfant ; mais elle n'en demeura pas là. Quelques jours plus tard, comme elle passait de nouveau dans les salles à coucher, une espèce de baquet se rencontra sur ses pas : c'était de l'eau rougie par le sang de ces insectes qu'on venait d'exprimer par des éponges. A cette vue, Madeleine frissonne : n'importe ! Elle prend à deux mains le baquet, le présente à ses lèvres, et avale une partie de cette eau. A l'instant même sa maîtresse entre dans la salle, et jette un cri d'effroi en apercevant Madeleine; elle court pour la détourner, mais c'était fait!... L'admiration et l'indignation se font sentir tout à la fois dans l'âme de la maîtresse; elle reprend vivement son élève d'un acte de mortification si horrible, et lui demande comment elle a pu s'y livrer sans en avoir la permission. Madeleine rougit, baisse les yeux, et répond humblement que le bon Dieu le lui ayant inspiré, elle n'a pas cru devoir lui résister. On juge néanmoins que la maîtresse ne s'en tint pas là; de sévères défenses furent faites à Madeleine d'y revenir jamais, et l'ordre le plus formel lui fut intimé de mépriser dorénavant les extravagances de son imagination dans de pareilles rencontres. Notre chère enfant obéit; mais le Seigneur s'était choisi cette âme pour en faire un vase d'élection et y déposer les richesses de son amour. Il lui fallut donc le purifier de plus en plus par la souffrance; aussi la souffrance devint-elle pour Madeleine un besoin et un soulagement. La pauvre enfant n'osait plus s'imposer aucune mortification extraordinaire, attendu la défense reçue; mais en échange elle importunait continuellement sa maîtresse pour en obtenir ce qu'elle souhaitait. Les refus qu'elle en recevait accroissaient ses désirs, loin de les amortir, et il en résultait un vrai martyre pour son cœur, que notre Seigneur sembla vouloir cependant soulager par intervalles, en la poussant à de certains actes de pénitence sans qu'elle songeât à les soumettre à l'obéissance. Ainsi il lui arriva une fois, après avoir contemplé notre adorable Sauveur couronné d'épines et la face ensanglantée, d'en éprouver une telle douleur et un si vif désir de partager avec lui l'expiation du péché, qu'elle prit une longue épingle dont elle attachait ses cheveux et l'enfonça fort avant dans sa tête. La plaie en fut profonde, et il fallut bien du temps pour la guérir.

Cependant la grâce prenant chaque jour dans Madeleine de nouveaux accroissements, par sa fidélité à y correspondre toujours plus amoureusement, elle fut jugée digne d'apprendre du Seigneur lui-même les desseins de miséricorde qu'il avait sur son âme. Un jour où, abîmée au pied du tabernacle, elle s'offrait, comme de coutume, en holocauste à la divine Majesté, notre Seigneur lui fit sentir tout à coup sa divine présence, et avec toute la bonté et la familiarité d'un ami intime. Il semblait vouloir la consulter sur une affaire qui lui tenait au cœur. Madeleine, étonnée, confuse d'une si touchante et nouvelle preuve de son amour, lui demande alors ce qu'Il désire, ce qu'Il cherche. *Je cherche une victime*, lui répond Jésus. Cette parole la fait tressaillir, elle qui depuis si longtemps ne respire que le sacrifice ; mais, pénétrée de son indignité, elle est loin de prétendre à devenir l'objet d'un tel choix. Cependant le divin Epoux paraît attendre sa réponse. Madeleine cherche alors à rappeler ses souvenirs, et lui désigne une des âmes qui lui sembleraient mériter le mieux cette faveur. *Non*, lui répond le bon Maître, *ce n'est pas celle que je veux*. Elle s'arrête un instant et lui en nomme une seconde. Jésus s'y refuse de nouveau. Madeleine en désigne une troisième ; même refus. Alors, confuse de son incapacité, elle prie notre Seigneur de faire lui-même ce choix. Cet adorable Sauveur, qui avait voulu ce jeu d'amour avec sa petite épouse, la regarde avec une tendresse inexprimable et lui dit : *C'est toi, ma fille, que je choisis pour ma victime*. Ces paroles, comme un dard enflammé, percent aussitôt le cœur de Madeleine, et, ne pouvant porter l'incendie d'amour qu'elles y allument, l'heureuse enfant en perd l'usage de ses sens, et demeure ainsi abîmée dans le sein de Celui qui vient de l'élever à une dignité aussi sublime. Revenue à elle, avec quel bonheur cette âme si privilégiée ne se livre-t-elle pas sans réserve au divin Sacrificateur! Dans les transports de sa reconnaissance, elle arrosait ses pieds de ses larmes, et le conjurait d'user de tous ses droits et de ne la priver jamais de la part que sa qualité de victime lui donnait dorénavant à l'expiation des péchés du monde.

Dès ses plus jeunes années, comme nous l'avons rapporté, la vue de Jésus chargé de sa croix avait répandu dans cette âme innocente un attrait instinctif pour la souffrance, et cet attrait était allé croissant sans cesse; mais depuis ce jour, unie intimement à la sainte Victime, l'immolation devint son unique aliment. Elle savait combien Jésus a peu d'amis sur la terre, comme il est peu de cœurs sur lesquels Il puisse compter, et son amour s'en enflammait. Il avait été donné surtout à cette chère enfant de connaître le mystère de l'immolation eucharistique. Jésus-hostie lui en avait révélé les profondeurs dans les longs moments qu'elle passait au pied de ses autels. Il lui avait montré le délaissement de son cœur dans le tabernacle, les outrages qu'Il y reçoit. Elle avait vu comment l'adorable manducation du pain de vie avait pour fin de faire passer dans nos âmes la vie de sacrifice de notre divin Maître et Seigneur.

Bien des jours s'étaient écoulés depuis l'insigne faveur dont Madeleine avait été l'objet, et son cœur, toujours plus embrasé du désir de souffrir pour son Epoux bien-aimé, était cependant inondé de plus en plus des délices célestes. Son amour finit par s'en alarmer. Elle craignit de s'être rendue indigne de la part qui lui avait été faite; elle conjura le Seigneur de daigner remplir l'engagement sacré que lui avait fait contracter sa miséricorde infinie. Plusieurs mois s'écoulèrent dans cette lutte d'amour, lorsqu'il fut dit à Madeleine dans l'intime de son âme : *Tu seras exaucée.* C'était le 15 octobre, jour de la fête de sainte Thérèse. Ces paroles répandirent aussitôt dans son cœur une joie ineffable et proportionnée à l'ardeur de ses désirs; mais la pauvre enfant était loin de prévoir le genre d'immolation qui l'attendait. Comme elle n'avait mis aucune réserve dans son sacrifice et son abandon à la divine justice, le Seigneur choisit lui-même le glaive le plus propre à transpercer de part en part la victime de son amour.

Nul ne peut donner une plus grande marque de son amour, nous dit Jésus, *que de livrer sa vie pour celui qu'il aime*. Madeleine, sans être appelée à répandre son sang pour son divin Epoux, n'eut pas moins le bonheur de lui sacrifier sa vie tout entière, et son sacrifice fut tel que l'exigeait sa qualité de *victime* du Cœur de Jésus. L'immolation du cœur pouvait seule répondre à la grandeur de sa destinée. Tout autre sacrifice, le martyre même, lui eût été trop doux. C'étaient les douleurs mêmes du Cœur de Jésus qu'elle avait à porter par son titre d'*épouse victime*. Il fallait donc à cette âme d'élite une immolation aussi profondément cachée que douloureuse.

La fête de saint François-Xavier fut le jour où Madeleine vit s'ouvrir devant elle la nouvelle carrière qui devait la conduire avec notre adorable Sauveur jusqu'à la consommation du sacrifice. Dès cet instant la lumière la plus vive fit place tout à coup à la plus sombre nuit ; la chère enfant, étonnée, interdite, veut chercher à travers ces ténèbres le Bien-Aimé de son âme ; elle l'appelle et lui demande, en versant un torrent de larmes, quelle est la cause d'un abandon si inattendu. Mais, loin d'en obtenir une réponse, Il paraît la fuir et s'en éloigner davantage. Pour comprendre la rigueur de cette épreuve pour Madeleine, il nous faudrait avoir expérimenté l'union si étroite et si délicieuse de son cœur à celui du céleste Epoux. Habituée dès son enfance à contempler la beauté de son visage, à marcher sous son regard, elle n'avait aucune idée de cette séparation apparente ; aussi les rigueurs du supplice le plus douloureux lui eussent-elles paru mille fois préférables. Cependant le glaive qui venait de la frapper ne devait pas être une épreuve momentanée : c'était un état qu'il lui fallait porter. Si du moins elle avait pu croire que cet état était une conséquence de sa qualité de *victime;* mais elle n'y voyait qu'un châtiment, une juste punition de ses péchés. Les moindres infidélités de sa vie lui étaient toujours présentes et lui paraissaient des crimes énormes ; elle eût voulu les expier au prix de tout son sang, et il n'est aucune pénitence qu'elle n'eût faite, si l'on s'était rendu à ses vives et continuelles instances. Pour y suppléer de son mieux, Madeleine redoubla de fidélité à se surmonter, à se vaincre en toutes choses, malgré les dégoûts et les répugnances excessives qu'elle éprouvait alors à remplir ses moindres devoirs. L'aridité désolante de ses oraisons ne l'empêchait pas d'y employer, comme auparavant, tous ses loisirs ; elle y passait de longues heures, et, pour suppléer à son impuissance et à sa froideur apparente, elle essayait parfois de prendre un livre, dans l'espoir d'y puiser quelque sentiment ; mais elle y rencontrait pour l'ordinaire un redoublement d'angoisses, et bientôt le livre lui échappait des mains. Sa mémoire ne lui fournissait plus aucun souvenir de Dieu et de ses bienfaits. Le tabernacle même, au pied duquel elle avait trouvé habituellement tant de délices, ne lui offrait qu'un lieu désert : Jésus paraissait s'en être retiré. Son cœur enfin, brisé et desséché par la douleur, avait comme perdu toute sa sensibilité.

Dans ce délaissement affreux, Madeleine ne pouvait se rendre compte de ce qui se passait dans son âme, et elle finit par se persuader que toutes les grâces dont elle avait été comblée étaient un effet de son imagination, ou mieux encore un piége de Satan pour l'élever dans son propre cœur et la précipiter ensuite dans l'abîme. Un cri vers la divine miséricorde s'élevait cependant dans son âme ; elle eût voulu jusque là ne pas quitter le pied de l'autel. Mais le moment arriva où elle se vit privée de la faculté d'exprimer à son divin Epoux l'immensité de sa douleur. Tout ce qu'elle put faire alors, ce fut de se laisser consumer par ce feu d'aridité qui pénétrait jusqu'à la moelle de ses os, et de dire avec le Roi-Prophète : *Je suis auprès de vous comme une bête de somme, et cependant je demeure toujours avec vous.*

Tandis que l'Esprit saint s'attachait, par ces rudes épreuves, à purifier, comme l'or dans le creuset, cette âme d'élite, l'ennemi s'efforçait de l'abattre dans la douleur. Les combats incessants qu'avait à livrer à son propre cœur notre sainte enfant, ses répugnances pour la pratique de la vertu lui persuadèrent enfin qu'elle avait perdu sans retour la grâce de son Dieu ; et le démon parvint de plus à lui faire regarder toutes ses œuvres, même les plus méritoires, comme autant d'outrages faits à la sainteté de Dieu. Cette conviction infernale fut pour Madeleine le comble de l'épreuve ; elle eût supporté, s'il l'eût fallu, des peines et des privations bien plus terribles encore : la douleur ne l'effrayait pas ; mais offenser son Dieu, l'offenser chaque jour, l'offenser quand elle s'efforçait même de lui témoigner son amour par l'accomplissement d'un devoir, était pour cette âme une peine si cruelle, que, ne pouvant plus la porter, elle faillit y succomber. Seule, abandonnée en apparence de son Dieu, et privée de tout secours extérieur, ses peines allaient croissant, et le démon enveloppant de plus en plus son esprit, il parvint à lui insinuer qu'un seul moyen lui demeurait : c'était de mettre fin à son existence pour mettre fin en elle à l'offense de son Dieu. Madeleine avait alors treize ans. Toute recouverte donc de ce nuage d'enfer, la pauvre enfant se détermine à user du seul moyen qui lui demeure pour rendre, par ce dernier acte, gloire à Celui qu'elle aime. Dans ce délire, elle va exécuter cet affreux projet, quand elle rencontre sur ses pas une religieuse, qui, effrayée de la pâleur de son visage et de la décomposition de ses traits, l'arrête et lui demande où elle va. Madeleine, toujours hors d'elle, lui dit la résolution qu'elle a prise et le motif qui l'y pousse. La miséricorde de Dieu l'attendait là ; une parole de l'ange que sa douce providence avait envoyé à la rencontre de cette chère enfant ouvrit ses yeux à la lumière et lui montra l'abîme ouvert sous ses pas.

Mais le tentateur, vaincu sur ce point, lui dressa bientôt une nouvelle batterie. Les peines de Madeleine n'avaient pas cessé ; pleine de courage cependant, elle poursuivait sa carrière de fidélité et d'amour, quand l'ennemi, s'efforçant de l'arrêter et de l'abattre une seconde fois, essaya de lui persuader que la vanité seule la dirigeait en toutes choses. Il lui montra donc toute sa conduite comme une détestable hypocrisie dont Dieu avait horreur. Le trouble qu'elle en éprouva d'abord fut extrême et sa douleur incomparable. Mais, se rappelant aussitôt le piége qui lui avait été tendu précédemment pour avoir concentré sa peine, elle courut cette fois vers sa bonne maîtresse et lui fit part de cette nouvelle tentation. Les avis qu'elle en reçut la fortifièrent puissamment contre les attaques de l'ennemi, auquel elle répondait avec saint Bernard :
« Ce n'est pas pour toi que j'ai commencé cet acte, ce ne
« sera pas pour toi que je m'arrêterai. »

CHAPITRE TROISIÈME.

Madeleine, douée, comme nous l'avons dit, de toutes
les plus belles qualités de l'esprit et du cœur, offrait à
treize ans le modèle achevé d'une éducation parfaite. Elle
avait saisi avec bonheur surtout les leçons de vie reçues
dans la maison sainte qu'elle habitait. Dès son entrée
dans cet asile béni, elle avait senti que l'esprit du Seigneur y reposait ; aussi s'était-elle bien proposé de ne jamais en sortir. Mais les épreuves par lesquelles il plut à
Dieu de la faire passer demandaient une main habile pour
la conduire dans des sentiers si obscurs et si périlleux.
Le confesseur de la communauté, malgré tout son mérite, lui était insuffisant à cette époque ; son âme en était
peu comprise, et il en résultait pour elle un surcroît de
souffrances difficiles à rendre. Elle fit part de ses difficultés à sa maîtresse, qui se chargea de lui obtenir de la
Supérieure un Père Jésuite pour confesseur ; mais cette
bonne Mère, ne connaissant pas assez cette âme privilégiée, s'y refusa. Elle craignit probablement que cette demande ne fût une fantaisie de jeune personne, et voulut

en éviter les conséquences. Madeleine eût bien désiré se soumettre à ce refus, elle en respecta les motifs ; mais il lui paraissait avec raison impossible de se soutenir plus longtemps dans un tel état d'épreuves, privée ainsi de tous secours extérieurs. Elle crut donc devoir se résoudre à rentrer momentanément dans la maison paternelle pour se ranger sous la conduite du guide qu'appelaient les besoins de son âme.

M. Remuzat étant venu voir sa chère enfant, peu de jours après la détermination qu'elle venait de prendre, en eut tant de joie, qu'il voulut absolument l'emmener aussitôt. On juge ce qu'il en coûta au cœur de Madeleine ; mais nous pouvons juger aussi par là de l'intensité de ses peines. Combien ne devaient pas être pressantes des angoisses qui lui faisaient franchir le seuil du sanctuaire après lequel elle avait tant soupiré, et rentrer dans un monde qu'elle avait en horreur dès sa plus tendre enfance ! M. Remuzat, en exigeant la sortie de sa fille dès ce même jour, craignit probablement qu'un plus long délai ne donnât lieu à un changement de résolution. Peut-être aussi supposa-t-il quelque mécontentement survenu en Madeleine, dont la raison et la piété en arrêtaient la manifestation. La chère enfant obéit donc à la volonté de son père, après avoir dit un adieu déchirant à ses bonnes maîtresses et à ses compagnes.

Ce départ inattendu jeta le deuil dans le monastère et le pensionnat, et l'espoir seul d'un prochain retour put adoucir des regrets aussi justes et aussi amers. Mais en échange quelles ne furent pas la surprise et la joie de Mme Remuzat en pressant sa chère enfant dans ses bras, et se croyant assurée de n'en être jamais plus séparée ! Le bonheur des frères et des sœurs égalait celui de la mère ; tous avaient de la peine à en croire à leurs yeux, et entouraient de leurs innocentes caresses la sœur chérie qu'ils avaient cru ne devoir plus serrer sur leur cœur. La petite famille était d'autant plus heureuse de ce retour que Madeleine l'ayant demandé de son plein gré, il était probable qu'elle ne songeait plus à embrasser la vie religieuse. C'était à qui la fêterait de son mieux, à qui lui témoignerait plus d'amour vrai. La bonne mère surtout s'empressa de l'entourer de toute sa tendresse, et, croyant la réjouir, elle lui offrit les plus charmants objets de toilette, et lui fit part de son projet de la produire dans la bonne société. Madeleine reçut avec reconnaissance les petits présents de cette tendre mère; mais quant à la proposition de la conduire dans le monde, elle la pria de n'y pas songer encore, attendu son âge et le besoin qu'elle disait éprouver de s'affermir dans les principes de piété qu'il lui avait été donné de puiser dans la maison du Seigneur. Mme Remuzat se rendit aux raisons de sa fille, et lui laissa toute liberté de suivre ses goûts retirés et de vaquer à ses exercices de dévotion. Le premier usage que fit Madeleine de sa liberté fut de se faire conduire auprès du guide éclairé sur lequel elle avait fixé son choix. C'était un Père de la Compagnie de Jésus, et probablement le R. P. Milley, qui était fort connu et estimé au deuxième monastère. Toujours est-il qu'elle se mit très-positivement sous sa direction deux ans plus tard, dès son entrée en religion, jusqu'à la mort de ce saint religieux, qui succomba en 1720, victime de son dévouement pour les pestiférés.

Madeleine, soutenue par les avis du guide éclairé auquel elle ouvrit toute son âme, devint forte contre son ennemi. Elle comprit combien la prière faite parmi les dégoûts et les sécheresses, loin d'offenser Dieu, peut lui rendre de vraie gloire; et, pour mieux témoigner de sa fidélité à Celui qu'elle aimait, il lui arriva bien des fois de prolonger son oraison au-delà du temps voulu, malgré l'ennui et la lassitude. Cette âme droite et candide suivait avec une docilité parfaite le chemin qui lui était tracé. La prière, le travail, les bonnes œuvres occupaient tous ses moments. Sur l'avis de son directeur, elle avait obtenu de sa vertueuse mère la permission de visiter les malades à demeure et les hôpitaux. Qu'il était touchant de voir cette jeune personne s'éloigner ainsi de tous les plaisirs que lui offrait le monde, et pénétrer avec bonheur dans les réduits les plus obscurs pour y chercher les malheureux et les secourir de tout son pouvoir ! Ces pauvres gens, étonnés d'une charité si douce et si prévenante à l'âge de Madeleine, se demandaient sans doute si ce ne serait pas un ange envoyé de Dieu pour adoucir leur infortune. Ses visites dans les hôpitaux n'y répandaient pas moins de consolation : c'étaient là aussi pour Mlle Remuzat les plus doux instants de sa journée, après les longues heures consacrées à la prière.

Rentrée chez elle, on la voyait se prêter avec la plus aimable gaîté aux entretiens de la famille ; son esprit, plein de vivacité et d'enjouement, faisait ordinairement les charmes des petites récréations d'usage après le repas, dans la maison paternelle. Malgré tous les soins de Madeleine à se concentrer parmi les siens et à se soustraire aux regards du monde, sa vertu ne laissa pas de s'y faire jour. Il suffisait de l'entretenir ou de l'entendre quelques instants pour se sentir entraîné vers elle par un charme irrésistible ; son abord seul inspirait la confiance, et, malgré son jeune âge, le cœur s'épanchait involontairement. On la cita bientôt dans la ville comme un modèle ; un grand nombre de jeunes personnes se retirèrent du monde et de ses plaisirs pour l'avoir vue seulement dans le lieu saint, tant son maintien recueilli et son visage plein de Dieu avaient parlé à leur cœur. Plus elle eût voulu se dérober aux regards des créatures, plus on mettait d'empressement à la rechercher : c'était tantôt une bonne œuvre à lui proposer, un avis à lui demander ; tantôt une difficulté à éclaircir. Ceux qui n'osaient pas se présenter chez elle ou l'aborder directement allaient du moins la contempler dans les églises, où son attitude était celle d'un séraphin, et, après l'avoir vue, ils s'en retournaient bien résolus de travailler à devenir meilleurs. Rien n'égalait la force et l'énergie des paroles de Madeleine pour gagner une âme à Dieu quand l'occasion s'en présentait ; il fallait se rendre, bon gré, mal gré ; on ne pouvait s'en défendre. Elle avait encore un tact, une adresse étonnante à tout saisir, tout aplanir ; d'un seul trait, pour ainsi dire, son regard avait percé jusqu'au plus intime du cœur de ceux qui lui parlaient, et l'on était obligé de confesser que tant de sagesse et de lumières dans une si jeune fille découlaient évidemment d'une cause surnaturelle.

Si l'on eût jugé alors des desseins de Dieu sur Madeleine par le bien qu'elle opérait, on l'aurait cru destinée à demeurer dans le monde pour y exercer un apostolat aussi glorieux à sa divine Majesté qu'utile aux âmes. En effet, cette âme d'élite avait été choisie pour devenir l'apôtre d'une ville qui l'avait vue naître ; elle devait tracer à un grand nombre la route du salut et de la perfection, et tous au moins lui seraient redevables un jour d'avoir soustrait Marseille à la divine justice, en lui donnant pour asile le Cœur de Jésus et l'en entourant comme d'un rempart. Mais c'était du désert et de la montagne sainte, du sommet du Calvaire que Madeleine devait remplir sa mission. Elle aurait pu répondre, avec le divin Maître, à ceux qui, s'approchant d'elle avec tant d'empressement, semblaient lui dire : *Demeurez avec nous :* « Quand je « serai élevé de terre, j'attirerai tout à moi. » Oui, il fallait qu'avec son céleste Epoux elle s'offrît volontairement et consommât son sacrifice, en qualité de victime, pour le triomphe du divin Cœur et le salut de ses frères.

CHAPITRE QUATRIÈME.

Deux ans s'étaient écoulés depuis que Madeleine avait quitté l'asile saint où son cœur était demeuré constamment attaché, et vers lequel le regard de son âme se retournait sans cesse. La famille Remuzat ne pressentait en aucune façon le sacrifice qui l'attendait. Toujours aussi affectueuse, aussi gaie et aimable dans ses rapports avec les siens, Madeleine en était tendrement chérie ; sa présence semblait en quelque sorte leur être nécessaire. La plus douce jouissance eût été incomplète pour eux s'ils ne l'avaient vue la partager ; aussi se gardait-elle bien de laisser entrevoir les projets qu'elle n'avait cessé de méditer. Mais ayant atteint sa quinzième année, le Père à qui Dieu l'avait confiée pour la conduire dans ses voies jugea qu'il était temps de mettre fin à l'exil de cette blanche colombe et de la laisser s'envoler vers l'arche sainte, emportant le rameau de sa victoire. C'était toujours vers la Visitation que la portait son attrait, et l'asile béni où s'étaient écoulées si doucement ses premières années avait surtout bien des charmes pour son cœur; mais c'était là précisément ce qui l'arrêtait. Dans le doute, elle consulta son directeur; ce Père, ne perdant pas de vue qu'il avait à diriger une âme *victime*, ne balança pas sur le sacrifice à lui imposer. Il lui désigna donc le premier monastère, avec lequel elle n'avait jamais eu aucun rapport, et, pour mieux éprouver sa générosité, il lui commanda de s'y présenter elle-même, sans autre recommandation que son abandon à la divine Providence. Madeleine sentit vivement le poids du sacrifice; elle entrevit son isolement au premier monastère, tandis que tout la rattachait au deuxième par les liens les plus étroits; mais elle n'hésita pas dans son obéissance et dit de plein cœur son *Ecce venio*.

Le premier monastère de la Visitation de Marseille était alors gouverné par la Mère Anne-Théodore Nogaret, une des Supérieures les plus estimables de notre saint Ordre par sa sainteté et sa rare capacité. Comme au deuxième monastère, l'esprit éminemment religieux et la douce paix régnaient dans cette maison bénie, et la bonne odeur de Jésus-Christ s'en exhalait au loin. La dévotion au sacré Cœur de Jésus y florissait depuis plusieurs années. Un très-bel oratoire dans l'intérieur et une chapelle dans l'église lui avaient été érigés par la vertueuse Mère Anne-Augustine Gravier, malgré les difficultés et les épreuves de tout genre qui s'y opposèrent au commencement. Quelques Sœurs, effrayées mal à propos sur le culte rendu au divin Cœur, crurent y voir une innovation, et, ne se bornant pas à en témoigner leur mécontentement à la Mère Gravier, elles portèrent leurs plaintes au Supérieur de la communauté. Ce dernier entra dans leurs vues, blâma la Mère, l'accusa de dévotion indiscrète, et lui défendit sévèrement d'y donner encore lieu. La bonne Mère se soumit sans murmure à ce qui lui était ordonné; mais, un peu plus tard, l'Esprit du Seigneur lui fit si bien plaider la cause du divin Maître, qu'elle l'emporta, et les deux chapelles furent érigées. C'est ainsi que la divine Providence s'était plu à tout disposer pour faciliter à Madeleine la mission sublime à laquelle elle la destinait, en lui confiant l'apostolat de son divin Cœur.

Cependant, tout étant résolu pour son choix du premier monastère, elle dut s'y présenter seule, sur l'obéissance qui lui en avait été donnée par son directeur. On imagine facilement combien cette première démarche dut lui coûter. La maison lui était entièrement inconnue ; jamais elle n'avait eu l'occasion d'y voir aucune Sœur. Après avoir salué la Mère Anne-Théodore Nogaret, elle lui fit part du motif de sa visite et lui déclina son nom, sur la demande que lui en fit la bonne Mère. Celle-ci eut sans doute de la peine à dissimuler sa joie, car elle avait déjà entendu parler de la piété éminente et des aimables qualités de Mlle Remuzat ; mais ce qu'on lui en avait dit lui parut bientôt au-dessous de ce qu'elle voyait. Le recueillement de son visage, la noblesse et la modestie de son maintien, la candeur et la simplicité de ses manières la frappèrent d'abord. Elle admira surtout la sagesse, le calme et la douce onction que respiraient toutes ses paroles. Après lui avoir demandé les motifs qui lui faisaient fixer son choix sur le premier monastère, elle ne put y méconnaître un mouvement surnaturel et bien digne de la vertu de cette âme choisie. Madeleine confia encore à la Mère Nogaret qu'attendu la tendresse inexprimable de M. et Mme Remuzat, elle s'assurait de n'en obtenir jamais le consentement pour son entrée en religion, et que, d'après l'avis de son directeur, mieux valait leur cacher son dessein jusqu'après son départ de la maison paternelle. Cette chère enfant, connaissant d'ailleurs la solidité de leur piété, espérait avec raison qu'ils n'en viendraient pas à des démarches violentes pour la faire sortir du cloître. La Mère Nogaret lui promit de consulter Dieu, et se retira après lui avoir assigné une seconde entrevue.

Au jour convenu, Madeleine se rendit de nouveau au parloir de la Visitation, et elle y fut examinée par les Sœurs conseillères, selon nos usages. Dès le premier instant elle en gagna toute l'estime et l'affection. « Je n'ou- « blierai jamais, écrivait une de nos Sœurs, cette pre- « mière entrevue. Notre aimable prétendante ne me dit « qu'un mot qui est dans la bouche de tout le monde : « *Que Dieu est bon, madame!* Mais il me parut que ces « paroles sortaient d'un brasier ardent; elles firent sur « mon âme une si forte impression, que, quoiqu'il y ait « plusieurs années qu'elles m'aient été dites, je ne me les « rappelle jamais qu'elles ne renouvellent l'impression « qu'elles me firent la première fois. »

Les sentiments des Sœurs conseillères étant donc unanimes sur la réception de Mlle Remuzat, il ne s'agissait plus que d'en obtenir l'approbation de Mgr de Belzunce, évêque de Marseille. Ce digne Prélat affectionnait singulièrement le premier monastère, et il honorait surtout la digne Mère Nogaret, qui le vénérait à son tour et se faisait un bonheur de se prévaloir de sa haute sagesse et de ses lumières. Elle supplia donc Sa Grandeur d'examiner à fond la vocation et les dispositions intérieures de l'intéressante postulante. Le saint Prélat s'y prêta volontiers; car, outre sa profonde estime pour la famille Remuzat, il regardait comme une des plus importantes et honorables fonctions de son ministère le gouvernement des communautés de son diocèse. Le premier monastère disait surtout lui devoir toute sa paix et son bonheur pendant le demi-siècle environ qu'il lui fut donné de demeurer sous sa conduite, et le nom de Mgr de Belzunce y sera toujours en vénération, comme il l'est d'ailleurs dans les annales de la sainte Eglise.

Ce Prélat si éclairé comprit bientôt la sublimité des desseins de Dieu sur Madeleine, et il lui voua dès cet instant une profonde estime et cette affection si douce et si paternelle qu'il lui a conservée toute sa vie. Ce grand Evêque ne dédaigna pas en effet de devenir le tendre père et le confident intime d'une humble religieuse. Elle le trouva toujours disposé à l'éclairer dans ses doutes, à la soutenir dans ses longues épreuves. Nous ne saurions, au reste, donner une idée plus exacte des sentiments de Mgr de Belzunce pour cette âme privilégiée, qu'en citant ce qu'il en écrivit lui-même à la très-honorée Sœur Marie-Agnès de Gréard, déposée de notre premier monastère de Rouen, le 10 mai 1732 :

« C'est pour moi le sujet d'une sensible consolation que
« de penser que j'ai eu le bonheur d'examiner sa voca-
« tion, de lui donner le voile, de recevoir sa profession à
« la fin de son noviciat, d'être pendant son innocente et
« édifiante vie le témoin de bien des grâces singulières
« dont elle a été favorisée, et de la fidélité avec laquelle
« elle y a répondu ; d'être quelquefois le dépositaire de
« ses pensées et de ses épreuves, et, après sa précieuse
« mort, de l'accompagner au tombeau en faisant moi-
« même la cérémonie de son enterrement. »

Ces paroles, comme on le voit, résument le plus bel éloge que nous puissions offrir de cette vénérée Sœur ; mais il nous faut reprendre le fil de notre narration. Mgr de Belzunce, bien convaincu que l'appel de Madeleine venait de Dieu, lui permit de s'y rendre sans délai, et il approuva de même le projet formé d'en dérober la connaissance à sa famille. Puis, levant sur cette chère enfant sa main paternelle, il la bénit, comme une victime pure et un holocauste digne de Celui qui se l'était choisie.

Madeleine n'avait pas encore quinze ans révolus. Douée

des qualités les plus aimables, tout prévenait en sa faveur, sans avoir cependant rien de fort remarquable quant à l'extérieur. Sa taille était un peu au-dessous de la moyenne et légèrement inclinée en marchant, quoique sa démarche eût de la grâce et de la dignité. Les traits de son visage n'offraient rien d'irrégulier, et sa physionomie était très-expressive, mais un peu empreinte de la langueur intérieure qui allait la consumant jusqu'à la fin, depuis le jour où elle fut marquée du sceau de *victime*. Son regard vif et pénétrant ne laissait pas d'être doux et gracieux, et le sourire accompagnait toujours ses moindres paroles. Notre premier monastère de Marseille fit prendre, après sa mort, les traits de son visage par un masque de cire qui existe encore, et sur lequel on a pu tirer un portrait parfaitement en harmonie avec l'esquisse que nous venons d'en tracer d'après son premier biographe.

Mlle Remuzat, heureuse mille fois de l'approbation si bienveillante de son digne Pasteur, s'empressa d'en faire part à la Mère Nogaret, et l'on fixa son entrée au 2 octobre 1711, jour de la fête des saints Anges. On n'eût pu choisir un jour plus propre à lui faciliter la voie et à garder ses pas des embûches de l'ange ennemi. Personne ne se doutait chez elle de son dessein, pas même sa sœur aînée, appelée aussi à la vie religieuse, mais manquant de cœur jusque là pour s'arracher des bras de sa famille, et surtout de sa tendre mère. La générosité de Madeleine était d'autant plus admirable, en quittant les siens, qu'elle aurait pu jouir parmi eux de tout le bonheur auquel on aspire ici-bas. Elle était aimée, chérie de tous ; de plus, un rang distingué dans la société, une fortune brillante, lui offraient un bien-être assuré. Mais un rayon d'en haut lui avait montré tous les avantages de ce monde comme des désavantages, eu égard à la haute connaissance de Jésus-Christ, pour l'amour duquel elle avait sacrifié toutes choses et *regardé toutes choses comme de la boue pour gagner Jésus-Christ* et se trouver en lui.

Notre chère enfant ne put cependant franchir le seuil de la maison paternelle sans un déchirement proportionné à la sensibilité de son cœur. Elle y laissait un père tendre, vénéré, et la meilleure, la plus vertueuse des mères, à qui elle devait tout son bonheur. Elle prévoyait les larmes amères qu'allaient répandre sur son départ si inattendu une sœur et des frères chéris. Mais l'amour, fort comme la mort, l'emporta dans son âme. Dès le matin du 2 octobre, la porte du sanctuaire s'ouvrit devant Madeleine et l'y renferma pour jamais. Ce jour fut un vrai jour de fête pour la communauté. L'aimable postulante ne pouvait contenir qu'avec peine les délices ineffables dont son cœur était inondé ; une expression toute céleste se répandait sur son visage. La Mère Nogaret, après l'avoir bénie et pressée sur son cœur, la conduisit, selon l'usage, devant le Très-Saint-Sacrement. Quel moment solennel pour Madeleine ! Prosternée aux pieds de Jésus-hostie, elle put lui dire dans toute l'effusion de son amour et de sa reconnaissance : *Vous n'avez point voulu de victimes ni d'holocaustes, mais vous m'avez donné un corps, et j'ai dit : Me voici.* Et cet *Ecce venio* fut sans retour. Jamais on ne vit cette innocente victime se détourner tant soit peu pour éviter le glaive.

La très-honorée Sœur Anne-Augustine Gravier conduisit ensuite sa chère postulante auprès de ses nouvelles compagnes de noviciat, si heureuses de la serrer dans leurs bras. Elle était encore entourée de cet aimable petit troupeau quand on vint lui annoncer l'arrivée de M. Remuzat au parloir. Ce bon père, à la nouvelle du départ de sa fille, fut si vivement affecté, qu'oubliant sa modération ordinaire, il se rendit en toute hâte au monastère, et, hors de lui, il reprocha à la Mère Nogaret de lui avoir enlevé sa fille. Les termes dont il usa ne furent pas ménagés. Cette respectable Mère écouta tout avec calme et douceur. Elle savait qu'on doit aussi tout pardonner au cœur d'un père si profondément immolé. Madeleine arriva un peu après. A la vue de cette enfant bien-aimée, les larmes de cet excellent père coulèrent avec abondance, et, joignant à ces larmes les plus tendres reproches, il fallut à Madeleine toute la force d'âme qui la caractérisait, ou, pour mieux dire, toute la grâce dont elle était revêtue, pour n'en pas demeurer ébranlée. Elle laissa d'abord M. Remuzat décharger entièrement son cœur, ne lui opposant que le silence le plus respectueux ; puis elle le regardait par intervalles de ce regard si touchant et si filial qui lui était accoutumé, baissait les yeux et l'écoutait encore. Enfin, ces premiers moments passés, M. Remuzat, devenu plus calme, put écouter sa fille, qui lui parla alors avec tant de sagesse et de force divine, que ce tendre père, persuadé de la vocation du ciel, dit à Madeleine ne vouloir pas se reprocher un jour d'avoir résisté à son Dieu et de s'être opposé au bonheur de son enfant. Les choses en étaient là lorsque Mme Remuzat, poussée à son tour par un excès de douleur, suit de près son mari et vient demander au parloir la Mère Nogaret ; mais elle faisait dire en même temps à sa fille qu'elle ne la reverrait plus. Cette dernière, heureuse d'avoir si bien su triompher de la sensibilité de son père, fit supplier sa mère de ne pas se retirer sans consentir à la voir, au moins un instant. A peine la Sœur portière avait-elle fait le message, que Madeleine, sans en attendre la réponse, se présente tout à coup devant sa mère ; celle-ci, saisie en la voyant, jette un cri d'étonnement et de douleur, et verse des torrents de larmes. Madeleine la regarde doucement et se tait, comme elle avait fait auprès de son bon père. Cependant les larmes abondantes que répand Mme Remuzat donnent quelque soulagement à son cœur oppressé, elle peut enfin parler ; mais le combat en devient plus rude pour sa fille chérie. La douleur d'une mère est si puissamment éloquente ! Les reproches, les menaces, les paroles les plus tendres et les plus maternelles, entrecoupées de sanglots, tout est employé par cette pauvre mère pour toucher le cœur de son enfant. Elle y joint même la proposition d'un établissement brillant qui vient de lui être offert. Madeleine continue à garder le silence et laisse sa mère exhaler sa douleur. Cependant, le calme commençant à se faire peu à peu, elle demande la permission de justifier sa fuite. Mme Remuzat le lui permet, et, gagnée bientôt, comme son époux, par l'onction céleste qui découle de la bouche de sa chère fille, elle lève les yeux au ciel et fait à Dieu son sacrifice, le priant de la revêtir de la force dont elle a besoin pour en porter le poids.

Madeleine, après avoir remporté cette dernière victoire. sortit du parloir le cœur surabondant de reconnaissance et d'amour ; elle ne savait comment remercier le bon Dieu d'avoir si miséricordieusement incliné son père et sa mère à l'accomplissement de sa divine volonté sur elle. Oubliant désormais son peuple et la maison de son père, toutes ses affections se retournèrent vers la famille nouvelle qui avait choisi le Seigneur pour son unique partage, et dont elle allait faire partie. La communauté du premier monastère, composée alors de quarante-trois professes du voile noir, ne formait qu'un cœur et qu'une âme par les liens de la plus étroite charité. Ce fut environ à cette époque que Mgr de Belzunce en rendit le consolant témoignage, après une de ses visites canoniques, par ces paroles remarquables adressées au chapitre : *L'union des cœurs est si parfaite parmi vous, mes chères filles, que le Dieu de paix semble avoir voulu choisir votre maison pour y faire sa demeure.*

La Mère Anne-Théodore Nogaret avait été élue pour la quatrième fois, quand il plut à Dieu de lui confier notre bien-aimée Sœur. Personne n'eût été plus capable de conduire une âme déjà si élevée dans les voies de Dieu et appelée à la sainteté la plus sublime. De concert avec sa vénérée déposée, Sœur Anne-Augustine Gravier, elle s'étudia à suivre pas à pas le mouvement du Saint-Esprit et sa conduite sur cette chère prétendante ; l'une et l'autre n'épargnèrent rien non plus pour s'assurer de sa vertu. Elles affectèrent de la traiter comme n'ayant pas encore la moindre notion de la vie intérieure. Plus elles la voyaient aimée et estimée de ses compagnes, plus elles s'efforçaient de la rabaisser ou de l'ignorer en toutes rencontres. Loin de consulter jamais ses goûts et ses répugnances, on s'attachait à la contredire, à la mortifier à tout propos; mais en vain désapprouvait-on ce qu'elle venait de faire, jamais la moindre altération ne paraissait sur son visage. La seule difficulté de ces bonnes Mères, c'est qu'il n'y avait pas moyen de distinguer ses répugnances de ses inclinations. On avait beau la désapprouver, mal interpréter ses actions les plus louables, lui supposer mille défauts : le regard toujours doux et serein et le sourire sur les lèvres, Madeleine remerciait avec effusion de reconnaissance la main charitable qui semblait la redresser.

Les dignes Mères auxquelles Dieu avait confié la conduite de cette âme d'élite ne furent pas les seules à exercer sur elle tout leur zèle. Le premier monastère possédait encore à cette époque un grand nombre de Sœurs anciennes, formées à l'école des premières Mères et nourries de l'esprit si éminemment religieux qui les caractérisait. Ces vénérables Sœurs ne se lassaient pas de fournir à Madeleine les moyens de mettre en pratique la vertu vraie qu'elles apercevaient d'une manière évidente; mais il leur fallait voir s'épuiser les ressources de leur industricuse charité. Si l'on opposait son sentiment au sien, loin d'y faire la moindre résistance, elle se rangeait tout de suite vers celui de la Sœur qui lui parlait, et cela avec tant de candeur et de rabaissement qu'on eût été tenté de la croire incapable d'avoir à elle une seule pensée. Aussi jamais postulante ne parut avoir mieux compris le document tout céleste de notre bienheureux Père saint François de Sales, dans la constitution de l'entrée des novices : « La Congrégation est une école de l'abnégation de soi- « même, de la mortification des sens et de la résignation « de toutes les volontés humaines. » La religion lui fut si bien montrée une école, qu'elle y entra avec toutes les dispositions d'une vraie enfant de grâce. Elle se présenta au noviciat comme ne sachant pas même bégayer les premiers éléments de la vie spirituelle ; on la voyait en écouter les leçons de sa bonne maîtresse avec une attention ravissante. Madeleine ne cherchait qu'à s'effacer avec son divin Epoux, et l'on ne put jamais lui désigner une place assez basse pour la voir ne pas s'essayer d'en trouver encore une au-dessous.

Notre chère enfant se soumettait à la volonté de chacune des Sœurs du noviciat avec une souplesse et une facilité charmantes. On eût dit, dès les premiers jours de son entrée, en voyant son aptitude et sa parfaite fidélité à la moindre de nos saintes observances, qu'elle s'y était exercée toute sa vie. Son habile maîtresse, à défaut de manquements vrais, trouvait cependant encore le moyen de l'humilier sur ce point : tantôt elle attribuait sa parfaite régularité à petitesse et rétrécissement d'esprit, tantôt elle la reprenait de certaines fautes dont elle savait bien cette chère enfant n'être pas coupable. Si quelque recommandation faite en général aux Sœurs du noviciat avait été mise en oubli, c'était sur Madeleine que portait la correction. On la voyait alors s'humilier, confesser ses torts prétendus ou son ignorance, et cela avec une franchise et une candeur qui ravissaient, et la bonne Mère Gravier en usait de nouveau pour taxer de stupidité cette soumission de jugement si ingénue. D'autres fois elle accusait de fierté sa douce retenue; sa modestie était de l'affectation. Il n'est aucun biais enfin dont n'usât la sage directrice pour aider cette âme de grâce à atteindre le degré de perfection qui lui était destiné.

La communauté du premier monastère se composait alors de plusieurs âmes de choix. Madeleine y distingua d'abord notre Sœur Marie-Charlotte Billon, que Dieu appela plus tard à la conduite de cette maison. Voici ce qui est rapporté dans sa Vie touchant l'intimité de ses rapports avec notre vénérée Sœur :

« Notre vénérable Sœur Anne-Madeleine Remuzat fut
« frappée du mérite de cette chère Sœur, quand elle vint
« se consacrer à Dieu dans notre communauté. Dès qu'elle
« la vit, elle se sentit pénétrée de respect, et quand elle
« eut suivi sa conduite, elle lui donna son amitié et sa
« confiance. Elle avait avec notre Sœur Marie-Charlotte
« des entretiens particuliers; on le leur avait permis
« parce qu'on n'en craignait pas les abus. C'est dans ces
« entretiens secrets qu'elles s'ouvraient mutuellement
« leurs cœurs; elles en sortaient, comme Moïse de dessus
« la montagne, embrasées de l'amour le plus divin. Elles
« allaient au même but, quoique par des chemins diffé-
« rents : notre chère Sœur Remuzat marchait par des
« voies extraordinaires, et notre Mère Charlotte ne s'é-
« cartait pas des routes communes. La première, sembla-
« ble à un aigle, s'élevait dans le sein de Dieu; la seconde
« se renfermait dans son néant et glorifiait Dieu dans son
« humilité. Elles nous ont donné toutes les deux les
« exemples les plus admirables et les plus salutaires; nous
« n'en devons jamais perdre le souvenir. »

La vertueuse Mère Marie-Charlotte Billon survécut quarante ans à notre bien-aimée Sœur Anne-Madeleine; elle eut la consolation d'offrir à notre saint Institut la Vie de cette vénérée Sœur, ainsi que nous le voyons dans sa circulaire du 12 août 1760, citée au commencement de ce livre. Cette Mère est une des plus dignes et saintes Supérieures qui aient gouverné notre premier monastère de Marseille. Elle mourut le 26 mars 1770, à l'âge de quatre-vingt-six ans, après en avoir passé soixante-quatre en religion.

Dès l'entrée de notre bien-aimée Sœur Anne-Madeleine, des progrès sensibles se manifestèrent parmi ses compagnes de noviciat. Il leur suffisait de la rencontrer dans un dortoir ou dans une allée du monastère pour se renouveler dans leurs bons désirs. Sa démarche grave et modeste, ses yeux baissés, son visage si suavement recueilli, imprimaient dans l'âme un sentiment de la présence de Dieu auquel il eût été difficile de résister. Mais rien n'égalait l'onction toute divine attachée à la moindre de ses paroles. Une réflexion qui lui échappait, un mot d'encouragement dit à une compagne dans un moment d'épreuve, relevaient tout de suite le cœur et faisaient franchir joyeusement les difficultés qui se rencontraient. C'était surtout pendant nos deux récréations du matin et du soir que notre aimable prétendante exerçait à son insu un apostolat ravissant parmi les novices. Sa gaîté, ses reparties vives et piquantes prêtaient un charme indicible à sa pieuse conversation; on l'entourait sans qu'elle y prît garde, et la seule expression de sa physionomie répandait la paix et la joie dans ces jeunes cœurs. Le petit mot pour rire n'était pas oublié, et sa charmante narration avait alors tant de grâce, elle était revêtue d'un ton si plaisant, qu'on ne se fût jamais lassé de l'entendre, et la cloche de l'obéissance arrivait toujours trop tôt au gré de la petite troupe. Mais les charmes jetés ainsi par Madeleine dans ces innocentes récréations n'étaient qu'une amorce de son industrieuse charité. L'amour si pur qui consumait son âme pour notre adorable Sauveur lui donnait un désir immense de lui lier tous les cœurs ; ses paroles étaient par moments comme des charbons de feu ou des dards lancés tout à coup au milieu même de la conversation la plus joyeuse.

Cette humeur si douce, si égale, si enjouée, était encore la preuve la plus évidente de son immense vertu ; car ses dispositions intérieures n'étaient point changées depuis sa sortie du deuxième monastère. Quoique soutenue puissamment par les avis de son sage et éclairé directeur, les peines intérieures les plus terribles n'avaient jamais cessé de l'exercer. Son entrée en religion, loin d'y mettre fin, sembla les accroître avec son amour ; son âme, toujours plus pure, devenait toujours plus digne aussi de retracer les traits de l'Epoux bien-aimé qui avait daigné la choisir comme victime de son Cœur immolé et sacrifié pour le salut du monde.

Madeleine portait ainsi toutes ses angoisses sans en laisser échapper la moindre trace à l'extérieur. Ses Supérieures et son directeur seuls en avaient la connaissance, et ils n'oublièrent rien de leur côté pour rendre cette âme toujours plus digne de la sublimité de sa vocation. Nous avons dit combien les épreuves extérieures furent multipliées pour notre bien-aimée Sœur, dès son entrée, malgré les peines intérieures et les angoisses qu'elle eut à souffrir. Cependant, il faut le dire, ces assauts n'étaient pas sans relâche, et le glaive d'un amour véhément la martyrisait plus encore que toutes ses autres souffrances.

CHAPITRE CINQUIÈME.

Trois mois s'étaient écoulés seulement depuis l'entrée
de Madeleine au noviciat, et sa quinzième année venait à
peine d'être terminée ; mais elle avait déjà acquis toute
la maturité de l'âge, et nos vénérables Mères jugèrent à
propos de ne pas différer plus longtemps de la revêtir du
saint habit. Son cœur soupirait ardemment après l'ineffable bonheur de se voir dépouillée des livrées du siècle.
Un plus long délai n'aurait su d'ailleurs ajouter à la conviction qu'avaient ses Supérieurs de la solidité de sa vocation. Sa maîtresse lui annonça donc qu'on allait la proposer au chapitre ; mais très-probablement, selon la marche
que cette respectable Sœur s'était tracée pour la conduite
de cette âme privilégiée, elle dut lui faire entendre qu'il
fallait par cette proposition faire expliquer la communauté
et voir si l'on se déciderait à la rendre à sa famille, attendu
la faiblesse de sa complexion et ses graves défauts, ou si,
passant par-dessus, on lui ferait la miséricorde de la recevoir. Ces paroles, si dures en apparence, ne parurent pas
telles sans doute à cette âme éclairée de la lumière du

ciel. En effet, les saints, ayant leur regard en Dieu, voient toutes choses et se voient eux-mêmes dans cet océan de vérité; toute l'impureté de l'être humain dégradé par le péché leur est si bien montrée, qu'aucune parole, aussi avilissante qu'elle soit en elle-même, ne saurait jamais égaler ce qu'ils aperçoivent de leur bassesse et de leur difformité propre. Aussi l'humiliation, loin de les renverser, les affermit dans leur voie, et leur courage s'accroît à proportion de la lumière qui leur découvre la profondeur de leur néant. *Je me glorifierai dans mes infirmités,* disent-ils avec saint Paul, *afin que la vertu de Jésus-Christ se manifeste en moi.*

On juge assez de la décision du chapitre sur la réception proposée. Notre bien-aimée Sœur réunit tous les suffrages, comme elle avait, dès le premier instant de son entrée dans la maison, réuni tous les cœurs; et lorsque, prosternée devant le chapitre assemblé, elle remerciait les Sœurs de la grâce qui lui avait été faite, il n'en était aucune qui ne s'abaissât devant Dieu en voyant tant de perfection dans une âme dont la carrière commençait à peine. Mgr de Belzunce ayant été informé de la réception au chapitre de la chère prétendante, accepta avec consolation l'invitation de venir la revêtir lui-même du voile sacré, et il en fixa la cérémonie au 19 janvier de cette année 1712. Notre vertueuse Sœur, au comble de ses vœux, ne songea plus qu'à se préparer à cette insigne faveur; son oraison devint pour ainsi dire continuelle, tant son regard vers Dieu était incessant. Quant aux faveurs particulières qu'elle reçut pendant la retraite d'usage, avant la prise d'habit, il n'a pas plu à Dieu de nous les faire connaître; il nous est permis d'en juger seulement par le recueillement surnaturel que respirait son visage quand elle descendit de la montagne.

Dès qu'on eut appris dans Marseille que Mlle Remuzat

allait recevoir le voile, on accourut en foule dans l'église
du premier monastère au jour marqué ; un grand nombre
de personnes de distinction s'y trouvèrent réunies. Quelques unes étaient poussées par la curiosité ; d'autres cher-
chaient à s'édifier par le spectacle d'une jeune personne
de quinze ans, douée de tous les avantages de la naissance,
de la fortune, et des plus riches qualités de l'esprit et du
cœur. Rien ne saurait rendre l'impression que produisit
en effet sur tous les assistants le seul aspect de Madeleine,
dès qu'on eut ouvert la grille. Les larmes coulèrent aussitôt presque de tous les yeux, sans pouvoir en définir la
cause. La béatitude que respirait sa physionomie ne permettait pas la compassion : on expérimentait que Madeleine n'était plus de la terre, et son âme, ainsi élevée vers
son Dieu, unie étroitement à lui, attirait après elle tous
ceux dont elle fixait les regards. Cet attendrissement surnaturel fut communiqué aussi à la communauté tout entière. « Non, disait avec émotion une de nos bonnes Sœurs
« anciennes après la cérémonie, notre digne Prélat n'a
« pas voilé une fille, mais un ange. Hélas ! que je m'esti-
« merais heureuse si je finissais ma carrière comme elle
« commence la sienne ! »

Mgr de Belzunce partagea l'émotion générale en revê-
tant cette pure victime du voile saint qui allait la dérober
pour toujours aux regards du monde, et attacher sur elle
en échange l'œil divin de son céleste Epoux. Quant à notre chère novice, tout absorbée en Dieu, elle ne s'aperçut
en aucune façon de ce qui se passait autour d'elle, et lorsqu'on la conduisit dans la sacristie intérieure pour lui enlever ses habits séculiers, elle se trouva dans l'impuissance
de faire aucun mouvement ; elle se laissa dépouiller et
revêtir comme privée de tout sentiment ; mais son visage
enflammé annonçait ce qui se passait au-dedans, et son
silence était une leçon bien éloquente. On jugea convena-

ble de lui laisser le beau nom de Madeleine, qu'elle avait reçu au baptême, et l'on y ajouta celui d'Anne, que portaient nos deux vénérées Mères, Anne-Théodore Nogaret et Anne-Augustine Gravier ; elle fut donc appelée dès ce jour Sœur Anne-Madeleine, nom qui sera toujours en vénération parmi nous.

Notre fervente novice, ainsi revêtue des livrées de Jésus-Christ, n'eut point à commencer, comme tant d'autres, une vie nouvelle, puisque déjà son âme avait puisé et puisait encore chaque jour la vie vraie dans le sein de Celui auquel elle avait été étroitement unie dès ses premières années ; mais *cette vie* devint d'un jour à l'autre plus *abondante*. La prière et le sacrifice en étaient l'aliment. Jamais elle ne perdit de vue sa qualité de victime ; son cœur était un vrai holocauste. Tout tendait en elle à la séparation et à la mort, et le glaive ne la vit jamais reculer. Quelque pénibles que fussent les épreuves qui lui étaient ménagées, les corrections sévères qu'elle eut continuellement à subir pendant son noviciat, le travail fatigant qui lui était imposé, son âme voyait en tout le mouvement divin et l'adorait avec un amour aussi pur que généreux ; son visage était toujours si serein, ses manières si aisées, si ouvertes, qu'on l'eût jugée facilement indifférente à toute peine ou contrariété. Sa fidélité à se vaincre lui avait acquis, il est vrai, beaucoup de force et d'empire sur elle-même ; mais la vivacité naturelle de son esprit, la délicatesse de ses sentiments, l'extrême sensibilité de son cœur, ne laissèrent pas de lui livrer bien des combats et de donner lieu à bien des victoires. Cette transition d'ailleurs de la maison paternelle, du bien-être et de la liberté dont elle y jouissait, à l'observance étroite, à la dépendance d'une règle qui paralyse si bien tout mouvement propre, et qui exige surtout des novices tant d'assujettissement et d'abnégation, dut nécessairement lui fournir abondamment de quoi satisfaire son amour à la souffrance. Il faut y joindre de plus le zèle infatigable de sa bonne maîtresse, qui ne lui eût laissé ni repos ni trève si la demeure de son âme *n'eût été faite dans la paix; cette paix surpassait* en elle *tout sentiment.*

Tous les yeux étaient arrêtés sur Madeleine pour examiner sa conduite; mais il était impossible de la trouver en défaut. L'exactitude de cette jeune novice surpassait celle des plus anciennes professes, malgré la parfaite régularité de celles-ci. Il lui suffisait de savoir qu'une chose devait se pratiquer de telle et telle façon pour s'y attacher à tout jamais, et cela sans gêne ni contrainte aucune. On eût dit à la voir agir que tout lui était facile. Aussi sa régularité, loin d'effrayer, comme il arrive quelquefois, avait un charme inexprimable. Sa façon de faire entraînait; on cherchait à l'imiter, lors même que le devoir n'y obligeait pas.

Si quelqu'une de ses compagnes venait à s'oublier pendant le silence, en lui disant quelque parole de légèreté, elle ne répondait pas; mais la sagesse et la suavité tout à la fois de son regard faisait rentrer aussitôt dans son devoir celle qui s'en était un instant écartée. Quand on la contredisait, ce qui arrivait assez fréquemment, car les Sœurs ne profitaient pas mal des occasions d'éprouver sa vertu, elle laissait tomber aussitôt son opinion pour abonder dans le sens de celle qui lui parlait, et c'était en toute franchise, tant son jugement lui paraissait inférieur à celui de ses Sœurs. Jamais on ne la voyait s'empresser pour chose aucune, malgré son activité naturelle; mais elle n'agissait pas moins avec beaucoup de dextérité. Son adresse pour toutes sortes d'ouvrages était fort remarquable; son intelligence s'étendait à tout, et l'on voyait évidemment en elle l'impulsion du mouvement divin qui la faisait agir. Une Sœur du noviciat disait à sa maîtresse à

ce sujet : « Quand je vois agir ma Sœur Anne-Madeleine,
« dans les choses même les plus ordinaires, sa modestie
« et son recueillement me disent tout. »

Quelques mois seulement s'étaient écoulés depuis la
prise d'habit de notre bien-aimée Sœur, quand il plut à
Dieu de lui ménager une bien douce consolation. Elle
avait laissé dans le monde sa sœur aînée, appelée aussi
depuis plusieurs années à la vie religieuse, mais retenue
par sa trop grande affection pour sa famille. L'exemple
de Madeleine l'avait ébranlée; elle se reprochait sa faiblesse, cependant elle hésitait encore, lorsque la grâce
l'emporta enfin sur son cœur, et, s'arrachant à la tendresse
des siens, aux larmes abondantes de sa mère, elle entra
au noviciat le jour de saint Dominique. La conduite si angélique de sa sœur chérie, jointe aux bons avis qu'elle en
reçut, contribuèrent puissamment à la soutenir et fortifier
dans les premières épreuves qui lui furent ménagées, et
à l'établir dans la pratique des vraies et solides vertus
qu'on a eu à admirer pendant la longue vie de notre
chère Sœur Anne-Victoire. Privée de la vue pendant bien
des années avant sa mort, elle porta cette lourde croix
avec une douce et aimable résignation. Son regard, toujours élevé vers son divin Epoux par une oraison presque
incessante, la dédommageait amplement de la vue des objets d'ici-bas. Cette chère Sœur survécut trente ans à notre bien-aimée Sœur Anne-Madeleine. La circulaire de la
Mère Billon, de 1760, faisait part à l'Institut de sa mort
et donnait l'abrégé de sa vie, après avoir annoncé l'envoi
de la vie de notre Sœur Anne-Madeleine, décédée depuis
trente ans.

L'heureuse influence que produisit sur sa sœur l'exemple de notre fervente novice s'étendit encore non seulement sur ses autres compagnes, mais sur la communauté
tout entière, et cette influence allait toujours croissant. Il

suffisait à quelques unes de la rencontrer sur leurs pas et
d'arrêter sur elle un regard pour se sentir ranimées et
excitées au bien. « Si je suis triste, disait une Sœur dans
« une occasion, le seul souvenir de ma Sœur Anne-Made-
« leine dissipe ma tristesse et me console. » Une autre
éprouvait un bien-être inexprimable auprès d'elle devant
le Très-Saint-Sacrement, et le témoignait ainsi à sa Supérieure : « Il me suffit de me placer auprès d'elle pour me
« sentir aussitôt occupée et comme remplie de Dieu, ce
« qui ne m'arrive pas quand je suis placée ailleurs. »

Mais c'était surtout aux paroles de cette fervente novice, comme nous l'avons déjà dit, qu'une grâce toute
particulière était attachée. On expérimentait sensiblement
en elle ces paroles de saint Paul : *Si vous parlez, que ce
soit comme si Dieu parlait par votre bouche.* L'Esprit
Saint parlait en effet en elle, comme par un instrument
qu'il s'était choisi, pour transmettre purement son souffle
divin ; les Sœurs du noviciat en faisaient chaque jour
l'heureuse expérience. Tout leur bonheur était de l'entendre ; si bien que la Mère Gravier, sa maîtresse, malgré
la sévérité apparente de sa conduite sur sa novice, voyant
le bien immense qui revenait à ses compagnes de leurs
rapports avec elle, trouva adroitement le moyen de rendre ces rapports encore plus fréquents et plus intimes.
Cette bonne maîtresse, prétextant le besoin qu'avait notre
vénérée Sœur de s'étudier tout spécialement à la pratique
de nos saintes observances, la chargea d'y mettre au cou-
rant les nouvelles venues. On juge du zèle avec lequel
elle s'y appliqua. Un mot de sa bouche aplanissait toutes
les difficultés, rendait même facile ce qui avait d'abord
paru impraticable.

Son amour pour l'oraison et pour la vie cachée, son
esprit de sacrifice et d'anéantissement, s'infiltraient insensiblement dans tous les cœurs qui l'entouraient, et l'on

peut dire que le premier monastère devint spécialement,
à cette époque, un vrai sanctuaire de l'Esprit saint. Notre
vertueuse Sœur prenait ainsi, sans s'en douter, un ascendant toujours croissant sur ses chères compagnes, et cet
ascendant devint bientôt une vraie direction ; elle pénétrait le secret des cœurs et y lisait à découvert. Une novice s'étant un peu relâchée évitait sa rencontre. « Vous
« me fuyez, ma bien-aimée Sœur, lui dit-elle un jour avec
« une douceur charmante ; mais je tâcherai de faire au-
« près du bon Dieu, par mes prières, ce que votre éloi-
« gnement m'empêche de faire par mes paroles. Oui, je
« le prierai tant, qu'il sera obligé de faire un miracle en
« votre faveur ; j'en ai l'intime confiance. » Le miracle
eut lieu en effet, et voici comment s'exprime celle en faveur de laquelle cette faveur fut accordée : « Ces paroles
« de ma Sœur Anne-Madeleine me revenaient de temps
« en temps dans l'esprit et me perçaient le cœur ; je me
« sentais déchirée par mes remords, et je me faisais vio-
« lence pour fuir celle que j'aimais et estimais ; mais je
« craignais son zèle. Enfin il fallut me rendre ; je vis que
« c'était fait de moi si je laissais échapper la grâce qui
« m'était offerte par son moyen. Je le lui avouai ; elle me
« donna du secours, et je me donnai à Dieu tout de bon. »
C'est ainsi, comme on le voit, qu'il fallait fuir notre
Sœur Anne-Madeleine si l'on ne voulait être gagnée, et
encore était-il bien difficile d'échapper à sa tendre charité.
Quelquefois, à défaut de sa parole, sa vue seule soutenait
et fortifiait. *Lorsque mon attention se relâche dans la
prière*, disait une Sœur, *je n'ai qu'à regarder cette bien-
aimée Sœur pour sentir se ranimer en moi l'esprit de ferveur et de dévotion.*

Quand on la consultait, elle voyait aussitôt l'obstacle qui
s'opposait au règne de Dieu dans l'âme, et il fallait nécessairement se résoudre au sacrifice exigé par la grâce. Si

elle voyait de la faiblesse ou de la timidité à s'avouer coupable, éclairée aussitôt par la lumière divine, elle tirait de peine en manifestant la pensée qui fatiguait ou l'infidélité dont on s'était rendue coupable. Lorsqu'elle rencontrait une résistance plus opiniâtre, on la voyait déployer à la fois tant d'énergie et de douceur, tant de force et de modestie ; ses paroles étaient si entraînantes, qu'il fallait incessamment lui ouvrir tout son cœur. Une jeune novice chancelait dans sa vocation ; notre Sœur Anne-Madeleine en fut avertie intérieurement, et, prenant à part sa compagne, elle lui déclara tout ce qui se passait dans son âme. La pauvre enfant, étonnée, déconcertée de voir ainsi sa conscience mise à découvert, demeura sans paroles ; mais le calme se fit bientôt, et sa sainte compagne n'avait pas achevé de lui parler, qu'elle sentit son cœur plein d'amour pour sa vocation.

Notre chère Sœur Anne-Madeleine adressait, un peu plus tard, ces tendres reproches à une autre novice : *Vous vous opposez, ma bien bonne Sœur, à la volonté de Dieu, qui a des desseins particuliers sur votre âme; mais vous lui résistez.* Elle lui désigna ensuite bien clairement le sacrifice qui lui était demandé et auquel la pauvre Sœur se refusait. Une autre donna par écrit ce témoignage :

« Je m'entretenais avec ma Sœur Anne-Madeleine, sans
« autre dessein que de me renouveler un peu dans l'es-
« prit de piété, lorsque je m'aperçus que ses paroles tom-
« baient sur moi, qu'elle désignait mon intérieur avec
« des traits si bien marqués qu'ils me peignaient d'après
« nature. On eût dit que notre bien-aimée Sœur faisait
« l'anatomie de mon cœur ; confuse, j'en perdis conte-
« nance, et je la priai de remettre notre entretien à une
« autre fois, lui demandant cependant de me mettre par
« écrit ce qu'elle aurait encore à me dire. Notre vertueuse
« Sœur y consentit, et son petit billet acheva mon por-

« trait de telle manière que ma surprise en fut extrême. »

Tandis que cette chère novice travaillait ainsi à la sanctification de ses jeunes compagnes, sa vénérable maîtresse ne perdait pas de vue celle que Dieu demandait d'une âme si privilégiée. Elle s'appliqua donc de plus en plus à l'humilier et la contredire en toutes rencontres. Elle affectait même, à son cœur défendant, une espèce de froideur et d'éloignement qui eût déconcerté toute autre : c'était toujours sur elle que pesaient les fautes faites au noviciat ; on eût dit le bouc émissaire chargé des iniquités de ce petit peuple. Cependant jamais une parole d'excuse ne lui échappait ; mais, au moindre reproche de sa maîtresse, on la voyait se jeter aussitôt à ses pieds et lui demander humblement pardon. Quand on lui commandait de se relever, l'expression de bonheur répandue sur son visage disait la consolation intérieure qui lui était donnée d'avoir quelque part aux humiliations de son divin Epoux. Les Sœurs du noviciat en étaient dans l'admiration, elles qui connaissaient si bien sa conduite irréprochable ; mais à leur tour cependant la légèreté de leur âge les faisait contribuer quelquefois aussi à la perfection de celle qui était à la fois leur compagne et leur petite directrice. Pour mieux s'assurer de sa vertu et s'en édifier, elles s'avisaient assez fréquemment de la contredire et contrarier. Une fois même quelques unes d'elles en vinrent jusqu'à la faire souffrir, pour mesurer sa patience, en lui tirant assez fortement les cheveux pendant qu'elles les lui coupaient, selon notre usage ; mais jamais elles ne purent en tirer une seule parole de plainte, ni la moindre expression de mécontentement ; sa physionomie toujours calme et son gracieux sourire annonçaient la paix inaltérable de cette âme angélique.

Il est vrai néanmoins que notre bien-aimée Sœur, tout en répandant dans notre chère famille du premier monastère la bonne odeur de Jésus-Christ et lui attirant si suavement les âmes, n'en souffrait pas moins un martyre intérieur presque continuel et inexplicable. Nous disons *presque*, attendu qu'il plaisait par intervalles au céleste Epoux de suspendre le glaive et de répandre en elle les délices de ses communications ineffables. Il lui arriva plusieurs fois d'en défaillir, même devant la communauté assemblée au chœur, ce qui lui valut de nouvelles épreuves. On la menaçait de retarder sa profession, à cause de la méfiance attachée parmi nous aux voies extraordinaires. C'était surtout après la communion qu'elle expérimentait ces faveurs divines; il fallait alors l'emporter du chœur pour lui laisser exhaler en liberté les ardeurs dont son cœur était embrasé. Une fois entre autres ces célestes pâmoisons donnèrent lieu à une étrange et plaisante épreuve touchant une prétendante. Notre chère Sœur Marie-Cécile Olivier, arrivée depuis peu dans la maison, avait été appelée à la religion par un instinct de grâce très-intime; mais elle avait hésité assez longtemps, à cause des mille faussetés qu'on lui contait sur notre genre de vie et sur les cruelles épreuves qu'avaient à subir les novices. Son amour néanmoins l'avait emporté sur les piéges tendus sous ses pas, et elle était venue généreusement demander son entrée dans notre monastère. La ferveur de cette prétendante ne laissait rien à désirer; on la voyait se soumettre avec une fidélité remarquable au moindre signe de l'obéissance, et son exactitude à l'observance était parfaite. Cependant toute sa ferveur et sa bonne volonté n'avaient pu effacer entièrement de son esprit les impressions fâcheuses des faussetés qui lui avaient été dites autrefois; de sorte que, sans y croire, elle demeurait pourtant dans une espèce de *qui vive* pour voir si elle ne découvrirait rien de ces paroles mensongères. Mais sa timidité l'empêchait de révéler sa peine à sa maîtresse: la

chère enfant aurait cru l'offenser. Un jour donc, comme
on avait été dans le cas d'emporter du chœur notre Sœur
Anne-Madeleine après la communion, notre bonne prétendante, toute recueillie en Dieu, ne vit en aucune façon
ce qui se passait ; mais après none, ayant à demander une
permission à sa maîtresse, elle se présente à la porte de sa
cellule et y heurte tout doucement. La maîtresse, au lieu
de lui répondre : *Au nom de Dieu*, comme de coutume,
et lui permettre d'entrer, s'avance vers le seuil de la
porte, qu'elle entr'ouvre seulement à peine, et lui dit
avec un air un peu embarrassé d'aller l'attendre au noviciat, parce qu'elle est occupée dans le moment. Quelques
secondes s'écoulèrent à peine pendant ce petit pourpar-
ler ; mais il n'en fallut pas davantage à la pauvre prétendante pour entendre les gémissements que l'amour et la
douleur tout à la fois arrachaient à notre Sœur Anne-Madeleine. C'en fut assez pour persuader à cette bonne âme
que sa compagne était à l'instant même sous le poids des
terribles épreuves qu'elle appréhendait si grandement.
Le sérieux et l'embarras de la maîtresse, le refus qu'elle
avait fait de l'entendre, les gémissements de la Sœur novice, tout semblait confirmer ses soupçons. Déconcertée,
abattue, elle sent le trouble s'emparer bientôt de son esprit et de son cœur. Que va-t-elle devenir ? quel parti
prendre ? Le mieux sans doute serait de faire part de sa
peine à sa maîtresse ; mais le courage lui manque. Quelle
ne sera pas la confusion de cette respectable maîtresse en
voyant ses mauvais traitements ainsi découverts ? Dans
cette désolante perplexité, cette âme innocente cherche
en Dieu son appui et sa lumière ; elle invoque surtout Marie. Bientôt le calme renaît, sa générosité l'emporte, et,
reprenant cœur, elle se dit : *Après tout, puisque ma com-*
pagne supporte ces choses, je pourrai bien, Dieu aidant,
les supporter moi-même. Cette détermination prise, la
cloche l'appelle au réfectoire, et elle s'y rend.

Après le dîner, elle se trouve placée, pendant la récréation, à côté de quelques Sœurs qui s'entretenaient entre elles de notre bien-aimée Sœur Anne-Madeleine et du ravissement dont elles avaient été témoins le matin. Ces bonnes Sœurs ne faisaient aucune difficulté d'en parler devant la Sœur prétendante, imaginant qu'elle avait vu la défaillance de sa compagne. Notre Sœur Marie-Cécile, commençant à respirer, les laissa d'abord dévoiler tout le mystère ; mais bientôt, ne pouvant plus contenir sa joie en se voyant déchargée du poids qui oppressait son cœur, elle fit part à nos Sœurs de sa plaisante méprise et des combats violents qui en avaient été la suite. On s'amusa beaucoup de cette petite aventure, tout en admirant la solide vertu de cette chère prétendante, qui eut le bonheur de faire ses vœux et de devenir une excellente religieuse.

Comme nous l'avons dit, notre bien-aimée sœur Anne-Madeleine, parmi les plus riches faveurs du ciel dont son âme était inondée par intervalles, n'avait pas moins à porter habituellement le poids le plus accablant de la divine justice. Victime du Cœur adorable de Jésus, il lui fallait en partager les angoisses et travailler avec lui à la rédemption du monde. Cette glorieuse tâche, toujours présente à son esprit, enflammait de jour en jour son ardeur pour la souffrance, à travers les angoisses auxquelles elle était en proie, et que nous pourrions appeler de véritables tortures. Tantôt la rigueur des jugements de Dieu la faisait sécher de crainte, et lui montrait sa réprobation comme un arrêt prononcé sans appel. On juge de ce martyre pour une âme consumée d'amour et n'aspirant qu'à l'union divine et éternelle. D'autres fois à cette crainte succédaient tout à coup d'épaisses ténèbres qui l'enveloppaient tout entière, effaçant de son esprit tout sentiment de Dieu et le livrant à des doutes cruels sur son existence.

Un vide affreux se faisait autour d'elle ; et quel vide que celui d'un Dieu ! L'expérience seule peut apprendre la nature d'une telle angoisse ; sans doute il en est peu, et il n'y en a point peut-être qui puisse lui être comparée. Perdre Dieu, voir Dieu s'anéantir, ou du moins en porter la peine, qui mesurera la profondeur de cet abîme de douleur ? Notre bien-aimée Sœur, après avoir ainsi lutté tout le jour contre ces furieuses attaques, s'en voyait encore assaillie la nuit, à tel point qu'elle en perdait le sommeil, et des gémissements continuels lui étaient arrachés, malgré ses efforts pour empêcher ses voisines de l'entendre. Celles-ci ne savaient à quoi attribuer ces gémissements ; le visage toujours serein de notre vertueuse Sœur, sa douce gaîté, son pieux enjouement, ne leur permettaient pas d'en soupçonner la vraie cause. Le secret n'en était connu que de ses Supérieures et du R. P. Milley, qui était alors très-positivement son directeur. Ce digne religieux, si éclairé, la soutenait puissamment dans ces rudes sentiers. Elle eut à les parcourir pendant toute l'année de son noviciat, sans jamais perdre haleine, quoique les épreuves extérieures se joignissent aussi sans relâche aux intérieures. La plus sensible pour elle de ces épreuves était la privation de la communion et de l'oraison. Embrasée d'amour pour le Cœur adorable de Jésus, elle n'aspirait qu'à s'unir à lui dans la divine Eucharistie ; mais sa bonne maîtresse voulait à tout prix s'assurer de sa vertu, et se refusait constamment aux instances journalières de sa chère novice, touchant la réception de ce pain de vie. Elle en venait même jusqu'à la priver assez souvent des communions de règle ; il en était de même pour l'oraison. Combien de fois ne l'employa-t-elle pas à des ouvrages manuels pendant le temps consacré à ce saint exercice ! D'autres fois, sous prétexte de sa mauvaise santé, elle l'envoyait se promener au jardin. Et Madeleine se voyait ainsi éloigner du saint tabernacle, tandis que son être tout entier eût voulu s'y abîmer et liquéfier. Cependant, toujours soumise, toujours égale parmi de si douloureux sacrifices, elle adhérait généreusement au bon plaisir divin. Quoique notre bien-aimée Sœur fût douée d'une rare intelligence et de beaucoup d'adresse, son ouvrage achevé, il lui fallait subir la désapprobation la plus complète sur la manière dont elle l'avait confectionné. Heureuse encore si on ne l'obligeait pas à le défaire d'un bout à l'autre, comme il arrivait fréquemment ; notre chère Sœur oubliait alors la peine qu'elle y avait prise, la seule pensée d'obéir à Dieu et de lui rendre gloire l'occupait entièrement.

Au mois de mai 1712, la Mère Anne-Théodore Nogaret, ayant achevé ses deux triennaux, fut chargée du noviciat par la Mère Anne-Augustine Gravier, qui venait d'être élue à sa place ; mais ce changement n'en apporta aucun à la conduite tenue jusqu'à ce jour sur notre angélique novice, qui, loin de se rebuter des nombreuses épreuves dont sa carrière était fournie, n'en devenait que plus avide de souffrances. La délicatesse de son tempérament et ses infirmités mêmes, malgré son extrême jeunesse, ne pouvaient modérer son ardeur pour les austérités. Elle voulait à tout prix immoler son corps à son divin Epoux, comme Il s'immola lui-même pour le prix de notre rançon, et elle le conjurait de frapper sa chair du glaive à deux tranchants dont Il frappait son âme. On la voyait encore importuner sans cesse ses Supérieures pour en obtenir les permissions qu'elle souhaitait, et leurs fréquents refus martyrisaient son amour. On cédait cependant par intervalles à ses touchantes supplications, et alors son bonheur était incomparable ; il lui arriva même, comme on l'a vu précédemment, qu'emportée par sa ferveur, elle poussa sa mortification jusqu'à l'excès. Ainsi une jeune

élève ayant été saisie d'un vomissement, on s'empressa de
recouvrir de cendre ce qu'elle venait de rejeter sur le
parquet; notre Sœur Anne-Madeleine, rencontrant cette
cendre sur ses pas, l'écarte, et, voyant ce qui en est, elle
recule par un mouvement d'horreur naturelle; mais, se
reprochant aussitôt cette juste répugnance, elle s'age-
nouille et passe sa langue par-dessus. Combien d'autres
traits héroïques n'a-t-elle pas eu soin de nous cacher! Il
est pourtant vrai que, la réflexion lui étant donnée, on la
vit toujours soumettre à ses Supérieurs ce qui lui paraissait s'écarter de la voie ordinaire; si elle y manqua, c'est
qu'elle y fut poussée instinctivement par un mouvement
de grâce. Jamais sa conduite extérieure n'offrit d'ailleurs
aucune singularité.

On juge combien cette âme, si affamée du pain de la
souffrance, s'en nourrissait avec délices quand il lui était
tout spécialement présenté de sa divine main, dans les
rencontres ménagées par sa douce providence. Une de ses
compagnes chargée un jour de lui arranger son voile,
auquel elle attachait une épingle, la lui enfonça bien avant
dans la tête; notre bien-aimée Sœur laissa cette épingle
la transpercer jusqu'à ce que le sang, découlant de cette
blessure, trahit sa prodigieuse générosité. Un peu plus
tard, comme elle se trouvait retenue au lit par la fièvre,
une Sœur, de qui l'on tient ce fait, se rendit auprès d'elle,
à l'infirmerie, pour avoir de ses nouvelles et lui témoigner son affection; mais, à peine arrivée auprès de son
lit, la bonne Sœur change de dispositions et se sent pressée d'exercer la vertu de cette chère novice. La voilà donc
à lui demander si elle n'a pas trop chaud. « Non, ma
« Sœur, répond la pauvre malade. — Oh! oui, vous êtes
« trop affublée. » Et aussitôt notre officieuse visiteuse se
met à lui enlever une couverture. « Cela va-t-il bien ainsi?
« — Oui, ma Sœur, répond cette âme angélique. — Atten-

« dez, ceci vaudra mieux. » Et lui remettant dessus sa couverture, elle en ajoute une seconde. « Etes-vous bien « de cette façon ? lui dit-elle encore. Voulez-vous quelque « chose de plus ? — Comme il vous plaira, ma Sœur. » Et, le sourire sur les lèvres, notre bien-aimée Sœur reçut ces tracasseries encore prolongées, comme elle l'aurait fait du meilleur service.

CHAPITRE SIXIÈME.

Cependant notre bien-aimée Sœur Anne-Madeleine approchait du terme où devait se consommer son sacrifice. Elle appelait ce moment de tous ses vœux ; il arriva enfin. L'époque en fut fixée au 23 janvier 1713, jour anniversaire de la naissance de notre bienheureuse Mère de Chantal. Mgr de Belzunce voulut bien consentir à honorer cette auguste cérémonie de sa présence, comme il l'avait fait pour la vêture, et ce fut avec d'autant plus de bonheur, que ce digne Prélat connaissait à fond les dispositions de cette âme privilégiée. Pendant son année de noviciat, elle lui avait confié ses secrets les plus intimes, et en échange ce saint Evêque l'affectionnait en vrai père ; sa consolation fut donc immense de présenter lui-même à l'autel celle qu'il devait conduire et soutenir jusqu'au moment où de l'autel elle s'élèverait au ciel. Comme au jour de la prise d'habit, une foule de personnes de distinction se joignirent à la nombreuse famille de Madeleine pour être témoins de l'engagement solennel qu'elle allait prendre à la face du ciel et de la terre. Le recueillement de tous fut profond et l'émotion inexprimable; une onction céleste sembla se répandre dans tous les cœurs, et dès ce moment on vit nos parloirs assiégés par les personnes les plus notables de la ville pour réclamer la faveur de voir et de parler à la nouvelle professe. Quand on l'avait entendue, on voulait l'entendre encore; ses paroles avaient un charme dont on ne pouvait se défendre, malgré sa douce réserve et son extrême modestie. Chacun se sentait incliné, auprès d'elle, à lui ouvrir son âme, à se prévaloir de ses avis : la maturité de son jugement, la pénétration de son esprit, et surtout la sainteté répandue sur tout son extérieur, faisaient oublier qu'elle avait à peine seize ans. On eût dit, à l'entendre, une religieuse consommée en expérience, tant se réalisaient en elle ces paroles du Saint-Esprit : *Vous avez tiré vos louanges de la bouche des enfants à la mamelle.* C'était en effet sur le sein du Sauveur que cette enfant de grâce puisait l'onction toute divine qui découlait de ses lèvres.

On juge cependant de la souffrance occasionnée à notre bien-aimée Sœur par ces fréquentes visites des séculiers. Elle avait demandé, dès le premier jour, qu'on voulût bien l'en dispenser; mais la Mère Gravier n'y eut d'abord aucun égard par respect pour les personnes estimables qui réclamaient cette faveur. Touchée enfin du martyre qui en revenait à notre chère Sœur, cette bonne Mère lui permit de retourner s'asseoir *à l'ombre de Celui que son cœur cherchait uniquement, et dont le fruit était si doux à sa bouche.* C'est là que la voix de l'Epoux lui fit entendre ses desseins d'amour et de miséricorde, non seulement sur elle, mais encore sur ceux pour le salut desquels elle devait s'offrir en union avec son Cœur adorable, fait victime pour tous. Un attrait irrésistible l'entraînait sans cesse vers le tabernacle, et ne pouvant s'y livrer à son gré pendant le jour, elle y employait une grande partie des nuits. Ses Supérieures cédaient néanmoins avec peine à ses pressantes instances, à cause de sa mauvaise santé et des violentes migraines dont elle avait à souffrir pendant plusieurs jours chaque semaine.

Une fois entre autres que notre bien-aimée Sœur était demeurée vingt-quatre heures sans prendre aucune nourriture, à cause de cette fâcheuse indisposition, la Mère Nogaret la vit se présenter pour lui demander, comme elle avait coutume de le faire tous les jeudis, la permission de passer la nuit devant le Très-Saint-Sacrement pour honorer l'agonie de notre Seigneur. Cette digne Supérieure, quoique habituée à ces sortes de demandes, éprouva cette fois une grande répulsion à se rendre aux désirs de Sœur Anne-Madeleine, sachant surtout son indisposition, et une légère indignation s'en mêlant, elle lui représenta un peu sévèrement son défaut de prudence et lui dit de se retirer. Notre humble Sœur osa insister avec sa douceur inaltérable. « Eh bien! lui dit alors la bonne Mère, je con-
« sens encore pour cette fois à vous le permettre ; mais
« c'est à condition que vous demanderez à notre Seigneur
« d'être délivrée de vos migraines. S'il vous exauce, je
« connaîtrai à ce signe que son divin Esprit vous inspire,
« et je vous abandonnerai dorénavant sans peine à sa con-
« duite. » Sœur Anne-Madeleine remercie sa Mère, et, le cœur surabondant de joie et de confiance, elle alla demander à son adorable Epoux le signe exigé pour la manifestation de son bon plaisir et de ses desseins sur son âme. A peine fut-elle agenouillée, que sa migraine disparut, et ce fut pour toujours : jamais la moindre atteinte ne s'en fit sentir pendant tout le reste de sa vie. Le lendemain, elle alla dire à sa Supérieure que sa prière avait été exaucée. La digne Mère l'écouta sans paraître ajouter une pleine

foi à cette faveur ; mais peu après elle fit appeler la Sœur
dépensière et lui ordonna de retrancher dorénavant à notre Sœur Anne-Madeleine tous les soins qu'avaient demandés jusque là pour la nourriture ses fréquentes migraines.
La Sœur obéit, et la communauté tout entière vit avec
bonheur cette merveilleuse et inattendue guérison. La
Mère Nogaret, craignant dès lors de s'opposer aux vues de
Dieu sur cette âme de prédilection, et comptant sur la
force divine dont Il la revêtait, malgré l'excessive faiblesse de son tempérament, lui permit de suivre libre-
ment son attrait si puissant pour les mortifications et austérités de tout genre. Le premier monastère de Marseille
conserve encore sa discipline armée de pointes de fer,
deux cilices de crin, des ceintures, des bracelets de fer
dont elle faisait habituellement usage, et un cœur formé
de pointes aiguës qu'elle appliquait sur sa poitrine ; ce
cœur est encore empreint de son sang.

On aurait de la peine à s'expliquer comment, sans un
secours surnaturel, notre sainte Sœur eût pu exercer sur
son faible corps tant de rigueurs et d'austérités. Quoique
délivrée de ses migraines, elle n'en demeura pas moins
aussi souffrante : une fièvre continuelle la consumait ; de
fâcheuses oppressions de poitrine lui causaient de fréquentes suffocations qui la réduisaient, et le jour et la
nuit, à d'effrayantes agonies. Ses insomnies étaient habituelles, et provenaient ordinairement de l'excès de ses
peines intérieures, entremêlées aux faveurs divines ; elle
sentait ses forces l'abandonner entièrement pendant la
nuit, et il lui paraissait ne devoir pas revoir le jour. Mais,
à premier son du réveil, elle était sur pieds, et se rendant promptement au chœur, elle allait puiser une vie
nouvelle dans le Cœur de son adorable Epoux. Pendant le
reste de la journée, on la voyait se livrer avec autant d'activité que de douce paix et de recueillement aux diverses

occupations qui lui étaient prescrites par l'obéissance, et
jamais la besogne ne lui manqua, tant la rare intelligence
et la dextérité dont notre Seigneur l'avait douée la rendaient propre à tout. On n'aurait pas cru, la voyant agir,
au martyre qu'elle endurait dans son corps et dans son
âme ; mais c'était là le vrai martyre attaché à sa qualité
de victime du sacré Cœur de Jésus. Notre bien-aimée
Sœur ne devait pas être précisément une victime du Calvaire, dont les plaies et le crucifiement seraient connus ;
mais son immolation était celle du Cœur de Jésus, et surtout de son Cœur eucharistique, de ce Cœur percé de part
en part et dont personne n'entrevoit le glaive. Jésus meurt
sur l'autel, Jésus meurt dans le tabernacle, et Il y meurt
incessamment dans son humanité sainte, pleine de vie et
cependant toujours mourante, par autant d'actes de mort
que ce divin Maître a de battements dans le cœur. Et
comme cette cessation de tout acte de vie était insuffi-
sante pour honorer l'Etre de Dieu, Il se revêt du néant
même par les voiles eucharistiques. Là, son humanité dis-
paraît, et avec elle l'humanité tout entière, avec laquelle
Il s'est étroitement uni : l'homme est ainsi remis à sa
place, c'est-à-dire dans le néant ; le sacrifice est consommé.

Neuf mois après la profession de notre bien-aimée Sœur
Anne-Madeleine, il plut à notre Seigneur de lui manifester tout spécialement ses desseins adorables sur son âme,
et les obligations qui lui étaient imposées par son état de
victime. Elle comprit qu'immolée avec Jésus, fait pain de
vie, sa vie tout entière devait, par le sacrifice, devenir
aussi la vie de ses frères ; que dorénavant tous les actes
de cette vie allaient cesser de lui appartenir, pour être la
propriété de tous ceux à qui il plairait à son divin Epoux
d'en faire don. Et son cœur, embrasé d'amour, accepta
pleinement toute l'étendue de cette sublime mission. Cette
faveur si précieuse lui fut accordée le 17 octobre 1713,

jour anniversaire de la mort de notre bienheureuse Sœur
Marguerite-Marie Alacoque. Elle s'en exprime ainsi, quelques années plus tard, au R. P. Milley : « Vendredi
« prochain, mon Très-Révérend Père, il y aura huit
« ans que notre Seigneur Jésus-Christ me fit connaître
« d'une manière toute particulière ses desseins sur mon
« âme, touchant la gloire que je devais rendre à son
« Cœur adorable. Si cette lettre vous est remise avant
« vendredi, vous m'obligerez bien, mon très-cher Père,
« de. ne pas oublier d'en rendre à Dieu pour moi des
« actions de grâces. »

Le cœur de notre bien-aimée Sœur, ainsi dévouée au
sacrifice, ne tarda pas à rencontrer l'occasion de remplir
la mission toute spéciale qui venait de lui être confiée par
son divin Epoux. Elle assistait un jour au très-saint sacrifice de la Messe, quand tout à coup l'état intérieur de
deux âmes consacrées à Dieu lui fut clairement montré;
elle vit ces âmes sur le point d'être livrées à la divine
justice. L'impression qu'elle en reçut la fit tomber en défaillance; on accourut aussitôt pour la secourir, et il fallut
l'emporter du chœur. Comme on se demandait la cause
de cet évanouissement, on l'entendit peu après laisser
échapper à plusieurs reprises ces mots entrecoupés : *Est-il
possible, ô mon Dieu! Quoi! des âmes qui vous sont consacrées!...* Notre divin Maître, en lui donnant la connaissance du péril imminent de ces âmes, lui avait intimé
l'ordre de le leur faire connaître. L'une et l'autre n'habi-
taient pas Marseille. Il fallut donc chercher le moyen
d'arriver jusqu'à elles sans trahir le secret du ciel; mais
Celui qui avait daigné lui intimer ses volontés sut lui inspirer les moyens de les exécuter. Les personnes dont il
s'agissait furent averties. Il est facile d'imaginer ce qu'il
en coûta à notre vertueuse Sœur pour manifester une telle
révélation. Elle joignit à ce premier sacrifice celui d'une

prière incessante ; ses larmes coulaient jour et nuit, et ses pénitences étaient effrayantes. Cependant une immense consolation était réservée à son cœur : elle apprit bientôt qu'une de ces âmes, cédant à la grâce, avait reconnu et confessé ses désordres, et sa conversion était entière. Notre Sœur chérie espérait voir la seconde se rendre aussi à son tour, malgré ses repoussements, quand on lui eut fait connaître les châtiments qui l'attendaient, si elle ne se rendait pas sans délai à l'appel du bon Pasteur. Sœur Anne-Madeleine pressait, suppliait la divine justice de retirer son bras prêt à frapper, et elle s'offrait en même temps pour en porter elle-même les coups, s'il le fallait ; mais ce fut en vain : rien ne put amollir un cœur endurci par l'abus des grâces. Notre bon Sauveur, lassé de tant de résistance, ne tarda pas de faire entendre à l'épouse de son cœur ces terribles paroles : « Cette âme court à sa « perte et s'obstine dans son péché ; je l'abandonne!... »

Cet épouvantable arrêt la glaça d'effroi et lui occasionna un vomissement de sang auquel elle aurait infailliblement succombé, si sa vie n'eût dû se prolonger encore pour remplir sa céleste mission. Parmi les filles de notre bienheureux Père saint François de Sales, il en est peu sans doute qui aient correspondu plus fidèlement à ses desseins que notre bien-aimée Sœur. Le cœur de ce bienheureux Père, tout liquéfié et fondu dans celui du bon Maître, fut poussé par l'Esprit saint à lui présenter une génération d'âmes destinées à reproduire, comme il le faisait lui-même, la vie de son divin Cœur. Il est à remarquer que cet unique Père, tout en nous assignant le dernier rang dans l'Eglise de Dieu et nous imposant la loi de chercher en toutes choses ce qui peut nous humilier et amoindrir davantage, nous trace cependant le sentier le plus sublime à suivre; ce sentier, c'est la vie même du Cœur de Jésus. « Tous les Ordres, nous dit-il, tendent à une même fin,

« mais chacun d'eux a son esprit propre et distinctif pour
« y arriver. L'esprit des Filles de la Visitation est un es-
« prit de profonde humilité envers Dieu et de grande
« douceur de cœur à l'égard du prochain. » C'est bien là
mot à mot la leçon du divin Maître : *Apprenez de moi que
je suis doux et humble de cœur.* Quelle fin admirable est
donc la nôtre, et combien heureuses sont celles d'entre
nous qui en ont l'intelligence jointe à la pratique, comme
il en fut de notre vénérée Sœur Anne-Madeleine ! Toujours étroitement unie, par la prière et la souffrance, au
Cœur du céleste Epoux, elle mérita d'en connaître les
secrets les plus intimes; elle voyait l'humanité sainte
anéantie sans cesse devant l'être de Dieu pour recevoir de
lui seul le mouvement et la vie, et pouvoir dire en vérité :
« Je ne fais rien de moi-même ; c'est le Père qui est en
« moi qui opère les œuvres que je fais. » Toute la douceur ineffable du Cœur de Jésus fut encore montrée à découvert à notre bien-aimée Sœur : elle admirait ce bon
Sauveur, non seulement ne pas vouloir casser le roseau à
demi brisé, mais se laisser briser lui-même pour éviter
toute résistance ; souffrir qu'on l'entourât, le pressât de
toutes parts pour recevoir le souffle de sa bouche et la
vertu divine qui s'exhalait de sa personne adorable, et
guérir tous les maux ; bien plus, se faire pain pour
l'homme, afin de s'incorporer en lui et verser dans tout
son être cette vie divine qu'il était venu apporter au
monde. C'est ainsi que notre bien-aimée Sœur apprit de
l'unique Epoux de son âme à se sacrifier et à s'anéantir
aussi sans réserve à sa plus grande gloire et à la consolation de son Cœur sacré ; avec Lui également elle se fit
pain pour ses frères, et comme lui encore ce pain fut dé-
trempé de son sang. Mais les mortifications extérieures et
intérieures n'étaient pas les seuls moyens dont usât cette
innocente et vraie victime pour remplir sa mission ; le

Cœur de Jésus était surtout l'abîme de bonté dans lequel elle se plongeait sans cesse, et le trésor où elle puisait la miséricorde et le pardon pour tous. Sa dévotion à ce Cœur adorable prenait chaque jour de nouveaux accroissements : son âme, embrasée d'amour, s'écoulait tout entière aux pieds de Jésus-hostie. On l'a vue y demeurer non seulement des heures, mais de longues nuits, à genoux, immobile et le visage rayonnant d'une expression toute céleste. Quand le jour arrivait, loin d'être abattue par la fatigue, son corps paraissait revêtu d'une force surnaturelle, et elle vaquait avec plus de facilité que jamais à ses occupations multipliées. Plus d'une fois elle se vit obligée, en quittant le tabernacle, d'appliquer des linges mouillés sur sa poitrine pour tempérer le feu qui la consumait. Mais aucun soulagement pour notre bien-aimée Sœur n'était comparable à celui de répandre au-dehors ce feu, de parler à tous ceux avec qui elle était en rapport des amabilités infinies du Cœur de Jésus, de son amour pour les hommes, de l'affreuse ingratitude dont Il voit ses bienfaits payés.

La dévotion au sacré Cœur de Jésus était établie dans notre premier monastère de Marseille depuis longues années. Dès l'an 1695 une grand'messe en musique, en l'honneur du sacré Cœur de Jésus, fut célébrée dans notre chapelle par ordre de M. de Foresta, prévôt de la cathédrale et administrateur du diocèse en l'absence de l'Evêque. Le vendredi après l'octave de la Fête-Dieu, M. de Foresta célébra lui-même la messe de communauté, et dans l'après-midi un Révérend Père de la Compagnie de Jésus fit un très-beau sermon, où il prouva que la dévotion au sacré Cœur de Jésus était aussi ancienne que l'Eglise, mais que le divin Maître voulait se servir de nous dans ces derniers temps pour renouveler cette dévotion et la répandre dans les cœurs de tous les fidèles. La bénédiction du Très-Saint-Sacrement fut ensuite donnée très-solennellement après de fort beaux chants accompagnés d'une magnifique symphonie ; une indulgence plénière avait été de plus obtenue de Rome. Notre vénérable Mère Louise-Dorothée de Capel était alors en charge ; elle ne survécut que deux ans à cette immense consolation, qui fut sans doute la récompense de son zèle infatigable à procurer la gloire du divin Cœur et des épreuves de tous genres qu'elle eut à subir pour en établir le culte dans sa fervente communauté. Les respectables Supérieures qui lui succédèrent ne se montrèrent pas moins dévouées au Cœur de notre bon Maître. Notre très-honorée Mère Anne-Théodore Nogaret, qui avait été réélue en 1713 par la mort de la Mère Anne-Augustine Gravier, loin de s'opposer au zèle et à la dévotion de notre chère Sœur Anne-Madeleine, s'y prêta de tout son pouvoir, après les épreuves multipliées qu'elle crut si sagement devoir fournir à sa fervente novice. Cette digne Mère avait été convaincue d'ailleurs du mouvement surnaturel qui lui était donné depuis la guérison subite de ses migraines. Dès cet instant elle lui laissa toute la liberté d'exercer sa ferveur, et sur son faible corps par la pénitence, et sur le cœur de tous ceux qui l'approchaient. Les paroles pleines de feu et en même temps de douce onction de notre bien-aimée Sœur touchaient merveilleusement les âmes ; en l'entendant, un voile semblait se soulever et montrer à découvert la charité éternelle du divin Cœur se répandant comme un torrent de flammes pour consumer l'iniquité, purifier les âmes des moindres souillures, et les rendre dignes de parvenir à la consommation de l'unité divine, de cette unité que ce doux Sauveur demanda à son Père pour les siens avant de les quitter pour aller à lui : *Que je sois en eux et vous en moi, afin qu'ils soient consommés dans l'unité.* Les paroles de notre chère Sœur étaient si puissantes en effet, qu'en se retirant d'auprès d'elle on voulait à tout prix correspondre à tant d'amour et soulager ce Cœur adorable par la réparation et le sacrifice.

Cette âme d'élite fut sans doute choisie de Dieu pour continuer la mission confiée à notre bienheureuse Sœur Marguerite-Marie Alacoque. Il est à remarquer que cette sainte Sœur venait d'être retirée depuis peu du monde quand naquit notre bien-aimée Sœur Anne-Madeleine, et s'il ne fut pas donné à cette dernière de recevoir la première révélation des desseins de miséricorde de ce divin Cœur, elle ne fut pas moins l'instrument dont Il se servit immédiatement pour les faire connaître à un nombre prodigieux d'âmes. A sa mort, c'est-à-dire en 1730, soixante mille personnes étaient déjà inscrites sur les registres de l'association, dont nous parlerons bientôt. Il fallut à notre chère Sœur Anne-Madeleine toute l'ardeur qui la consumait dans l'accomplissement de sa tâche pour la faire se soumettre à renouer ses rapports avec les séculiers; mais son *Ecce venio* avait été sans réserve, et, comme l'Apôtre, elle eût pu dire : *Ce n'est plus moi qui vis, c'est Jésus-Christ qui vit en moi.* N'ayant donc aucun égard à ses inclinations les plus douces, au bonheur indicible qu'elle goûtait à demeurer aux pieds de l'Epoux, elle s'en arrachait généreusement pour aller parler de Lui, le faire connaître et aimer. Sa correspondance devint aussi très-étendue, et nous ne saurions trop regretter qu'un grand nombre de ses lettres, recueillies avec soin par nos anciennes Mères, aient été jetées au feu, comme nous l'avons dit, par la timidité d'une Sœur qui les avait en dépôt en 1792. Mgr de Belzunce, dans sa lettre du 10 mai 1732, adressée à la très-honorée Sœur Marie-Agnès de Gréard, déposée de notre premier monastère de Rouen, disait ces paroles remarquables, qui nous expriment si bien le prix qu'attachait cet auguste Prélat à la correspondance de notre vénérée Sœur :

« Les lettres de la Sœur Remuzat serviront à jamais de
« preuves à la solidité de sa piété et aux grâces singuliè-
« res dont Dieu la favorisait. Elle écrivait bien, d'une
« manière aisée, naturelle, pleine d'onction ; elle avait le
« don de se rendre intelligible à tout le monde, en ex-
« primant les pensées les plus relevées et les plus subli-
« mes. L'Esprit de Dieu paraissait dans tout ce qu'elle
« écrivait. »

Les deux Mères de Gréard furent en rapport très-intime avec notre vertueuse Sœur. Ces âmes éminentes
s'étaient comprises et se communiquaient avec bonheur
le zèle ardent qui les dévorait pour le Cœur adorable du
bon Maître. Notre bien-aimée Sœur, en propageant ainsi
le culte du divin Cœur, s'attachait toujours plus fortement
à purifier le sien par la pratique de toutes les vertus ;
aussi mérita-t-elle l'éclatant témoignage qu'en rendit après
sa mort notre vénérable Mère Anne-Théodore Nogaret.
Cette Mère si judicieuse, si expérimentée dans la conduite
des âmes, écrivait à l'Institut : « Nous n'avons vu se dé-
« mentir en rien notre Sœur Anne-Madeleine depuis son
« entrée dans notre maison, où elle parut d'abord formée
« à toutes les pratiques et les exercices de nos saintes rè-
« gles, et tendre à ce que la perfection a de plus sublime
« et de plus pur. Il était aisé d'apercevoir qu'une foi vive
« et une charité ardente animaient toutes ses actions. Ces
« dons éminents, dont Dieu l'avait gratifiée, étaient joints
« au plus aimable naturel qui fût jamais, à un cœur bien-
« faisant, à un esprit net, vif et excellent. Tout ne respi-
« rait en elle que la sainteté. »

Cette âme privilégiée n'était point encore sortie du noviciat quand elle se sentit pressée du désir de se lier plus
étroitement encore à son céleste Epoux par le vœu du plus
parfait. Elle en obtint la permission de sa Supérieure,
la Mère Nogaret, et l'approbation du R. P. Milley. Ils

connaissaient assez l'un et l'autre la solidité de son esprit et l'étendue de son dévouement pour s'assurer de
sa fidélité à ce nouvel engagement. En effet, notre bien-
aimée Sœur le remplit inviolablement jusqu'à la mort.
sans ombre de peine ni de scrupule. Elle excella encore
dans la pratique de ses trois vœux de religion. Son obéissance à ses Supérieures était celle d'un tout petit enfant à
sa bonne mère; non seulement elle n'opposait aucune difficulté à ce qui lui était commandé, mais elle y conformait
entièrement sa volonté et son jugement. Jamais elle ne se
permit d'examiner les motifs d'un commandement; son
unique soin fut toujours de mettre à exécution et sans
délai ce qui lui était prescrit. On la vit constamment s'assujettir à demander les moindres permissions. Comme
elle voyait Dieu dans ses Mères, sa confiance dans leur
direction était sans bornes; elle leur faisait part sans dé-
tour de tout ce qui se passait de plus intime dans son
âme, pour leur en laisser le jugement; puis elle écoutait
leurs avis et se soumettait à leurs lumières, comme si notre Seigneur lui eût fait entendre sa propre voix. Il ne
lui fallait pas pour obéir un ordre formel, ni même une
volonté exprimée; le moindre désir entrevu lui suffisait.
Ainsi libre et dégagée de toute volonté propre, il lui im-
portait peu d'être occupée à tel emploi ou à tel autre,
pourvu que le mouvement divin lui fût donné par l'organe de ses Supérieurs. Combien de fois ne la vit-on pas
sacrifier de bon cœur ses attraits de grâce les plus intimes,
les inspirations mêmes qui lui paraissaient évidemment
venir du ciel, pour se soumettre à une direction toute
contraire, et cela avec un visage toujours égal et gracieux !

Notre bien-aimée Sœur ne remplit pas moins excel-
lemment son vœu de chasteté. Conformément à la constitution bénie qu'il plut au Saint-Esprit de dicter à notre
saint Fondateur, elle ne vivait, respirait ni aspirait que

pour l'Epoux céleste. Son maintien, ses paroles ne respiraient que pureté et sainteté ; sa conversation était immaculée et angélique. Son âme, toute clarifiée, pour ainsi dire, dans la fournaise ardente du Cœur de Jésus, où elle était habituellement plongée, répandait autour d'elle une atmosphère de pureté dont on ressentit plus d'une fois les merveilleux effets. Plusieurs personnes ont assuré avoir recouvré subitement le calme parmi les tentations les plus fatigantes, à son seul abord. Une de nos Sœurs a déposé en avoir fait souvent l'expérience. « Comme j'a-
« vais, dit-elle, de grands assauts à soutenir, notre chère
« Sœur Anne-Madeleine était toute ma ressource ; dès
« que je me trouvais auprès d'elle, je recouvrais le calme
« et la sérénité. »

Il est facile de juger qu'un cœur aussi pur, aussi élevé au-dessus des sens ne tenait à aucune des choses d'ici-bas. Aimant uniquement le vrai bien, elle se sépara sans réserve de tout autre ; quelle ne fut donc pas sa fidélité au vœu de pauvreté, qui renferme si bien l'acte d'amour le plus parfait que puisse former un cœur, puisque ce cœur dit à son Dieu : « Je vous reconnais solennellement pour
« le bien unique, j'en prends à témoin le ciel et la terre,
« et je vous en donne le gage en renonçant par vœu à la
« possession de tout autre bien. » Pénétrée de cette divine lumière, notre bien-aimée Sœur trouva toujours la plus douce consolation dans ce dépouillement de toutes choses ; elle eût même tenu à bonheur de manquer du nécessaire, et, loin de se plaindre jamais des privations inévitables qui se rencontrent infailliblement dans la vie religieuse, surtout dans un état d'infirmité habituel, elle priait sans cesse ses Supérieures de la dispenser des soins que leur charité s'efforçait de lui procurer. Aussi supporta-t-elle avec une douceur angélique une parole offensante qui échappa à une Sœur poussée par la tentation,

en voyant qu'on lui servait pendant le carême des aliments contraires à l'abstinence. La Supérieure, informée de ce murmure, en reprit sévèrement la coupable; puis elle demanda à notre bien-aimée Sœur pourquoi elle ne lui en avait pas fait ses plaintes. *C'est, ma bien chère Mère,* lui répondit cette âme généreuse, *qu'on a toujours raison de me blâmer, et que toute mon affaire est d'obéir.*

Notre Sœur Anné-Madeleine, parlant ainsi, n'exprimait que bien faiblement encore les vrais sentiments de son âme; car elle croyait très-réellement mériter le mépris de toutes les Sœurs, et elle attribuait à une pure charité l'affection qu'on lui témoignait et les bontés dont on l'entourait; et tandis que sa famille religieuse la regardait comme un des plus riches dons reçus du ciel, elle se persuadait lui être un embarras et une charge. Mais cette âme vraiment humble, en se jugeant digne du mépris le plus absolu, aurait voulu voir ses sentiments partagés de tous, et elle eût désiré surtout qu'on la traitât conformément à son indignité. Elle priait instamment ses Supérieures de la corriger en présence de la communauté, et d'ordonner aux Sœurs de l'avertir de ses défauts au réfectoire et au chapitre. Lorsque cette grâce lui était accordée, elle en tressaillait de joie. L'embarras de nos Sœurs était grand cependant quand il leur fallait trouver matière à l'accuser. C'est ce qui fit un jour dire à l'une d'elles : *Il faut convenir que notre très-honorée Mère ne s'entend pas mal à nous faire mentir avec sa condescendance pour ma Sœur Anne-Madeleine. Comment trouver des défauts dans une conduite qui ne laisse voir que des vertus ?*

Notre bien-aimée Sœur avait d'ailleurs autant d'estime pour ses Sœurs que de mépris pour elle-même. Jamais il ne lui échappa la plus légère parole de blâme sur autrui ; elle s'attachait au contraire à relever la vertu de chacun, à excuser les moindres fautes. Il n'était aucune de ses Sœurs qui ne vît en elle l'amie la plus dévouée et la plus tendrement affectionnée. Lui demander un service était la rendre heureuse ; aussi le recours à son obligeance fut-il incessant. Elle n'attendait pas d'ailleurs qu'on lui fît une demande : dès qu'elle entrevoyait un désir, sa douce charité la faisait aussitôt le remplir. Quand il s'agissait de servir son cher prochain, une force toute surnaturelle semblait la revêtir.

CHAPITRE SEPTIÈME.

Notre Seigneur lui imprime sur le corps ses sacrés stigmates. — Elle reçoit de nouvelles lumières pour le salut des âmes. — Beaux témoignages de Mgr de Belzunce. — Elle accomplit auprès de ce Prélat une mission délicate. — Ses épreuves intérieures s'accroissent.

Mgr de Belzunce, qui connaissait tout le prix de notre angélique Sœur Anne-Madeleine, l'admit dès ses premières années de religion à la communion journalière, quoique ce privilége fût alors si rarement accordé. C'est de ce pain de vie qu'elle tirait toute sa force; chaque matin, après l'avoir reçu, elle oubliait les combats de la veille, et, s'offrant de nouveau en sacrifice au Cœur adorable de Jésus, elle lui demandait sa part, c'est-à-dire la faveur de porter avec ce bon Sauveur les péchés du monde. Toujours plus heureuse de cette part, elle eût voulu voir ses souffrances s'accroître sans cesse, et s'accumuler sur elle seule, s'il avait été possible, toute l'expiation exigée par la divine justice. La vue de Jésus délaissé de tous et seul à presser le fouloir transperçait son âme d'un glaive à deux tranchants, et la portait à lui demander, avec d'abondantes larmes, de répandre au moins dans son pauvre cœur le trop-plein des amertumes du sien. Sa prière fut enfin un jour exaucée au-delà de toutes ses espérances.

Dès l'âge de treize ans, comme nous l'avons vu, Madeleine fut choisie par le divin Epoux pour la victime de son Cœur adorable. Elle avait accepté avec la plus vive reconnaissance cette sublime mission, et depuis lors le pain de la douleur était devenu sa nourriture habituelle; mais à mesure que son amour croissait avec sa fidélité, .car elle fut toujours fidèle, le glaive qui la perçait devenait plus poignant encore, jusqu'à ce que le céleste Epoux, la voyant assez forte pour monter sur la croix avec lui, l'y attachât tout de bon et pour jamais. Notre Sœur bien-aimée eut donc la faveur inestimable de recevoir sur son propre corps, de la main du bon Maître, ses sacrés stigmates, quoiqu'il n'en parût rien à l'extérieur. Voici ce qu'elle en écrivait à son directeur :

« Les douleurs extérieures dont il plaît à notre Sei-
« gneur de m'honorer ont été si vives, mon Révérend
« Père, que je croyais en mourir. Il me semblait qu'à
« chaque instant on m'enfonçait de gros clous dans les
« pieds et dans les mains, qu'on me brûlait la poitrine et
« les côtés avec des charbons ardents. Je ne pouvais m'ap-
« puyer sur ces parties de mon corps sans augmenter
« beaucoup mes douleurs; elles sont à présent un peu
« moins vives, excepté pendant la nuit, où je ne puis
« m'empêcher de pousser des soupirs et des gémissements,
« la nature se trouvant dans un état si violent et dépour-
« vue des secours qui lui viennent en d'autres temps.
« Que faire alors, mon très-cher Père, si ce n'est de sou-
« pirer et recevoir avec reconnaissance les traits qui peu-
« vent me donner quelque ressemblance avec mon ado-
« rable Epoux Jésus ?

(Ici se trouve une lacune du biographe ancien, qui a jugé à propos de supprimer un grand nombre de passages du plus vif intérêt.)

« Je souffre des douleurs de tête si violentes, surtout

« pendant la nuit, que ma vue en est affaiblie le matin,
« de telle sorte que je vois les objets doubles... Je ne
« saurais vous exprimer, mon Révérend Père, tout ce
« que j'ai le bonheur de souffrir des marques glorieuses
« dont mon divin Epoux daigne m'honorer. »

Notre bien-aimée Sœur, parlant encore de cette faveur,
écrivit une autre fois : « Les douleurs ne m'ont point
« quittée ; elles sont si vives et les effets si surprenants,
« qu'il me faut à chaque moment, ce me semble, un se-
« cours miraculeux pour n'en pas mourir. Un matin, ne
« pouvant me soutenir sur mes pieds sans m'exposer à
« tomber, et l'abattement du corps ayant passé jusque
« dans l'âme, je me trouvai inondée d'amertume, et,
« commençant à douter, je vous l'avoue, mon Révérend
« Père, du secours d'en haut, je me disposais à en aller
« chercher ailleurs, quand j'en fus reprise intérieure-
« ment. Notre Seigneur me fit entendre que je ne devais
« chercher le remède que dans la cause qui produisait
« le mal. »

Il est à regretter que l'humilité de cette vertueuse Sœur
l'ait portée à s'exprimer presque toujours d'une manière
un peu couverte et obscure ; elle supprime tout ce qui
n'est pas rigoureusement nécessaire, et son historien ne
l'a que trop amplement secondée, ainsi que nous avons
pu nous en assurer par quelques fragments de nos annales. Elle écrivait un jour les lignes suivantes, touchant
cette même grâce :

« Les expressions me manquent, mon Révérend Père,
« pour vous marquer jusqu'où va la libéralité d'un Dieu
« qui daigne se communiquer sans mesure à une vile
« créature. Les saisissements que son opération produit
« deviennent toujours plus violents, et le corps en est ex-
« trêmement affaibli. La suppression de tout l'humain où
« Dieu me tient ne me permet pas alors de rien aperce-

« voir de tout ce qui tombe sous les sens ; je découvre
« seulement, lorsque l'opération est moins violente (elle
« veut parler de l'application des sacrés stigmates), qu'elle
« produit en moi la conformité avec Jésus, et que cette
« société qu'il daigne entretenir avec moi, non seulement
« me fait entrer dans les dispositions de son âme à l'égard
« de son Père, mais encore me fait porter sur mon corps
« les marques qu'Il a portées lui-même pour satisfaire à
« la divine justice. Ces marques sont quelquefois glorieu-
« ses, mais bien plus ordinairement douloureuses : c'est
« selon les différentes impressions qu'on fait en moi. Je
« ne puis au reste, mon Révérend Père, comparer les
« douleurs que je ressens ni à l'application du fer, ni à
« celle du feu ; c'est quelque chose de supérieur à tout ce
« qu'on peut comprendre, et cependant toujours propor-
« tionné aux forces données. La capacité de souffrir égale
« celle de connaître, et c'est la connaissance qui produit
« la douleur. »

Ces dernières paroles nous paraissent renfermer un
sens bien profond dans leur obscurité. Notre bien-aimée
Sœur veut dire sans doute que le martyre de cette sublime
opération est en proportion de la lumière divine dont
l'âme est en même temps éclairée, et que cette lumière
si vive et si pénétrante de la charité ineffable d'un Dieu
pour sa créature produit la douleur immense de l'en voir
délaissé et outragé. « Dieu semble à chaque instant, ajoute
« notre chère Sœur, faire un miracle pour conserver la
« vie sous une telle opération. Combien la créature est
« faible, mon Révérend Père, pour soutenir la libéralité
« d'un Dieu ! » En effet, ces assauts de douleur et d'amour
étaient si pénétrants et si vifs, que, malgré sa générosité,
des cris lui en échappaient, surtout pendant le silence de
la nuit. On s'en effraya bien des fois, et l'on accourut pour
la secourir ; mais elle se garda bien d'en faire connaître

la cause. Néanmoins Celui qui la blessait sembla prendre pitié de sa souffrance, et il lui proposa de l'adoucir. Voici ce qu'elle en écrit :

« Il y a quelques jours, pendant mon oraison, notre
« Seigneur me proposa de choisir entre les deux partis
« suivants : que les marques dont Il daigne m'honorer
« parussent au-dehors, ce qui diminuerait mes dou-
« leurs et porterait les hommes à le bénir de ses mer-
« veilles, ou que par contraire, ces marques demeurant
« toujours cachées, les douleurs devinssent plus violen-
« tes, ce qui le glorifierait davantage. Je n'eus alors, je
« vous l'avoue, d'autre mouvement, mon très-cher Père,
« que de me livrer à ce qui contribuerait le plus à la
« gloire de mon Sauveur, et je le priai de choisir lui-
« même. Il le fit, et son choix tomba sur l'augmentation
« des souffrances; mais quelles souffrances ! Je ne puis
« m'en expliquer, mon Père, que par l'impuissance où je
« suis de le faire. »

Il arriva cependant que, peu après avoir écrit ceci, ses souffrances cessèrent tout à coup. Notre Sœur bien-aimée s'en effraya, et le démon, profitant de son trouble, parvint à lui persuader que son état n'était qu'une illusion complète. Dans sa peine, elle eut recours à son refuge assuré, le Cœur de son céleste Epoux. Ce bon Maître ne tarda pas à la consoler et à lui montrer la réalité de ses dons. Elle s'en explique ainsi à son directeur : « Ce Dieu
« de bonté se présenta à moi, et pour guérir mon incré-
« dulité, Il imprima sur mon corps les marques que je
« croyais imaginaires. C'était une lumière ardente qui
« sortait de ses plaies adorables, et qui me faisait voir
« sur mes mains les marques qu'elle imprimait au-de-
« dans, et cela avec tant de certitude, qu'il ne me serait
« pas possible désormais de former aucun doute là-des-
« sus. J'étais cependant alors dans un de ces saisissements

« dont je vous ai parlé, mon Révérend Père, et quand je
« vous dirais ce que j'ai vu, je serais bien en peine d'ex-
« primer comment. L'assurance que j'en ai est cependant
« beaucoup plus grande que si elle était venue des sens
« extérieurs, par lesquels je n'ai d'ailleurs jamais rien
« vu de ce qu'il a plu à notre Seigneur de me communi-
« quer. »

Notre chère Sœur, ainsi attachée merveilleusement à la
croix de son Epoux, en reçut de nouvelles forces pour
travailler avec Lui à la rédemption du monde. *Quand je
serai élevé de terre, j'attirerai tout à moi,* avait dit Jésus;
c'est ce qu'on vit se réaliser également dans sa fidèle
épouse. Cachée au fond de nos cloîtres bénis, et ne cherchant qu'à s'effacer aux yeux de ce qui l'entourait, cette
âme d'élite exerçait un empire difficile à imaginer sur
tous ceux qui avaient le bonheur de l'approcher. Mgr de
Belzunce s'en exprime ainsi dans la lettre que nous avons
déjà citée :

« La Sœur Anne-Madeleine parlait de Dieu avec une
« onction, avec un zèle et dans des termes expressifs qui
« surprenaient, qui édifiaient, qui consolaient, qui tou-
« chaient, qui animaient toutes les personnes qui lui en
« entendaient parler, et qui se retiraient ensuite pleine-
« ment convaincues que ce qui se passait en elle venait
« véritablement de Dieu. A un esprit excellent et délicat
« la Sœur Remuzat joignait une innocence et une pureté
« de mœurs angéliques, une ardente charité, une humi-
« lité profonde que j'ai moi-même éprouvée plus d'une
« fois, une obéissance prompte et parfaite, une mortifi-
« cation qu'elle aurait portée jusqu'à des excès si cette
« même obéissance ne l'en eût empêchée, un détache-
« ment absolu d'elle-même et de toutes les choses de la
« terre. Son naturel était doux, bienfaisant, compatis-
« sant; ses manières polies et insinuantes; son humeur

« toujours égale, même dans des infirmités continuelles
« et dans les épreuves intérieures les plus dures. Sa ré-
« gularité fut toujours constante, sans relâchement, sans
« affectation, sans singularité.

« Elle avait une piété tendre et solide, un zèle admi-
« rable pour la gloire du sacré Cœur de Jésus; elle en
« était sans cesse occupée. Elle ne connaissait point de
« plaisir plus sensible sur la terre que celui d'adorer ce
« divin Cœur, d'en parler, d'en affermir le culte, d'aug-
« menter le nombre de ses adorateurs, et elle a eu la
« consolation de le voir, par ses soins, croître chaque
« jour, et d'apprendre avant sa mort que nos malheurs
« et leur cessation, ainsi qu'elle l'avait prévu et qu'elle
« l'avait autrefois assuré, avaient déjà servi à faire con--
« naître la puissance et la bonté de ce Cœur adorable, et
« à en étendre la solide dévotion jusqu'aux extrémités de
« la terre. Son zèle pour la conversion des pécheurs et
« pour le salut des âmes lui avait inspiré une dévotion
« particulière pour tous les saints qui y ont principale-
« ment travaillé pendant leur vie. Elle communiait régu-
« lièrement tous les jours, et passait devant le Saint-Sa-
« crement tout le temps qui lui restait de libre après
« avoir rempli les devoirs attachés aux différents em-
« plois qui lui étaient confiés, et dont elle s'acquittait
« avec une ferveur et une exactitude de novice. Les jours
» étaient trop courts pour satisfaire à sa dévotion, elle y
« joignait encore les nuits : toutes les fois qu'elle en pou-
« vait obtenir la permission de sa Supérieure, elle les
« passait secrètement tout entières devant le Très-Saint-
« Sacrement. Quoique d'une complexion très-délicate et
« toujours infirme, surtout les dernières années de sa vie,
« paraissant souvent épuisée et sans forces, on remar-
« quait avec étonnement qu'elle ne se portait jamais
« mieux que lorsqu'elle avait passé la nuit entière dans

« ce saint, mais pénible exercice. Elle disait souvent aux
« personnes en qui elle avait confiance qu'elle y trouvait
« sensiblement un soulagement à toutes ses infirmités
« corporelles, qu'elle aurait cherché inutilement ail-
« leurs. »

Les paroles de ce grand Evêque confirment à la lettre,
comme on le voit, tout ce que nous avons déjà rapporté
de cette vénérée Sœur, et en sont comme le sceau. Mgr de
Belzunce fut toujours pour elle le plus dévoué et le meilleur des pères. Il l'honora encore de toute sa confiance,
et avoua avoir retiré plus d'une fois des lumières de cette
àme sainte une très-grande utilité pour son avantage particulier et pour celui de son diocèse. Ces lumières, nous
avons dit où les puisait cette Sœur chérie : c'était dans le
Cœur de Celui qui s'appelle à juste titre *la Lumière du
monde*. Mais tout en remplissant avec bonheur et dévouement sa mission, et donnant à tous de sa plénitude, elle
ne laissa pas d'acheter quelquefois à un bien haut prix
l'honneur insigne d'avoir été choisie comme canal du divin Cœur. Il lui arriva même une fois d'avoir à exercer
son apostolat auprès de son saint Evêque sur une matière
bien délicate.

Mgr de Belzunce, pour des motifs qui nous sont inconnus, ne célébrait pas tous les jours le saint sacrifice à cette
époque, malgré la vivacité de sa foi et sa tendre piété;
notre vertueuse Sœur l'ignorait absolument, quand son
divin Epoux le lui révéla et la chargea de faire savoir au
saint Prélat que son adorable Cœur en était contristé. Il
est facile d'imaginer combien il en coûtait à notre bien-
aimée Sœur pour exécuter un tel ordre; mais, habituée
à ne plus regarder à sa peine ou à sa consolation, ou
pour mieux dire, sa volonté étant toute passée en Dieu,
elle promit d'obéir. En effet, peu de jours après, Mgr de
Belzunce l'ayant demandée au parloir, elle se prosterne à

ses pieds et lui transmet humblement ce dont elle est chargée. Le vénérable Prélat étonné l'écoute d'abord en silence; mais voulant ajouter l'épreuve à l'immolation déjà si grande de cette âme qu'il vénère et rendre son sacrifice complet, il raffermit son visage et lui témoigne sa surprise apparente de ce qu'elle ose faire ainsi à son Evêque une leçon qu'elle a probablement puisée dans son imagination. Notre humble Sœur se tait, s'abaisse, voudrait s'anéantir, et le Prélat se retire, bien résolu néanmoins, malgré son mécontentement affecté, de profiter de l'avis du ciel. Dès le lendemain, il monte à l'autel et poursuit de même les jours suivants; notre angélique Sœur en est informée bientôt par le Sauveur Lui-même, qui la charge cette fois de dire au pieux Evêque que son divin Cœur en est soulagé et consolé. La fidèle épouse reçoit ce nouvel ordre sans avoir égard à ce qui pourrait lui en revenir encore de fâcheux et d'humiliant, et Mgr de Belzunce l'ayant bientôt honorée de sa visite, elle lui fait part de la consolation du bon Maître, ce qui remplit de joie le vénéré Pasteur.

Mais, tandis que l'âme de notre Sœur Anne-Madeleine servait ainsi de canal au céleste Epoux pour transmettre ses grâces et ses volontés à ceux qu'il s'était choisis, ses épreuves intérieures, loin de diminuer, semblaient prendre un accroissement sensible, et la réduisaient par moments comme aux derniers abois. Des doutes désolants sur l'état de sa conscience ne lui laissaient aucune trève : le sentiment de sa réprobation ne la quittait presque pas; des répugnances incroyables se faisaient sentir dans l'accomplissement de ses moindres devoirs, et sa vie tout entière n'était qu'une lutte continuelle. Cependant rien n'annonçait au-dehors ce qui se passait au-dedans; son visage n'en était ni moins calme et serein, ni moins gracieux et enjoué même, et ses tortures ne servaient qu'à redoubler son courage et sa fidélité. « Quelque sévère que mon di-

« vin Maître se montre à mon égard, écrivait-elle, je ne
« laisserai pas de compter toujours sur Lui. Il me suffit de
« savoir qu'Il est infiniment aimable pour que je fasse tous
« mes efforts pour l'aimer : c'est Lui que je cherche et non
« ses récompenses. Oh ! non, ce ne sont pas ses châtiments
« que je crains ; ce que j'appréhende, c'est de lui dé-
« plaire. Je souffre volontiers, parce que mon Sauveur le
« veut ainsi, et je sacrifie de tout mon cœur ma satisfac-
« tion à l'accomplissement de sa divine volonté. »

Le fond de son âme ne se démentit jamais de cette soumission amoureuse au bon plaisir divin ; mais il lui arrivait par intervalles de se trouver dans un état tel, qu'il ne
lui était plus possible de distinguer cette douce adhésion.
Voici comment elle s'en explique encore elle-même : « Il
« n'y a plus moyen, mon Révérend Père, de tenir contre
« la justice de Dieu qui s'applique sur moi. Son bras se
« fait sentir d'une manière toujours plus terrible, sans
« que j'en comprenne ni la suite ni les effets. Je suis ac-
« cablée de la plus vive douleur, sans pouvoir distinguer
« le mouvement qui l'excite, si c'est l'horreur du mal ou
« le désir du bien. Ce que je connais de plus net, c'est
« qu'elle est semblable à celle des damnés, qui n'est pro-
« duite que par des désirs paralytiques qui remplissent
« les enfers. »

Un peu plus tard, notre chère Sœur écrivait de nouveau à ce même Père et lui disait : « Les souffrances du
« corps ne sont rien, comparées à celles de l'âme qui se
« trouve dans un délaissement absolu, ne voyant plus rien
« ni dans ce que Dieu est pour lui, ni dans ce qu'il est
« ou a été pour moi, qui ne me jette dans la plus amère
« amertume, et ne me mette hors d'état de pouvoir faire
« autre chose que de souffrir de la manière la plus dou-
« loureuse. Je ne trouve pas en cela même, mon Révérend
« Père, cet effet de contentement et de joie qui me faisait

« regarder un état souffrant comme le plus digne de l'am-
« bition d'une créature. Rien dans le passé, le présent ou
« l'avenir qui ne me fasse de la peine; mais ces peines
« ne m'inquiètent point, et ne me font pas, ce me sem-
« ble, perdre la tranquillité et l'acquiescement que l'âme
« conserve au milieu de ses agitations. »

CHAPITRE HUITIÈME.

Notre divin Maître ayant daigné choisir la ville de Marseille pour honorer d'un culte spécial son Cœur sacré et jouir un jour du privilége insigne de lui être solennellement consacrée, il lui fallut en préparer les voies. Sa douce providence permit donc à cet effet ce mouvement étonnant, cet entraînement même qui se manifesta vers celle qui était destinée à révéler à une si nombreuse population les amabilités infinies de son Cœur adorable, l'ardeur de son amour pour sa créature, et le délaissement, le mépris même dont Il en est payé. Quelle grâce ne fallait-il pas à notre Sœur Anne-Madeleine, si jeune encore, pour demeurer toujours humble et anéantie parmi tant de témoignages d'estime et de vénération ! Mais ayant pleinement adhéré à Jésus-Christ, devenue un même esprit avec Lui, et éclairée ainsi par le rayon de la Vérité sans ombre, elle pouvait dire dans toute la conviction de son âme : *Ce que je suis, je le suis par la grâce de Dieu.*

A Dieu ne plaise que je me glorifie, sinon en la croix de Jésus-Christ ! Cette gloire était bien la seule à laquelle elle aspirât ; souffrir et être méprisée fut toujours le besoin immense de son cœur. « Je voudrais, écrivait-elle, « voir toutes les créatures employées à me faire souffrir ; « mais, mon Révérend Père, je ne mérite pas ce bien-là. »

Nous allons maintenant l'entendre nous révéler un de ces secrets ineffables de la miséricordieuse justice de notre Dieu, secret qu'il serait impossible à la créature de soupçonner même : « Il y a quelque temps que je disais à « notre Seigneur pourquoi Il permettait que je fusse dans « une communauté où le pain des humiliations et des « souffrances m'était refusé. Cette demande me parut lui « être agréable, et, voulant l'exaucer en quelque manière, « Il me fit connaître qu'Il voulait me faire trouver, parmi « les personnes avec lesquelles j'étais, un genre de souf- « france qui ne serait connu d'aucune, me faisant porter « le poids des fautes qu'elles commettraient, et me don- « nant tout ce qu'il faudrait pour les détester et réparer. « J'expérimente en effet, depuis ce temps-là, des connais- « sances sur les besoins de nos Sœurs qui opèrent dans « moi et dans elles des effets dignes du Maître qui les « produit ; ils sont toujours douloureux pour moi. »

Mais ce qu'elle ajoute nous montre comment cette nouvelle immolation était adoucie par la main de Celui qui enfonçait le glaive : « Mais comment est-il possible, mon « très cher Père, qu'on puisse tout à la fois être plongé « dans un abîme de souffrances sans cesser un instant de « jouir des délices de Dieu ? Il n'y a qu'un Maître infini « qui puisse allier ainsi deux choses si opposées. »

Cet état sublime nous montre comment la vie de son divin Epoux était devenue la vie de son âme, puisque les délices du ciel s'alliaient en elle au sacrifice incessant et à la mort de l'holocauste. Mais une nouvelle croix allait être présentée à notre bien-aimée Sœur. La Mère Nogaret avait eu bien des fois la pensée de lui confier la direction du pensionnat, présumant tout le bien qui pourrait en revenir ; mais cette digne Mère avait été retenue jusque là par le défaut de santé de notre chère Sœur d'une part, et de l'autre elle savait combien cet emploi s'opposerait à tous ses attraits intérieurs. Cependant un grand nombre de personnes des plus distinguées de la ville désirant confier l'éducation de leurs enfants à notre Sœur Anne-Madeleine, il lui fallut céder à leurs instances réitérées. Notre vertueuse Sœur reçut cette charge avec sa soumission accoutumée et s'y dévoua sans réserve, ne laissant jamais entrevoir la répugnance naturelle qu'elle y avait.

Son entrée au pensionnat fut un jour de bonheur pour les élèves, qui la vénéraient déjà ; aussi leur cœur lui fut-il bien vite acquis. La vivacité, l'amabilité de son esprit, le charme de ses paroles, ses manières distinguées, tout en elle ravissait ces enfants ; il lui fut donc facile de les manier et former à son gré. Chacune trouvait en elle une mère bien plus encore qu'une maîtresse ; toutes ces petites âmes venaient, avec une candeur et une simplicité ravissante, répandre dans le cœur de cette angélique maîtresse et leur joie et leurs légers ennuis. Un mot de sa bouche suffisait pour dissiper jusqu'au moindre nuage de tristesse ou de découragement. Celles qui étaient plus avancées en âge lui confiaient à leur tour les secrets les plus intimes de leur âme. Elle les éclairait alors, les soutenait dans la lutte des tentations, et les aidait puissamment à correspondre à l'inspiration divine dans le choix d'une vocation. Mais une révélation directe n'était pas toujours nécessaire à notre Sœur Anne-Madeleine pour pénétrer le fond des âmes ; un seul regard lui suffisait quelquefois, et alors sa parole pleine de suavité ou de force divine, selon le besoin, pénétrait, consolait et triomphait même des plus grands obstacles.

Peu de mois s'étaient écoulés depuis l'installation de la nouvelle maîtresse, quand le pensionnat se trouva comme transformé ; la soumission, le silence, la modestie, le recueillement dans la prière, y étaient remarquables. Tous les matins notre bien-aimée Sœur faisait à ses élèves une méditation pleine de vie, d'onction, et parfaitement à la portée de leur âge. Cette semence quotidienne, jointe aux instructions les plus solides et à mille petites inventions pieuses, alimentait leur piété et produisait des fruits ravissants. Elle avait surtout un soin tout particulier de celles qui étaient admises à la réception des divins sacrements ; aux approches des grandes fêtes, elle leur désignait chaque jour un certain nombre de pratiques pieuses et leur en faisait rendre compte le soir. Toutes les années ces chères enfants, du moins celles qui étaient admises à la sainte table, retrempaient leurs âmes dans une nouvelle ferveur par le moyen d'une retraite de huit jours que leur donnait leur sainte maîtresse.

Notre Sœur Anne-Madeleine ne se bornait pas à inspirer à ses élèves cette piété vraie et solide d'où dépend tout le bonheur du temps et de l'éternité ; elle sut encore exciter parmi elles beaucoup d'émulation pour l'étude, du goût et de l'assiduité au travail manuel. Sa sagesse et sa vigilance s'étendaient à tout. Elle n'épargnait ni soins ni fatigues quand il s'agissait de conserver ou de rétablir la santé de ses chères enfants ; si quelque grave maladie se déclarait, elle ne quittait pas le chevet de celle qui en était atteinte. En un mot, cette bien-aimée Sœur répondit parfaitement à tout ce qu'on avait pu se promettre de son dévouement et de ses rares talents dans cette charge, sans préjudice néanmoins de sa vie intérieure et profondément cachée avec *Jésus-Christ en Dieu.*

Ce fut vers cette époque qu'elle se sentit pressée un jour, après la sainte communion, d'imprimer avec le fer

et le feu, sur sa poitrine et sur le bras gauche, le saint
nom de Dieu. L'ardeur de son amour lui fit supporter d'a-
bord et presque sans s'en apercevoir la douleur de cette
violente opération ; mais la plaie s'étant envenimée, elle
se vit obligée d'en faire part à sa Supérieure. Cette bonne
Mère la reprit vivement de s'être portée à un tel excès
sans le lui avoir soumis. Notre humble Sœur lui en demanda pardon, en lui avouant que la pensée d'en obtenir
la permission ne lui avait pas été donnée. Cependant le
mal empirait, et elle allait se voir obligée de recourir
aux remèdes de l'art, par l'ordre de sa Supérieure, quand
il plut au céleste Médecin de guérir tout à coup sa blessure. Cette chère Sœur nous rapporte ainsi ce fait :

« Quelques jours avant ma retraite, après la commu-
« nion, j'eus un mouvement pressant de graver le saint
« nom de Dieu sur mon corps, afin que l'impression de ce
« nom sacré sanctifiât le corps en même temps que l'opé-
« ration intérieure divinisait en quelque sorte l'âme.
« Après l'action de grâces, j'exécutai avec le fer et le feu ce
« que le bon Dieu voulait de moi, sans aucune vue que
« j'eusse besoin d'autre permission. Je compris, après
« l'avoir fait, que Dieu commandait quelquefois les cho-
« ses par lui-même, et qu'il ne laissait pas toujours la
« liberté de recourir à ceux qui peuvent nous assurer de
« sa volonté. »

Cependant son directeur ayant été informé de ce fait,
en eut de la peine ; il craignit de la part de cette âme quelque infidélité, mais elle le rassura par les lignes suivantes :

« Si dans l'inspiration dont je vous ai parlé, mon très-
« cher Père, il m'était venu dans la pensée qu'il me fal-
« lait une permission pour l'exécuter, je l'aurais deman-
« dée ; mais, je vous l'avoue, rien ne s'est présenté à mon
« esprit. Soyez donc en repos là-dessus, mon Révérend
« Père : les suites de cette blessure n'ont été que doulou-

« reuses; mais Dieu en a pris soin d'une manière qui me
« fait bien voir qu'il l'avait demandée. »

Rien ne semblait devoir assouvir l'ardeur de cette âme
généreuse pour s'immoler à la gloire de son divin Sacrificateur, et Dieu permit pendant bien des années à ceux
qui la dirigeaient de seconder en quelque sorte les pieux
excès auxquels elle se livra. La Mère Nogaret, combattue
d'abord entre la crainte de s'opposer à la volonté de Dieu
et le désir de voir se prolonger des jours si précieux, se
déchargea de cette responsabilité sur le R. P. Milley, dont
elle connaissait la rare prudence et l'expérience, le priant
de tracer lui-même à notre Sœur Anne-Madeleine la route
à suivre dans une voie si ardue. Ce digne Père, après
avoir tout examiné et pesé devant Dieu, en conclut qu'il
fallait ne plus s'opposer au mouvement divin si bien reconnu dans cette âme victime, dont la ferveur ne connut dès lors plus de bornes. Elle commença par se réduire
à un seul repas par jour; encore était-il si léger qu'on ne
s'expliquait pas comment il pouvait suffire à son existence.
Elle chargea de plus son faible corps d'une haire, d'un
cilice et d'une chaîne de fer qu'elle ne quittait pas, y joignant encore le cœur armé de pointes de fer dont nous
avons parlé et des bracelets. Chaque jour elle prenait
pendant un quart d'heure, et plus longtemps quelquefois,
une sanglante discipline. Trois fois par semaine on la
voyait passer la nuit entière devant le Très-Saint-Sacrement, et elle ne consacrait d'ailleurs que trois ou quatre
heures habituellement au repos de la nuit; encore ce repos était-il fréquemment interrompu par les assauts im-
pétueux de l'amour qui la consumait. C'est ainsi que le
Seigneur la préparait, par ce continuel martyre, à la sublime alliance qu'allaient contracter avec son âme les
trois divines Personnes, pendant sa retraite annuelle de
1716. Nous transcrivons fidèlement ses propres paroles :

« Dans ma retraite de 1716, un jour, après l'obéissance
« du matin, j'eus un sentiment de la présence de Dieu si
« fort, que, ne pouvant me soutenir, je fus contrainte de
« me mettre à genoux pour admirer cette divine pré-
« sence. Je me trouvai en même temps investie de cette
« gloire qui environne le trône de la majesté de Dieu,
« dont l'éclat et la grandeur m'abîmaient de respect.
« Cette vue m'ayant comme enlevée à moi-même et fait
« perdre le sentiment naturel, je me trouvai, par cette
« espéce de mort extérieure, disposée à recevoir avec
« moins d'obstacles de ma part les biens qui m'étaient
« destinés. Il me fut dit pour lors que les trois adorables
« Personnes de la très-sainte Trinité désiraient ardem-
« ment contracter avec moi une union que rien ne serait
« capable de rompre, et qu'Elles ne demandaient pour
« cela que mon consentement. A ce mot d'union, je sentis
« que tout mon être se fondait, pour ainsi dire, pour
« s'aller perdre dans cet Etre immense. L'accablement et
« la confusion ne me laissaient qu'un profond silence par
« lequel je consentais à tout. Je le rompis enfin pour
« prier les trois adorables Personnes de faire en sorte
« que mon indignité ne mît point d'obstacles aux riches-
« ses dont elles venaient de me remplir, et je m'occupai
« ensuite à adorer les abaissements d'un Dieu dans le
« fond d'une âme criminelle.
« Les connaissances que je recevais de ces adorables
« Personnes étaient si profondes et si secrètes, qu'il ne
« m'a jamais été permis d'en dire quelque chose; j'ai
« toujours appréhendé de ravaler le don de Dieu par mes
« faibles expressions, ne croyant pas aussi qu'elles fus-
« sent suffisantes pour donner une juste idée de la gran-
« deur de ces lumières. Après avoir joui pendant deux
« heures de ces sacrées communications, connaissant que
« ces trois divines Personnes allaient s'éloigner de moi

« par cette présence sensible, je les priai instamment de
« me bénir. Je n'eus pas plus tôt achevé ma prière, que
« le Père éternel me fit connaître que la bénédiction qu'il
« me donnait, c'était qu'Il ferait en sorte que je ne le
« perdisse jamais de vue. L'adorable Personne du Fils me
« fit voir que, m'ayant choisie pour être la victime de son
« sacré Cœur, la bénédiction qu'Il me donnait, c'était de
« m'ouvrir les trésors qu'il renferme et de me donner
« droit d'en disposer toujours selon son bon plaisir. Enfin
« la bénédiction que je reçus du Saint-Esprit fut que je
« ferais un continuel progrès dans son amour, et que la
« grâce ne serait jamais vaine en moi. Après quoi la vi-
« sion disparut, et, étant revenue à moi, je me trouvai
« comme une nouvelle créature qui ne savait de quelle
« manière s'y prendre pour reconnaître le don de Dieu.
« Je portai pendant quelques jours les impressions de
« cette grâce, et j'étais comme dans un ravissement inté-
« rieur qui ne me laissait plus rien à désirer. Cette bé-
« nédiction abondante m'a été renouvelée plusieurs fois,
« mais avec plus de pureté que la première fois, les sens
« extérieurs n'y entrant pour rien, tout se passant dans
« l'intime de l'âme. »

Les grâces intimes dont cette âme privilégiée était comblée tendaient à la rendre toujours plus digne de remplir
la grande mission confiée à son amour; aussi son zèle s'en
accroissait-il sensiblement. Non contente d'avoir travaillé
jusque là à faire connaître et aimer, autant qu'il était en
elle, le Cœur du Seigneur Jésus, son divin Epoux, elle
conçut le pieux projet de lui former encore comme une
milice sainte, qui, enrôlée sous l'étendard de ce Cœur
adorable, s'élèverait ainsi qu'un rempart autour de son
tabernacle pour le défendre des traits de ses ennemis et
lui offrir un hommage d'amour, de réparation et de louanges. Mgr de Belzunce approuva pleinement ce projet, et

lui permit de dresser le petit réglement qu'auraient à suivre ceux qui feraient partie de l'engagement sacré proposé à leur dévouement et à leur amour. La vénérable Mère Nogaret seconda à son tour de tout son pouvoir cette entreprise, et l'on s'adressa à Rome pour obtenir la bulle d'autorisation nécessaire à l'érection de l'association. Cette bulle de Clément XI, sous la date du 30 août 1717, fut reçue au premier monastère avec une joie indicible. Le Saint-Père avait daigné y attacher de grandes indulgences. Un petit livre contenant le réglement de l'association, l'origine de la dévotion au sacré Cœur de Jésus, ses motifs et sa pratique, fut imprimé par les soins de notre Sœur Anne-Madeleine, et Mgr de Belzunce y joignit son approbation datée du 30 mars 1718. Bien des difficultés s'étaient d'abord soulevées contre cette entreprise; mais le zèle intrépide de celle qui en avait reçu le mouvement d'en haut sut en triompher, et l'on vit, au grand étonnement des opposants, un élan général se manifester dès qu'on eut annoncé dans la ville l'érection de cette confrérie. Des personnes de tout âge et de toute condition assiégeaient journellement nos parloirs pour demander d'être enrôlées sous la bannière du sacré Cœur de Jésus. Notre Sœur Anne-Madeleine ne pouvant suffire pour inscrire les noms de ceux qui se présentaient, il fallut que plusieurs Sœurs lui vinssent en aide. Dès ce moment on vit les associés, dont le nombre s'accroissait sans cesse, venir assidument avec la plus touchante piété, dans notre chapelle du premier monastère, payer leur tribut de louanges au divin Prisonnier d'amour, qui à son tour leur prodiguait toutes les richesses de son Cœur sacré.

Voici le consolant témoignage que rendaient à ce sujet nos Sœurs du premier monastère de Marseille dans leur circulaire du 4 juillet 1728 : « La dévotion au sacré Cœur « de Jésus attire bien du monde dans notre chapelle.

« Nous comptons près de trente mille personnes dans no-
« tre confrérie, qui n'est établie que depuis 1718. Cette
« ville semble être une de celles que le Seigneur a le plus
« favorisées de ses miséricordes ; aussi a-t-elle été la pre-
« mière à lui rendre, par les soins et le zèle de Mgr de
« Belzunce, notre saint Prélat, les honneurs qui lui sont
« dus. Rien de si magnifique et de plus dévot que la so-
« lennité de sa fête. L'empressement des fidèles à appro-
« cher ce jour-là de la table sacrée occupe les confes-
« sionnaux et les autels jusqu'à une heure après midi.
« Mgr l'Evêque nous honore ordinairement de sa messe,
« où il y a toujours grand nombre de communiants.

« Nous avons encore la consolation d'avoir tous les ven-
« dredis, dans notre chapelle, des personnes qui, depuis
« les cinq heures du matin jusqu'à six du soir, adorent le
« sacré Cœur de Jésus-Christ. C'est une pieuse société de
« messieurs et de dames dont la principale occupation est
« d'aimer et de faire aimer ce Cœur divin, et qui, édi-
« fiant toute la ville par leur zèle et par leur piété, sont
« par là en état de rendre ce culte d'esprit et de vérité
« qui fait le caractère des véritables adorateurs de Jésus-
« Christ. Les soins qu'on prend pour répandre partout
« cette dévotion et pour la faire approuver du Saint-Siége
« pour toute l'Eglise, l'accueil favorable que le Saint-Père
« fait aux humbles supplications qu'on lui fait sur ce su-
« jet, semblent nous annoncer que nous touchons au mo-
« ment que la divine Providence paraît avoir marqué
« pour ouvrir aux fidèles les richesses que le Cœur ado-
« rable de Jésus renferme. Nous le demandons tous les
« jours pour vous, nos chères Sœurs, et surtout pour ceux
« qui ont eu le malheur de se laisser séduire par l'esprit
« de nouveauté et d'erreur qui arrache aujourd'hui tant
« d'âmes au sein de l'Eglise. Nous avons la consolation
« de l'ignorer parfaitement chez nous : les Révérends Pé-

« res Jésuites sont les seuls à qui nous nous adressons, et
« nous goûtons abondamment les fruits de paix que pro-
« duit dans une communauté l'unité d'un même esprit. »

Le jansénisme faisait alors, comme on sait, de terribles
ravages dans la sainte Eglise. Notre Sœur Anne-Madeleine
en était profondément touchée, s'offrant sans cesse à Dieu,
par le Cœur de Jésus, pour apaiser sa justice et réparer sa
gloire outragée par tant de scandales. « Non, écrivait-elle
« à un grand homme de bien (l'année qui précéda l'érec-
« tion de la confrérie du Sacré-Cœur), je ne saurais vous
« dire combien je suis sensible aux malheurs qui mena-
« cent l'Eglise. Depuis quelque temps, mon souverain
« Maître me presse de lui faire des sacrifices. J'espère
« qu'Il se laissera fléchir et qu'Il mettra fin à ces trou-
« bles. Il m'inspire pour cela un dessein que je pourrai
« vous communiquer en son temps; mais auparavant Il
« veut être beaucoup prié, et c'est ce que je tâche de
« faire. Je ne suis nullement surprise de tant de mal-
« heurs; je le serais plutôt de ce qu'ils ne sont pas plus
« grands, Dieu étant si fort offensé et si peu aimé ! »

Le plein succès de cette pieuse association comblait
sans doute d'une ineffable consolation notre sainte Sœur;
mais la ville de Marseille, malgré son étendue et sa population nombreuse, était encore un champ trop étroit
pour l'ardeur de ses désirs et l'intrépidité de son zèle. Ce
zèle la porta non seulement à enrôler dans sa sainte milice les populations des villes et des villages voisins, mais
il la fit parvenir à porter cette dévotion jusqu'au-delà des
mers et des extrémités de la terre, ainsi que l'écrivait
Mgr de Belzunce. Le Grand-Caire vit par ses soins une
nombreuse confrérie s'établir dans ses murs et le culte du
divin Cœur aussi florissant qu'à Marseille. Plus tard Cons-
tantinople eut aussi des associés, et à la mort de notre
bien-aimée Sœur, soixante mille confrères étaient inscrits

dans nos registres, à la tête desquels se trouvait le nom
de notre illustre Prélat, Mgr de Belzunce.

Notre Sœur Anne-Madeleine, ne pouvant se porter elle-
même sur les lieux, y suppléait par son active correspondance, par la multitude de livres qu'elle faisait répandre
par ses meilleurs amis et par un grand nombre de communautés religieuses avec lesquels elle avait de fréquents
rapports sur divers points de la France. Rien ne lui coûtait, rien ne l'arrêtait; elle avait toujours du temps quand
il fallait parler du Cœur de Jésus et répandre son amour
dans les âmes. « Je crois, écrivait-elle à un homme apos-
« tolique en lui envoyant son cher petit livre, que ce li-
« vre servira à vous faire connaître, mon Révérend Père,
« le désir qu'a le Cœur adorable de Jésus de se faire un
« nombre d'amis sur lesquels Il puisse compter, et qui,
« par leur amour et leur fidélité, le dédommagent en
« quelque sorte des injures qu'il reçoit de la plus grande
« partie des cœurs qui devraient lui être dévoués. Je fré-
« mis en me les représentant, et je n'en pourrais soutenir
« la vue, si notre bon Maître ne me faisait espérer que,
« par le moyen de cette confrérie qu'Il a daigné lui-même
« m'inspirer, Il se fera des adorateurs fidèles qui le ser-
« viront en esprit et en vérité. Hélas ! mon Père, que le
« nombre en est petit!... Je vois une infinité de person-
« nes qui paraissent être à Dieu, et dont la plupart se re-
« lâchent elles-mêmes dans les services qu'elles lui ren-
« dent, ce qui oblige Dieu à se ménager avec elles. Il me
« semble, mon Révérend Père, ainsi que j'ose le dire
« souvent, que Dieu, tout puissant qu'Il est, n'aurait pas
« le pouvoir, pour ainsi dire, de se refuser à une âme
« qui se donnerait à Lui sans se rien réserver d'elle-
« même. »

Elle écrivait encore à une religieuse qui lui demandait
quelques avis pour son âme au nom du Cœur de Jésus :

« Vous serez toujours bien reçue, ma chère Sœur, lors-
« que vous vous présenterez sous les auspices du Cœur
« de Jésus. Hors de là, il me faudrait revenir à ma pre-
« mière résolution de ne plus écrire. Vous recevrez, ma
« toute bonne Sœur, avec le billet qui contient votre en-
« gagement, le livre qui vous instruira des obligations
« des associés. La première est de donner tout leur cœur
« à celui de notre Seigneur Jésus-Christ pour en faire
« des victimes qui puissent réparer, par leurs adorations
« et leurs hommages, les indignités qu'Il reçoit dans l'a-
« dorable Eucharistie. La principale vue que j'ai eue en
« demandant l'établissement de cette association a été de
« procurer au Cœur sacré de notre bon Maître un nom-
« bre d'âmes qui puissent le dédommager surtout de l'in-
« gratitude qu'Il trouve dans la plupart des cœurs qui lui
« sont consacrés, aux injures desquels Il est plus sensible.
« C'est donc aux associés qu'Il me semble dire comme
« aux apôtres : *Voulez-vous aussi m'abandonner ?* ou avec
« Job : *Vous qui êtes mes amis, ayez pitié de moi !* Il se
« plaint, par son Prophète, que personne ne vient le
« consoler dans la douleur que lui causent ceux qui l'a-
« bandonnent, et que personne ne se présente pour s'af-
« fliger avec lui. Mais Il en trouvera désormais qui en-
« tendront ses plaintes et qui partageront son affliction.
« Je voudrais, ma bien chère Sœur, qu'il me fût permis
« d'expliquer mes sentiments sur les avantages que je
« vois renfermés dans cette association. J'en veux à mes
« expressions de ce qu'elles ne me servent pas selon l'é-
« tendue de mes désirs sur un sujet qui est le plus tendre
« objet de mes complaisances. Si j'ai jamais désiré que
« ma plume suivît les sentiments de mon cœur, c'est bien
« dans cette occasion. »

Ces lignes nous disent combien notre Sœur Anne-Madeleine désirait sur toutes choses voir réparer les outra-

ges faits au divin Cœur par l'infidélité et les crimes mêmes de plusieurs âmes qui lui sont consacrées. Ce fut
en effet la plainte la plus touchante qu'adressa notre bon
Sauveur à notre bienheureuse Sœur Marguerite-Marie ;
c'est à cette fin que notre fervente zélatrice s'adressait
surtout aux communautés religieuses pour renforcer les
rangs de sa nouvelle et sainte milice. Répondant à une
maîtresse des novices avec laquelle ses rapports étaient
intimes, elle lui disait : « Obligez-moi, ma chère amie.
« d'inspirer à vos novices une pratique que toute notre
« communauté observe : c'est de tirer au sort entre elles
« les jours qui restent jusqu'au mercredi des Cendres.
« Chacune, au jour qui lui est échu, fait une espèce de
« retraite spirituelle, sans qu'il en paraisse rien au de-
« hors, et cela en vue de réparer les crimes qui se com-
« mettent dans ces jours consacrés aux plaisirs, où le
« Cœur de Jésus est plus oublié, plus outragé. Assurez,
« ma bien-aimée Sœur, vos petites novices que ce divin
« Cœur payera libéralement ce qu'elles auront fait pour
« Lui, et que leur ferveur en sera beaucoup augmentée. »
Cette fidèle amante du divin Cœur ne craignait pas de
s'avancer trop en faisant de si douces promesses, car son
Bien-Aimé lui en avait donné plus d'une fois l'assurance
à l'égard de tous ceux qui seconderaient ses desseins et
l'aideraient dans ses saintes entreprises. Comme elle remerciait son directeur du secours qu'il lui avait donné,
elle lui disait ces paroles remarquables : « Depuis que le
« Cœur de mon adorable Jésus s'est, pour ainsi dire,
« chargé d'acquitter mes dettes, je vous avoue, mon Ré-
« vérend Père, que je craindrais de lui faire injure si je
« voulais encore m'en mêler. Lorsque, par un excès de
« miséricorde, Il voulut se livrer à moi en quelque sorte,
« me chargeant de l'aimer et de le faire aimer, Il me
« promit qu'Il récompenserait abondamment tout le bien

« qu'on me ferait, et qu'Il le tiendrait comme fait à Lui-
« même. »

L'extension si rapide et toujours croissante du culte
rendu au divin Cœur était sans doute une consolation immense pour celui de son épouse bien-aimée; mais les désirs de ce cœur s'étendaient plus loin encore : il lui fallait
voir ce culte sacré répandu sur toute la terre, et une fête
solennelle ordonnée par le Saint-Siége pour toute la chrétienté. « Vos lettres, écrivait-elle à une personne de con-
« fiance, me sont un vrai sujet de consolation, surtout
« quand elles m'apprennent que le nombre des adorateurs
« du sacré Cœur augmente. Je vous l'avoue, l'unique dé-
« sir qui me reste est de voir honorer ce divin Cœur se-
« lon toute l'étendue des vues qu'il me donne ; ces vues
« ne demanderaient rien moins qu'une fête dans toute
« l'Eglise, aussi solennelle, à l'honneur du sacré Cœur,
« que celle qu'on célèbre pour honorer le Corps sacré de
« Jésus-Christ. Après cela, ne trouvant plus rien sur la
« terre qui m'y retienne, je dirai bien volontiers avec
« saint Siméon : *Vous pouvez maintenant, Seigneur, lais-*
« *ser aller mon âme en paix, puisqu'elle a vu l'accom-*
« *plissement de vos promesses.* Quand sera-ce, disait-elle
« encore un peu plus tard, que ce divin Cœur recevra de
« toute l'Eglise le culte qu'il en attend? Continuez vos
« prières pour demander à notre Seigneur l'étendue du
« règne de son sacré Cœur par toute la terre. Je serais
« ravie de pouvoir y contribuer par ma propre destruc-
« tion, et ce serait de tout mon cœur que je dirais : *Qu'il*
« *règne et que je meure!* Le retardement de ce règne fait
« sur moi des impressions que je ne puis exprimer, mais
« qui tendent toutes à la mort et à la destruction de mon
« être. »

Tout en remplissant si admirablement sa mission au
dehors, notre vénérée Sœur ne laissait pas de contribuer

toujours bien puissamment à la sanctification de sa communauté par la sublimité de ses vertus et la sagesse de ses conseils à l'égard de toutes celles qui les réclamaient, et le nombre en était grand. Plus d'une fois Dieu se servit de son ministère pour manifester à quelques unes ses desseins sur leur âme. Notre Sœur Anne-Elisabeth Truilhard, faisant sa retraite annuelle en même temps que notre bien-aimée Sœur, en reçut un petit billet où elle lui annonçait que Dieu la destinait à devenir une adoratrice perpétuelle du sacré Cœur de Jésus. Cette bonne nouvelle combla d'une joie d'autant plus douce la Sœur à qui elle était annoncée, qu'une lumière intérieure et très-pénétrante la lui avait déjà fait pressentir.

Le zèle qui dévorait notre Sœur Anne-Madeleine pour le règne parfait de Dieu dans les âmes devenait toujours plus ardent. Dès ses premières années de religion, comme nous l'avons vu, elle exerça une influence incroyable, non seulement sur ses compagnes de noviciat, mais encore sur les Sœurs mêmes les plus avancées en âge, et cette influence s'étendit jusqu'à la fin de sa vie; il suffisait de la voir agir pour apprendre ce qu'il fallait faire, et de l'entendre pour être éclairée Quoiqu'elle marchât par des voies si sublimes et si extraordinaires, sa conduite extérieure était simple, unie, et conforme en tous points à la parfaite observance. Sa riche mémoire et sa facilité à s'exprimer faisaient fréquemment les charmes de nos assemblées, dans le rapport des lectures après vêpres. Son abord facile et ses manières doucement cordiales et gracieuses lui attiraient la confiance de toutes, même des Sœurs converses, qui voyaient aussi en elle une vraie Sœur et une amie. Un jour, pendant qu'elle était au lavoir de cuisine pour laver à son tour la vaisselle, une de ces bonnes Sœurs lui dit ingénument, comme pour envier la part qui lui était faite : « Ma Sœur Anne-Madeleine,

« vous êtes bienheureuse, vous que le bon Dieu caresse
« tant ! — Ah ! ma pauvre Sœur, lui répondit-elle en
« riant, vous ne savez pas toutes les fois que le bon Dieu
« *m'esquiche le piès !* » Ces mots sont extrêmement énergiques dans le provençal et peuvent difficilement se rendre ; c'est comme qui dirait : *me presse, me serre fortement
le cœur.* En effet, le martyre intérieur de notre bien-aimée
Sœur était incessant.

Mais, pour revenir à l'aimable suavité de son caractère,
nous citerons une petite circonstance qui nous paraît assez
intéressante. Quelques jeunes gens de la ville ayant entendu parler de la sainteté de la Sœur Remuzat, voulurent
s'en assurer par eux-mêmes; ils se présentent donc un
jour au tour, et demandent à acheter des fleurs artificiel-
les que l'on confectionnait dans la maison pour des
bouquets d'autel. Notre chère Sœur, chargée alors des
ouvrages, est avertie par la Sœur portière, et se rend au
parloir pour présenter les bouquets. Ces messieurs les reçoivent, les regardent, les tournent et retournent en tout
sens. Après bien des hésitations, ils en demandent le
prix ; on le leur décline. Mais voilà qu'au lieu de dénouer
leur bourse, nos étourdis se mettent à adresser à notre
sainte et aimable Sœur leurs remercîments par un couplet
impertinent. Elle alors, sans se déconcerter ni rembrunir
son visage, les salue modestement et se retire en silence.
Ces mauvais plaisants, édifiés et convaincus tout de bon
de la solidité de sa vertu, réparèrent leur faute, non seulement en allant déposer le prix des bouquets dans le
tour, mais en confessant que la sainteté de la Sœur Remuzat était encore fort au-dessus de ce qu'on avait pu leur
en dire.

Il arriva bien des fois à notre Sœur Anne-Madeleine de
manifester certaines connaissances évidemment surnaturelles. Mgr de Belzunce nous l'affirme par ses paroles :

« Elle paraissait, au dehors et au dedans de sa maison,
« avoir reçu du ciel les dons de prière, d'oraison, de dis-
« cernement, de sagesse et de conseil, et même avoir eu
« quelquefois une connaissance claire et distincte des
« choses qui devaient arriver. Vous me dispenserez, Ma-
« dame (il s'adresse à la Mère de Gréard), de rapporter
« ici tout ce qui a paru, dans la Sœur Remuzat, tenir du
« prodige et pouvoir autoriser à croire qu'elle recevait
« du ciel les grâces et les faveurs les plus singulières. »

Parmi plusieurs faits que nous pourrons citer à l'appui
de ce précieux témoignage, en voici un qui nous a été
rapporté, comme tradition de famille, par notre digne
Mère Agathe-Elisabeth Remuzat : M. Remuzat, père de
notre sainte Sœur, venait la voir quelquefois, et se pré-
valait à son tour des charmes irrésistibles que lui offrait
la pieuse conversation de cette fille chérie. Comme il lui
témoignait un jour son inquiétude sur un de ses fils qui
était dans le Levant, à la tête de l'une de ses maisons de
commerce, notre bien-aimée Sœur, après lui avoir dit
quelques paroles de consolation, l'engagea à retourner
chez lui. M. Remuzat, préoccupé de sa peine, continuait
à lui manifester ses craintes, sans paraître avoir pris garde
à cette invitation, quand sa fille le presse une seconde fois
de se retirer. M. Remuzat, peu accoutumé à ces sortes de
congés, finit par s'en étonner et demande une explication.
Notre bien-aimée Sœur lui offre alors ses excuses, et lui
annonce l'arrivée d'un vaisseau qui lui apportait des nouvelles de son fils. Le bon père ne put y croire, et lui dit
même la chose impossible, attendu qu'il est allé dans la
matinée à la consigne et qu'aucun signalement n'y a été
donné. *Il n'est pas moins vrai, mon cher père*, reprend la
chère enfant, *qu'une lettre de mon frère vous attend chez
vous.* M. Remuzat se retire par condescendance, et aussitôt arrivé, on lui remet le pli annoncé.

On eut encore à se convaincre des lumières surnaturelles données à cette âme choisie dans une autre circonstance. Un missionnaire apostolique, arrivé de la Géorgie,
eut occasion de la voir et de lui recommander sa mission,
en proie aux plus grands maux depuis son départ. Des
lettres reçues lui annonçaient la mort du prince régnant.
Ce prince, quoique idolâtre, favorisait les chrétiens; il
venait d'être assassiné par son frère, ennemi juré du
christianisme. Notre vertueuse Sœur, profondément affligée, promit de prier. Après avoir quitté le missionnaire,
elle courut se jeter au pied du tabernacle pour conjurer
le Cœur de son adorable Epoux de lui accorder la conversion de ce malheureux prince, d'où dépendait le salut de
cette chrétienté. Comme elle insistait avec beaucoup de
larmes, notre Seigneur lui dit qu'Il ne pouvait se rendre
à ses prières, attendu que la mesure des crimes de ce
prince étant remplie, il fallait que la justice fît place à la
miséricorde. Redoublant alors ses supplications, cette âme
dévouée rappela à notre divin Sauveur sa qualité de victime, et s'offrit pour porter dans son âme et dans son
corps tout le poids de l'expiation qui pourrait être nécessaire pour obtenir le pardon de ce grand criminel; mais
tout fut inutile, il n'y avait plus de miséricorde pour lui.
Notre bon Maître voulut bien cependant consoler le cœur
de sa fidèle épouse en lui annonçant la fin tragique et prochaine de cet usurpateur fratricide, et la protection accordée aux chrétiens par son successeur. Le missionnaire
avait un voyage à faire à Paris, et, prenant congé de notre
Sœur Anne-Madeleine, elle lui fit part, pour sa consolation, de ce qui lui avait été révélé. Au bout de quelque
temps, on reçut une lettre de l'homme de Dieu, qui annonçait le parfait accomplissement de la prophétie. Le
misérable prince venait d'être assassiné par ses sujets,
après avoir eu les yeux crevés.

Combien est puissante sur le Cœur de Dieu lui-même une âme qui est toute à Lui! Si elle ne peut quelquefois désarmer entièrement sa justice, du moins semble-t-elle en quelque sorte en épuiser la miséricorde. Ainsi que nous l'avons dit, notre Sœur Anne-Madeleine ne descendit jamais de l'autel; le glaive transperça incessamment et son corps et son âme. Les stigmates cachés qu'il plut au Seigneur d'imprimer sur ses membres, joints à ses infir-mités habituelles et à ses rudes austérités, lui étaient un vrai martyre; mais le martyre de ses peines intérieures, surtout la vue des crimes et des péchés répandus sur la surface de la terre et souillant plus ou moins la plupart des âmes, lui transperçaient encore bien autrement le cœur. « Le corps succombe presque à chaque pas, je vous
« l'avoue, mon Révérend Père ; combien les douleurs
« qu'on lui fait porter sont aiguës! Le bon Dieu y joint,
« depuis quelque temps, une impression des mêmes pei-
« nes que le péché a produites en Jésus-Christ. Eh! qu'il
« est bien vrai que le péché n'est pas connu ! Dieu fait un
« miracle pour soutenir une âme à qui Il en fait porter la
« peine. Je le conjure sans cesse de répandre cette con-
« naissance qu'Il daigne me donner sur tant d'âmes qui
« le commettent sans horreur. »
Une autre fois elle disait encore : « On m'a montré,
« mon très-cher Père, une augmentation de souffrances
« en comparaison desquelles tout ce que j'ai souffert jus-
« qu'à ce jour ne me paraît rien ; l'effet a suivi de près la
« connaissance. Depuis quelques jours je me trouve dans
« des excès de douleur et d'agonie presque continuels,
« dont la cause est la vue que Dieu me donne de sa justice
« irritée par les péchés des hommes. Ces péchés, Il veut
« que je les déteste. Dans les délaissements continuels où
« l'âme se trouve réduite, mon Révérend Père, elle ne
« voudrait dire autre chose, sinon ces paroles : *Mon Dieu,*

« *mon Dieu, pourquoi m'avez-vous abandonnée?* » Cette
pure victime disait encore : « La fièvre, la toux, les cra-
« chements de sang, les oppressions, une douleur de côté,
« et les autres souffrances du corps, ne sont rien en com-
« paraison de celles de l'âme. Tout est abîmé dans l'amer-
« tume ; mais que je serais heureuse si je pouvais rendre
« le dernier soupir sous la force de l'opération doulou-
« reuse ! »

Notre divin Maître, en l'immolant ainsi à sa justice, lui
faisait connaître le genre de crimes qu'elle avait à expier
et les personnes qui les commettaient. « Je ne fais plus
« que souffrir, écrivait-elle dans une autre circonstance ;
« le corps et l'âme se trouvent comme chargés devant
« Dieu et pour Dieu des iniquités de bon nombre de per-
« sonnes. » Elle était chargée *pour Dieu,* afin de lui rendre la gloire qu'on lui ravissait ; c'est ce motif si pur qui
embrase ces âmes victimes. La peine du feu éternel où
elles voient leurs frères se plonger les touche sans doute ;
mais ce qui les fait s'immoler sans réserve, c'est la vue
de la gloire ravie à Dieu par ces infortunés. Nous en
avons vu désirer qu'il leur fût possible de souffrir à elles
seules toutes les peines des damnés dans l'enfer même,
sauf la haine de Dieu. Et comme on alléguait à l'une
d'elles la privation de la gloire que son salut aurait rendue à Dieu dans le ciel : *Ah !* répondit cette âme généreuse, *qu'est-ce que cette gloire, comparée à celle que ren-
drait à mon divin Epoux la multitude de ceux pour
lesquels j'aurais le bonheur de souffrir !* C'est Madeleine
s'écriant dans son délire d'amour : *Dites-moi où vous l'a-
vez mis, et je l'emporterai !*

Les âmes du purgatoire avaient aussi leur part aux
souffrances de notre Sœur Anne-Madeleine. Plus d'une
fois notre bon Sauveur lui en demanda l'application pour
celles qu'Il voulait introduire dans la gloire. « Je souffre

« en bien des manières, disait-elle, et dans mon corps et
« dans mon âme, par une impression des mêmes peines
« qu'endurent les âmes du purgatoire, dont le Seigneur
« veut que j'obtienne la délivrance. Ce que je souffre,
« mon Dieu, surpasse tout ce que je puis vous en dire. »

CHAPITRE NEUVIÈME.

Pendant les trois jours de carême-prenant, un très-grand prodige se manifesta à Marseille, dans l'église des RR. PP. Cordeliers, où, selon la coutume, le Très-Saint-Sacrement était exposé à cette époque. Tandis qu'un grand nombre d'adorateurs se trouvaient agenouillés au pied de l'autel, notre divin Sauveur Jésus apparut tout à coup dans l'hostie ; son visage, plein de majesté et de douleur tout à la fois, semblait dire à son peuple : *Me voici ; pourquoi m'outragez-vous ?* Tous ceux qui étaient présents, glacés d'effroi, ne pouvaient soutenir la force et la douceur en même temps de son regard divin. On juge du retentissement qu'eut dans Marseille un événement si extraordinaire ; le grand nombre de ceux qui pouvaient dire : *Nous avons vu*, rendait la chose irrécusable. Cependant l'incrédulité ne manqua pas d'y faire opposition ; on allégua la supercherie. Mgr de Belzunce se transporta sur les lieux quelques jours après, suivi de plusieurs person-

nages distingués et capables de l'aider à porter un jugement assuré sur cette grave affaire. Il fut d'abord prouvé
que la prétendue illusion ne pouvait être attribuée aux
reflets du soleil, puisque, de l'aveu de tous, le soleil n'a-
vait point paru ce jour-là. On examina ensuite l'ostensoir,
et l'on remarqua que le verre à travers lequel on voyait
l'hostie était effecté et incapable par conséquent de représenter aucune figure par la réflexion d'une lumière qu'on
aurait voulu ménager artificieusement. Les témoins furent ensuite entendus juridiquement, et tous déposèrent
en faveur de la réalité de la vision. Le procès-verbal étant
dressé, l'Evêque se retira, après avoir pris cette mesure,
pour rendre témoignage à la vérité du fait ; mais ce saint
Prélat savait déjà à quoi s'en tenir sur la notoriété de ce
prodige dès le jour même où il avait eu lieu.

Tandis que notre Sœur Anne-Madeleine était en oraison, notre Seigneur Jésus-Christ lui fit connaître ce qui
se passait dans l'église des Cordeliers, et lui dit que ce
prodige était le dernier effort de son amour à l'égard d'un
peuple dont les débordements irritaient depuis si longtemps sa justice ; qu'il était prêt à le frapper du plus terrible fléau s'il ne se hâtait de quitter ses voies corrompues
et de revenir à lui. Notre sainte Sœur, saisie d'épouvante,
conjura son divin Epoux de décharger sur elle tout le
poids de sa juste colère et de faire grâce à ses malheureux frères. Notre adorable Maître, sans répondre à ses
supplications, lui ordonna de faire savoir ces choses à
Mgr de Belzunce, afin qu'il en avertît les magistrats et
plusieurs autres personnages dont la licence et les désordres étaient en grande partie la cause des maux qui me-
naçaient la ville.

Le Seigneur, voulant revêtir cette révélation de la plus
haute garantie, permit que le R. P. Milley, directeur de
notre chère Sœur, vînt la visiter dans la matinée du

même jour ; elle lui fit part de ce qui venait de lui être manifesté. Cet estimable Père fut d'autant plus fondé à y ajouter foi, qu'une religieuse Carmélite, rangée aussi sous sa conduite, et qu'il avait vue quelques moments avant notre bien-aimée Sœur, avait été informée surnaturellement aussi du prodige et des menaces de Dieu sur la ville. Le P. Milley n'hésita donc pas à se rendre à l'évêché et à faire connaître au Prélat ce qui se passait, avant même qu'il en fût averti par la voix publique.

Mgr de Belzunce disait à ce sujet à la Mère de Gréard : « Vous me permettrez de ne vous parler qu'en passant, « sans entrer dans le détail de la certitude avec laquelle « on avait su que plusieurs années avant que le Seigneur « introduisît dans cette ville la peste, la désolation et la « mort, elle me fit avertir par le P. Milley, son confes- « seur, que Dieu lui avait fait connaître qu'Il était irrité « contre Marseille, et que si cette ville n'avait recours à « la pénitence, Il allait appesantir sur elle son bras ven- « geur d'une manière si terrible, que l'univers, à qui elle « servirait d'exemple, en serait effrayé ; avis qui, dans le « même temps et la même circonstance, me vint d'un « autre endroit, sans qu'elle pût y avoir la moindre « part. »

Notre très-honorée Mère Anne-Théodore Nogaret fait mention également de ce prodige dans sa circulaire du 15 février 1730, où elle fait part à l'Institut du décès de notre Sœur Anne-Madeleine. Voici comment elle s'en ex- prime : « Dieu fit connaître à sa fidèle servante, en l'an- « née 1718, un miracle qui s'opérait dans une église de « cette ville, lui disant que c'était un avertissement qu'Il « donnait à ses habitants pour rentrer en eux-mêmes, et « que si ce prodige étonnant ne les touchait pas, Il était « prêt à les frapper des fléaux les plus terribles et les plus « épouvantables pour les punir et arrêter les crimes énor- « mes qui se commettaient. »

Mgr de Belzunce, fidèle à l'ordre du ciel, remplit sa mission auprès des coupables; mais leurs cœurs, endurcis dans le crime, se rendirent sourds à sa voix. Ce saint Evêque n'épargna rien non plus pour ramener le reste de son peuple de ses voies détournées, en lui faisant pressentir les châtiments qui l'attendaient. Tout fut inutile : l'amour du plaisir, le luxe, la bonne chère, la soif du gain, occupaient seuls la masse des habitants de Marseille. Il était d'ailleurs une plaie plus envenimée encore qui déchirait la plus noble partie du troupeau de ce bon Pasteur : le jansénisme s'infiltrait chaque jour parmi le clergé et dans un grand nombre de monastères.

Deux ans s'étaient à peine écoulés depuis les menaces du Seigneur, quand sa justice éclata subitement. Nous allons extraire une petite relation du P. Pacifique sur la peste de 1720; cette relation, qui nous est tombée sous la main, faisait partie des annales de la maison des Capucins de Marseille; elle fut écrite en 1747. La peste se déclara dans les premiers jours de 1720 par un vaisseau arrivé de Seïde, chargé de marchandises.

« Après les infirmeries, nous dit le P. Pacifique, la con-
« tagion se fraya un chemin dans la ville; elle attaqua
« d'abord les maisons où s'étaient retirées quelques per-
« sonnes venues sur le vaisseau. Les médecins furent
« appelés, et, ne connaissant pas la nature du mal, ils
« soutenaient qu'il ne provenait que des vers ou des fiè-
« vres malignes... La maladie se répandit dans d'autres
« rues et atteignit indifféremment toutes sortes de per-
« sonnes. Ce fut alors que la frayeur s'empara des esprits,
« et chacun songea à la fuite pour se garantir. Mais le
« Parlement rendit cette fuite impossible par un arrêt
« qui défendit, sous peine de la vie, de recevoir ou com-
« muniquer avec ceux qui sortiraient de Marseille. On se
« réfugia dans les maisons de campagne. Les boutiques

« fermées, les ouvrages cessés, le commerce interrompu,
« les églises abandonnées, tout n'offrait à la vue que d'ef-
« frayants spectacles. Une multitude de pauvres que la
« faim rendait furieux enfonçaient les boutiques des
« boulangers, qui se dérobaient à peine à leur violence...

« La contagion donnait tant de morts à la fois, qu'il fal-
« lait avoir recours aux tombereaux ; la vue de ces terri-
« bles chariots redoublait la frayeur des habitants. Les
« uns fuyaient à travers les campagnes, les autres allaient
« camper sous des tentes ; ceux-ci se mettaient dans des
« vaisseaux au milieu de la mer, ceux-là se renfermaient
« dans leurs maisons. Personne ne paraissait dans les
« rues, hormis quelques pauvres qui gémissaient sous le
« poids d'une extrême misère. La ville manquait d'argent,
« de blé, de viande, et de toutes les provisions nécessai-
« res à la vie. Les pauvres expiraient dans les rues, faute
« de vivres, et les riches étaient contraints de vendre tout
« ce qu'ils avaient de plus précieux pour échapper à la
« famine... La contagion cependant n'épargnait ni pau-
« vres ni riches, et elle ne sortait point d'une famille
« qu'elle ne l'eût presque entièrement détruite. Les hô-
« pitaux ne pouvaient contenir tant de malades dont le
« nombre croissait tous les jours...

« Ces pauvres languissants n'avaient donc plus pour
« tout asile que les rues. Etendus sur le pavé, abandonnés
« de tout le monde, ils n'appelaient plus que la mort à
« leur secours, après avoir imploré celui de leurs parents
« que la crainte avait éloignés. Tout retentissait de leurs
« plaintes et de leurs cris, surtout se voyant privés des
« sacrements. La plupart des curés, autres prêtres et re-
« ligieux avaient cherché leur salut dans une honteuse et
« condamnable fuite, à l'exception des Pères Jésuites et
« des Pères Capucins. Les premiers succombèrent pres-
« que tous à leur dévouement. La contagion devint enfin

« si furieuse, qu'on n'a jamais vu en aucune ville un ra-
« vage si affreux. Il n'y eut plus alors de famille qui ne
« fût frappée, et, dès qu'il y avait quelques malades, la
« terreur obligeait les parents à les mettre à la rue, sur
« un matelas, ou bien, s'ils n'étaient pas tout à fait aussi
« cruels, ils désertaient eux-mêmes de la maison et les
« laissaient tout seuls, sans remèdes et sans soulagement.
« Les places publiques, les quais du port ne pouvaient
« contenir tous les mourants ; là on en voyait, consumés
« par l'ardeur de la fièvre, demander une goutte d'eau,
« sans qu'elle leur fût donnée. On en voyait d'autres, em-
« portés par le délire et n'étant retenus par personne, en-
« trer dans des fureurs insensées qu'une mort violente
« pouvait seule terminer.

« Le ciel retentissait des cris lamentables de petits or-
« phelins à qui la contagion venait de ravir ce qu'ils
« avaient de plus cher et de plus nécessaire ; d'autres, at-
« tachés aux mamelles de leurs mères expirantes, en su-
« çaient le funeste venin, et ne tiraient des sources de
« leur nourriture qu'une mort plus assurée. Marseille, ce
« séjour de délices et de plaisirs, n'était plus que celui de
« l'horreur, de la désolation, et sa vaste enceinte n'était
« pour ses habitants qu'un tombeau plus étendu. Ses rues
« étaient couvertes de monceaux de cadavres de tout sexe
« et de tout état, rongés par les chiens, dévorés aussi par
« la faim... La mort avait fait périr tous ceux qu'on avait
« employés pour enlever les cadavres, et il n'y avait plus
« dans la ville assez de vivants pour enterrer les morts.
« C'est là ce qui mit dans la dure nécessité d'avoir recours
« aux galériens pour en faire des fossoyeurs. On juge des
« désordres qui s'ensuivirent. »

Tel est l'affreux tableau que présentait alors une ville
avertie deux ans auparavant par un nouveau Jonas, et
qui s'était refusée à revêtir le sac et la cendre. Il est re-

marquable que les grands coupables, désignés par la voix
du ciel et avertis par leur charitable Pasteur, furent les
premiers frappés. Il est facile d'imaginer les cruelles angoisses de notre Sœur Anne-Madeleine pendant cette désolation générale; on la voyait nuit et jour noyée dans
ses larmes et s'offrant sans cesse à la divine justice pour
en détourner les châtiments. Sa vie ne fut point acceptée,
il est vrai, mais en échange ses souffrances intérieures
redoublèrent d'intensité et la réduisirent pendant plusieurs mois à de mortelles agonies. Le R. P. Milley, son
plus sûr appui, venait de succomber, victime de son dévouement au service des pestiférés, et Mgr de Belzunce,
ayant à visiter son troupeau mourant à travers des rem-
parts de cadavres, ne pouvait lui donner ses soins, malgré
sa tendresse paternelle.

Ce digne Prélat, parlant du P. Milley, s'exprime en ces
termes dans sa lettre à la Mère Gréard : « Le P. Milley,
« ce zélé et infatigable Jésuite, ce sage directeur, cet il-
« lustre martyr de la charité, dont Marseille, dans les
« jours de son affliction, admira si souvent le courage et
« les actions héroïques, et que j'eus la douleur de voir
« mourir presque sous mes yeux au service des pestifé-
« rés, dans le temps qu'il paraissait être le plus néces-
« saire au Pasteur et au troupeau. »

Le R. P. Milley mourut le 1er septembre 1720. Nous
croyons devoir transcrire ici les quelques lignes écrites
de sa main cinq jours avant son glorieux décès : « Je ne
« vous écrirai qu'un mot, ma chère fille, parce que tous
« les moments que je passe à cela, il me semble que je
« les ôte à des moribonds qui nous demandent sans cesse.
« Il y a ici une contagion qui se répand comme un tor-
« rent, et l'on n'a pu encore y trouver un remède effi-
« cace; deux ou trois heures, et quelquefois beaucoup
« moins, portent au tombeau. Ce qui est plus affligeant,

« c'est qu'on meurt sans secours : tout le monde vous fuit;
« on n'ose approcher pour donner un verre d'eau. Le
« nombre des cadavres qu'on ne peut enlever assez tôt
« infecte l'air ; on les voit pourrir dans leur maison ou
« par les rues. Dieu est bien irrité contre nous parce que
« nous avons beaucoup péché; conjurez-le d'apaiser sa
« colère... Il est déjà mort trois Jésuites. Je suis encore
« en santé, quoique beaucoup accablé; je m'attends à tout
« moment d'être frappé comme les autres. Priez pour
« moi notre grand Dieu qu'Il daigne me pardonner mes
« péchés et accepter le sacrifice que je lui fais de tout
« mon cœur de ma vie. Adieu, adieu ; tout à vous dans
« le Cœur adorable de Jésus-Christ, ma très-chère fille.

« Votre très-humble et obéissant serviteur.

« MILLEY, *Jésuite.*

« De Marseille, le 27 juillet 1720. »

La vénérable Mère Nogaret, déposée après ses deux
triennaux, avait été remplacée en 1713 par la très-honorée Mère Françoise-Bénigne Dorlie de Saint-Innocent.
professe de notre premier monastère d'Annecy. Cette digne Mère eut également pour notre vertueuse Sœur toute
l'estime et l'affection qu'elle méritait à tant de titres :
mais elle avait essayé inutilement de la soulager dans son
martyre. La pensée lui fut alors donnée de l'engager à
recourir, par une neuvaine, à son saint directeur, le
P. Milley. Voici ce que nous en rapporte elle-même la
Mère de Saint-Innocent dans son mémoire :

« Je ne crois pas que notre chère Sœur Anne-Madeleine
« pût éprouver des peines plus fortes que celles qui l'af-
« fligeaient depuis quelques mois ; mais elle avait bien
« encore de plus rudes épreuves à soutenir. L'épreuve la

« plus dure et la plus sensible à cette victime de l'amour
« crucifiant, c'était la crainte que jetait dans son âme
« l'esprit de ténèbres, que tout ce qu'elle avait cru être
« de Dieu dans les grâces reçues n'était qu'illusion, effet
« de son orgueil et de son imagination séduite par l'a-
« mour-propre. On lui montrait que non seulement elle
« s'était trompée elle-même, mais qu'elle avait trompé
« de plus les personnes qui la conduisaient. Tout ce que
« je pouvais dire à cette chère Sœur, au lieu de la tran-
« quilliser, augmentait ses peines ; j'en avais moi-même
« beaucoup de ne pouvoir lui procurer aucune consola-
« tion, par les avis de quelque habile directeur expéri-
« menté dans les voies intérieures. Mais la peste, qui était
« des plus allumées, ne me permettait pas d'appeler per-
« sonne. Je dis alors à notre vertueuse affligée d'avoir re-
« cours, par une neuvaine, au R. P. Milley, Jésuite, son
« confesseur, et qui, s'étant livré au service des pestifé-
« rés, venait d'être enlevé de ce monde par la maladie
« contagieuse.
« Le dernier jour de sa neuvaine, ses peines redoublè-
« rent. Je lui dis de se retirer dans sa cellule pour y
« prendre un peu de repos. Le moment où Dieu voulait
« finir ses peines était arrivé : elle fut saisie de sa pré-
« sence par un ravissement qui lui ôta l'usage des sens.
« Environ trois heures après que je l'eus quittée, je fis
« sortir une Sœur de vêpres pour aller voir si elle n'au-
« rait pas besoin de quelque chose ; cette Sœur revint
« nous dire qu'elle était immobile et sans nulle connais-
« sance. Je me rendis promptement à sa cellule, accom-
« pagnée de notre très-honorée Sœur la déposée Anne-
« Théodore Nogaret, qui l'avait vue dans de pareils états,
« et avec laquelle j'agissais toujours de concert pour la
« conduite de cette bien-aimée Sœur. Après l'avoir con-
« sidérée, nous lui dîmes de se lever par obéissance. A ce

« mot d'*obéissance*, elle revint à elle, mais si épuisée de
« forces que je fus obligée de la faire mettre au lit, et
« nous la laissâmes seule.

« Sur le soir, j'y retournai ; aussitôt qu'elle me vit, elle
« me dit : *Ma Mère, Dieu est bien ici !* Affectant de ne pas
« comprendre ce qu'elle voulait me dire, je lui répondis
« avec beaucoup de froideur ! *Oui, ma Sœur, Il est par-*
« *tout.* Longtemps après cette grâce reçue, je lui deman-
« dai ce qui s'était passé en elle pendant cette espèce d'a-
« gonie et de suspension des sens où elle avait été trois
« heures, et je lui dis de me le donner par écrit, ce qu'elle
« fit par obéissance de la manière suivante ; ce sont ses
« propres paroles :

« Mes craintes furent si fortes dans ce temps-là pour ce
« qui s'était passé d'extraordinaire, que je crus avoir été
« trompée par l'ange de ténèbres, et d'avoir attribué à
« l'esprit de Dieu ce qui n'était qu'une production du
« mien et d'une vanité naturelle. Ces craintes ne me lais-
« saient aucun repos, et mes larmes devenaient ma nour-
« riture le jour et la nuit. Je ne pouvais me résoudre à
« m'expliquer sur toutes ces choses, ne voyant pas d'ail-
« leurs que ce que j'en aurais pu dire en donnât une idée
« capable de me calmer. Quoique les effets de ces choses
« extraordinaires ne me laissassent aucun doute, ou ne
« dussent laisser aucun doute du principe d'où elles par-
« taient, mes craintes ne diminuaient point pour cela.
« J'en découvris quelque chose à ma Supérieure, qui,
« après m'avoir fait sentir l'injure que je faisais à Dieu
« de douter de ses bontés et de ses miséricordes, voyant
« que rien n'était capable de me tranquilliser, m'ordonna
« de faire une neuvaine au R. P. Milley. Mes craintes fu-
« rent les mêmes tout le temps de la neuvaine, et le der-
« nier jour elles furent si fortes, que je passai toute la

« matinée dans une mer de douleur. Après midi, voulant
« me calmer auprès de notre Seigneur, je fus tout à coup
« saisie d'un sentiment de sa présence qui engloutit toutes
« les puissances de mon âme comme dans un abime; mes
« sens se trouvèrent presque sans mouvement et sans vie.
« Il me sembla pour lors voir le P. Milley dans une nuée
« de gloire, qui me reprenait de m'être ainsi abandonnée
« au sentiment de ma douleur, et qui me disait à peu près
« ces paroles : *Le vrai amour n'a que Dieu seul pour
« principe; il demeure ferme et inébranlable, et ne s'émeut
« pour quoi que ce soit. Ce qui vous arrête dans le che-
« min où Dieu veut que vous alliez, c'est que vous vous
« regardez toujours vous-même. Ce qui vous trouble à pré-
« sent n'est qu'un artifice de l'ennemi; méprisez-le. Il n'y
« a rien de tout ce qui se passe en vous d'extraordinaire
« qui doive vous faire de la peine. Je suis maintenant de-
« vant Dieu, et je vois tout cela de Dieu. Demeurez en repos,
« et rentrez dans cette paix profonde d'où le démon s'ef-
« force de vous tirer.*

« En même temps qu'on me parlait, je sentais que le
« calme s'emparait de mon âme et en chassait tout ce qui
« jusque là avait causé ma peine. Je priai instamment le
« Père de m'obtenir de Dieu une fermeté dans le bien
« qui me rendît immuable dans tout ce qu'il lui plairait
« faire en moi. Il me promit qu'il le ferait. Il me fut en
« même temps donné de connaître de quelle manière les
« saints adressent à Dieu leurs prières et sont exaucés.
« Je compris parfaitement que comme Dieu, qui connaî
« toutes choses, forme tout dans ses saints, Il leur donne
« le mouvement de demander ce qu'Il a dessein d'accor-
« der pour le bien de ses élus. Ce qui fait que nous ne
« sommes pas exaucés, c'est que, ou il y a quelque chose
« en nous qui s'oppose à l'effet de nos prières, ou qu'elles
« ne sont pas conformes aux vues de Dieu sur nous et sur

« ceux pour qui nous prions. Enfin je fus, pendant les
« trois heures que ces impressions furent données à mon
« âme, comme dans une espèce de béatitude commencée,
« qui ne fut point troublée par les sens, Dieu ayant ôté
« cet obstacle en les laissant sans actes et presque sans
« vie. Depuis ce temps-là, il ne m'est revenu aucun doute
« sur ce qui faisait le sujet de ma peine, et la paix qui
« s'empara pour lors de mon âme n'a pu souffrir aucune
« altération. Dieu semble avoir exaucé les prières de ce
« saint homme en me rendant comme immuable sous sa
« main. »

Comme nous l'avons vu, ce ravissement dura trois heures. Elle était assise, immobile, les mains jointes, les yeux
élevés et fixés sur son crucifix, le visage rayonnant d'une
joie céleste, quand la Mère de Saint-Innocent entra dans
sa cellule et lui commanda, au nom de l'obéissance, de
sortir de cet état. Elle n'avait encore rien pris de tout le
jour ; on s'empressa de lui préparer un potage aux her-
bes, dont elle put goûter à peine, quoique la bonne Sœur
cuisinière y eût apporté tous ses soins. Depuis, cette sorte
de soupe fut appelée dans le monastère *bouillon du sacré
Cœur*.

Tandis que la peste continuait ses affreux ravages dans
la ville, une grâce merveilleuse de préservation était accordée à notre cher premier monastère. Une Sœur tou-
rière fut atteinte, il est vrai, et deux Sœurs se dévouè-
rent avec bonheur à la servir ; mais on eut la consolation
de la voir échapper à un péril aussi imminent. Cette protection du ciel fut d'autant plus sensible, que la maison
était attenante d'un côté à un hôpital de pestiférés dont on
entendait jour et nuit les cris, et de l'autre au cimetière
où les morts étaient ensevelis. Dans cet extrême danger,
les parents n'oublièrent rien pour déterminer nos Sœurs

à se retirer dans une maison de campagne ; mais elles s'y refusèrent constamment, préférant mille fois la mort à la douleur de quitter leur cloître chéri. Dieu bénit sans doute cette généreuse détermination en les gardant à l'ombre de ses ailes ; mais il est bien probable qu'elles durent également cette protection signalée à l'âme angélique qui habitait parmi elles, et dont la prière était si puissante sur le Cœur de notre doux Jésus. Ce divin Cœur semblait pourtant inexorable à l'égard des malheureux habitants de la ville, et répondre à son épouse comme il fit autrefois à Moïse : *Laisse-moi faire !* Mais ces rigueurs apparentes du bon Maître, loin de la rebuter, l'excitaient à redoubler de confiance, de supplications et de larmes. Le moment arriva enfin où notre Seigneur lui révéla que sa miséricorde l'emporterait sur sa justice, et que cette affreuse calamité lui procurerait une très-grande gloire par l'établissement d'une fête solennelle en l'honneur de son sacré Cœur. *O heureux fléau,* s'écria alors notre Sœur chérie dans le transport de son amour, *ô heureux fléau qui doit apporter tant de gloire à mon Sauveur !* Dès cet instant toutes les peines qu'elle eut à endurer lui parurent légères.

Le mal ne cessait pourtant pas et devenait même chaque jour plus violent. Mgr de Belzunce avait vu périr autour de lui presque tous les ecclésiastiques et les religieux de son diocèse qui, à sa suite, s'étaient dévoués au service des pestiférés ; mais ce saint Prélat, revêtu des entrailles de Jésus-Christ, affrontait intrépidement la mort et toutes ses horreurs pour secourir sans relâche ses ouailles frappées si terriblement, quoique si justement, par la main du Seigneur. Nos Sœurs du premier monastère, dans leur circulaire du 1er mai 1721, nous tracent par quelques lignes un tableau bien touchant du zèle de ce bon Pasteur. « Tan-« dis, nous disent-elles, que le mal était à son dernier pé-

« riode, si bien qu'être frappé et mourir était presque une
« même chose, notre saint Evêque allait par toutes les
« rues et places publiques qui étaient remplies des hardes
« des pestiférés, de morts et de mourants. Ne sachant où
« mettre le pied, on l'a vu traverser les cadavres, qui ex-
« halaient une odeur intolérable, pour confesser et con-
« soler ces pauvres malheureux, et leur donner tous les
« secours qu'ils étaient capables de recevoir, sans faire
« paraître aucune crainte du danger. Encore qu'il ait en-
« gagé ses rentes pour plusieurs années, il n'a pas laissé
« de continuer l'aumône générale à tous les pauvres qui
« se présentaient à sa porte à certaine heure réglée, bien
« que le nombre se fût élevé jusqu'à mille. Il a toujours
« été présent à cette distribution d'argent avec une égale
« bonté et patience; on l'a vu encore chercher à la cam-
« pagne, où plus de quinze mille paysans ont péri, les
« veuves et les orphelins, pour leur distribuer aussi ses
« aumônes, les soutenir et les consoler.

« Le jour de la fête de notre saint Fondateur, nous fû-
« mes agréablement surprises, après avoir chanté le
« *Pange lingua* pour la bénédiction, d'entendre la voix
« de notre saint Pasteur qui la donnait. Il nous fit la grâce
« de venir nous voir au parloir; il se conjouit avec nous
« de celle qui nous avait été faite d'avoir été préservées
« d'un si terrible fléau et si général. Nous prîmes la li-
« berté de lui témoigner les inquiétudes où nous étions
« de le savoir continuellement exposé à la mort; mais il
« nous fit comprendre qu'il ne craignait rien quand il
« s'agissait du bien du troupeau qui lui avait été confié.
« Comme nous lui témoignions encore nos inquiétudes
« s'être augmentées de savoir qu'il était réduit comme le
« peuple à se nourrir de pain bis et de poisson salé, il nous
« répondit fort gracieusement qu'il s'accommodait bien du
« pain bis (dont il faisait ses repas), frotté avec de l'ail. »

Ces bien-aimées Sœurs nous disent encore dans cette même circulaire le dévouement des Pères Jésuites : « Les « Révérends Pères Jésuites s'exposèrent des premiers et « presque tous à la fois; aussi ils furent frappés du mal « presque en même temps, et il n'y en a eu que quel- « ques uns qui aient été guéris. Nous fûmes extrêmement « surprises d'apprendre le déplorable état d'abandon où « ils étaient réduits, n'ayant pour tout infirmier qu'un « valet pris parmi des inconnus qui ne servaient les ma- « lades qu'à force d'argent, et un Turc tiré des galères « pour faire leurs bouillons, et qui se croyait en droit « d'en profiter, puisque les Pères étaient si mal qu'on « n'en pouvait attendre que la mort. Dès que notre très- « honorée Mère et notre Sœur économe furent averties « de cette extrémité, elles ne se donnèrent aucun repos « qu'elles n'eussent pourvu autant que possible à leur be- « soin, pour leur témoigner notre reconnaissance pour « les grandes obligations que nous avons à ces bons « Pères. »

Notre divin Sauveur Jésus, en annonçant à sa fidèle épouse la miséricorde qui allait être faite à son peuple, ne lui en avait cependant pas déterminé l'époque. La Mère de Saint-Innocent ordonna alors à notre bien-aimée Sœur de conjurer sa divine bonté de lui faire connaître les moyens à prendre pour donner lieu à cette grande miséricorde; elle obéit, et nous retrace elle-même ce qui lui fut manifesté : « Ayant reçu l'ordre de notre bien chère « Mère de demander à notre Seigneur qu'Il daignât me « faire connaître par quels moyens Il voulait qu'on hono- « rât son sacré Cœur pour obtenir la cessation du fléau « qui afflige cette ville, un moment avant la communion, « je l'ai supplié de faire sortir de son corps adorable une « vertu qui non seulement guérît les souillures de mon « âme, mais encore éclairât mon entendement pour con-

« naître sa volonté sur la demande que j'étais obligée de
« lui faire..... (*Ici se trouve une lacune.*) Par la connais-
« sance qu'Il m'a donnée après la communion, j'ai com-
« pris que la miséricorde de Dieu avait eu plus de part
« que sa justice aux desseins qu'Il s'était proposés en af-
« fligeant cette ville de la contagion. Il m'a montré qu'Il
« voulait purger l'Eglise de Marseille des erreurs dont
« elle était infectée (*le jansénisme*) en lui ouvrant son
« Cœur adorable comme source de toute vérité; qu'Il de-
« mandait une fête solennelle au jour qu'Il s'est choisi
« lui-même, c'est-à-dire le lendemain de l'octave du Très-
« Saint-Sacrement, pour honorer son sacré Cœur, et qu'en
« attendant de lui rendre l'honneur qu'il demandait, il fal-
« lait que chaque fidèle se dévouât, par une prière au
« choix de Mgr l'Evêque, à honorer, selon le dessein de
« Dieu, le Cœur adorable de son Fils; que par ce moyen
« ils seraient délivrés de la contagion, et qu'enfin tous
« ceux qui s'adonneraient à cette dévotion *ne manque-*
« *raient de secours que lorsque ce divin Cœur manquerait*
« *de puissance.* »

Mgr de Belzunce, informé de cette révélation, et se
sentant d'ailleurs pressé intérieurement d'exécuter ce
qu'elle prescrivait, n'hésita pas de s'y rendre. Par une
ordonnance du 22 octobre 1720, il établit à perpétuité
dans son diocèse la fête du Sacré-Cœur de Jésus, et il la
fixa au vendredi d'après l'octave du Saint-Sacrement, avec
office double et exposition du Saint-Sacrement tout le
jour dans toutes les églises de la ville et de la campagne.
Quant à la consécration solennelle, elle eut lieu le 1er novembre de la même année, fête de tous les Saints. On vit
ce vénéré Pasteur, les pieds nus, la corde au cou et le crucifix entre les mains, marcher à la tête de son clergé réduit à douze ecclésiastiques, s'acheminer processionnelle-
ment vers l'autel qui avait été dressé à l'entrée du Cours.

Une foule immense de peuple le suivait, fondant en larmes et faisant retentir l'air de ses gémissements prolongés. Tous ceux qui avaient échappé à la mort étaient accourus sur les pas de l'homme de Dieu : sains, malades, vieillards, jeunes gens, tous ne formaient qu'une voix pour élever vers le ciel leur cri de détresse, oubliant dans ce moment solennel les dangers d'un contact qu'on les avait vus éviter quelques moments avant avec tant de frayeur! Le saint Evêque, arrivé au pied de l'autel, le visage baigné de larmes, y prononça à voix haute et distincte, quoique profondément émue, une amende honorable au sacré Cœur de Jésus; puis il consacra à ce Cœur adorable sa personne sacrée et celle de tous ses diocésains. Le silence ne fut interrompu, pendant cette auguste cérémonie, que par les sanglots étouffés de la multitude.

La consécration achevée, le digne Prélat monta à l'autel pour offrir le saint sacrifice et distribuer le Pain de vie à tous ceux qui voulurent s'en nourrir; le nombre en fut grand, attendu que la contagion avait fait fermer tous les tabernacles et défendu l'entrée du sanctuaire. On eût dit dans ce moment voir notre bon Sauveur, attendri sur la fatigue et la langueur de ce peuple, *craindre qu'il ne tombât en défaillance sur le chemin de sa douleur*, et, par un miracle bien autrement prodigieux que celui de la montagne, se multiplier pour ainsi dire et se donner Lui-même en aliment à chacun de ces pauvres affamés. Dès ce même jour la contagion diminua si sensiblement jusqu'à son entière extinction, qu'il fut impossible d'y méconnaître la main du Tout-Puissant : tous les moyens de la prudence humaine, tout le dévouement du gouverneur et des magistrats avaient échoué contre la violence de ce terrible fléau.

La réparation à la divine justice dans ce jour solennel était cependant demeurée incomplète, il faut le dire. Les magistrats ne s'unirent pas au zélé Pasteur; ils crurent pouvoir se dispenser de marcher à la suite dans cette grave circonstance. De plus, Mgr de Belzunce eut la douleur de voir, aussitôt après la cessation entière de la maladie, ce peuple ingrat retomber dans ses anciens désordres, et par surcroît il eut à déplorer un affreux sacrilége commis dans une église de la ville par le vol des vases sacrés et la profanation du Pain de vie. Aussi le Seigneur irrité ne tarda-t-il pas à faire sentir encore une fois son courroux. Marseille semblait avoir oublié ses malheurs, c'est-à-dire la perte de 80,000 hommes, quand, au mois de mai 1722, la peste éclata de nouveau, et paraissait devoir sévir plus rigoureusement encore que la première fois. Le saint Prélat, sans se laisser abattre, s'empressa d'indiquer à son peuple la source du mal. Il lui remontra toute son ingratitude et les outrages nouvellement faits au Cœur adorable de Celui qui l'avait si miraculeusement secouru dans son affliction; il s'adressa ensuite aux magistrats par des paroles pleines de dignité, de foi vive et de confiance pour leur proposer une complète réparation. En voici un petit extrait :

« Les précautions, Messieurs, que M. le Gouverneur et
« vous prenez pour arrêter le progrès de ce qui cause nos
« justes alarmes, sont dignes du zèle et de la sagesse des
« véritables pères de la patrie; mais, vous le savez, Mes-
« sieurs, vos soins, vos peines et vos travaux devien-
« dront inutiles, si Dieu lui-même ne daigne les bénir.
« Je viens donc vous exhorter aujourd'hui à commencer
« par un acte de religion qui soit capable de désarmer le
« bras vengeur qui paraît s'élever de nouveau contre
« nous. Vous vous souvenez sans doute qu'au jour de la
« Toussaint 1720 je consacrai cette ville et ce diocèse au
« sacré Cœur de Jésus, source inépuisable de toutes les
« grâces et de toutes les miséricordes, et que dès ce même

« jour nos maux diminuèrent sensiblement, continuelle-
« ment et sans rechute ; mais vous devez vous souvenir
« aussi que MM. les Echevins ne purent alors paraître en-
« trer dans cette consécration, ni prendre part à aucune
« des saintes cérémonies qui furent faites ensuite en l'hon-
« neur de Jésus-Christ, notre Libérateur. Pour réparer cela,
« Messieurs, je crois devoir vous proposer de faire inces-
« samment, mais sans cérémonie, un vœu stable au divin
« Cœur de Jésus, notre Sauveur..... Je désirerais donc,
« Messieurs, que vous vous engageassiez, vous et vos suc-
« cesseurs, à perpétuité, à aller tous les ans, au jour que
« j'ai fixé la fête du Sacré-Cœur de Jésus, entendre la
« sainte messe dans l'église du premier monastère de la
« Visitation, que nous appelons *les Grandes-Maries*, à y
« communier et à y offrir un cierge ou flambeau de cire
« blanche pour brûler devant le Très-Saint-Sacrement, et
« enfin à assister sur le soir du même jour à une proces-
« sion générale d'actions de grâces que j'établirai pour
« un certain nombre d'années à votre réquisition.

« HENRI, *évêque de Marseille.* »

« M. Moustiés, premier échevin, a représenté, nous dit
« la délibération des échevins, que s'il fallait des exem-
« ples pour nous persuader que tous les efforts des hom-
« mes sont vains contre le progrès de la contagion, et que
« le fléau de la colère de Dieu ne peut être arrêté que par
« des actes de religion, en implorant le trésor de ses mi-
« séricordes, il n'en faudrait en effet pas d'autre que ce-
« lui que Mgr l'Evêque nous cite dans sa lettre, puisque
« tout le monde vit alors et réellement que le mal baissa
« continuellement jusqu'à sa fin, dès le jour de la consé-
« cration de cette ville au sacré Cœur de Jésus. Sur quoi,
« dit encore la délibération, il a été unanimement décidé

« que nous, échevins, ferons un vœu ferme, stable et ir-
« révocable entre les mains de Mgr l'Evêque, par lequel,
« en ladite qualité, nous engagerons nous et nos succes-
« seurs, à perpétuité, à aller toutes les années, au jour où
« il a fixé la fête du Sacré-Cœur de Jésus, entendre la
« sainte messe dans l'église du premier monastère de la
« Visitation, dite *des Grandes-Maries*, y communier et of-
« frir, en réparation des crimes commis en cette ville, un
« cierge ou flambeau de cire blanche du poids de quatre
« livres, orné de l'écusson de la ville, pour brûler ce jour-
« là devant le Saint-Sacrement, et à assister sur le soir
« du même jour à une procession générale d'actions de
« grâces.

« A Marseille, 28 mai 1722.

« Signés : MOUSTIÉS, DIEUDÉ, REMUZAT,

« SAINT-MICHEL, *échevins*. »

Nous lisons encore dans un extrait du greffe de l'évêché
de Marseille du 4 juin 1722 : « Nous Henri-François-
« Xavier,..... les sieurs Moustiés, etc.,..... s'étant rendus
« cejourd'hui, jour et fête du Très-Saint-Sacrement, revê-
« tus de leurs robes rouges, s'étant avancés tous quatre et
« mis à genoux, au bas du marche-pied du maître-autel,
« au-devant de nous, qui avions le Très-Saint-Sacrement
« en main pour marcher en procession,..... ledit sieur
« Moustiés, portant la parole, au nom de tous quatre, a
« fait et prononcé en nos mains ledit vœu.

« Signés : MOUSTIÉS, DIEUDÉ, REMUZAT,

« SAINT-MICHEL, *échevins*.

« HENRI, *évêque de Marseille*. »

(Suivent le prévôt, vicaire général, etc.)

Dès ce jour le nombre des malades diminua merveilleusement. On fit des prières publiques au sacré Cœur de Jésus, et à la fin d'une neuvaine ordonnée encore par Mgr l'Evêque, dans l'église du premier monastère de la Visitation, la santé publique fut si parfaitement rétablie, qu'il n'y avait dans la ville et dans le territoire ni mourants ni malades d'aucune espèce de maladies. Après la quarantaine de santé, le saint Prélat ordonna, par un mandement du 21 septembre 1722, une neuvaine d'actions de grâces et le chant du *Te Deum* pour l'entière cessation de la peste dans la ville et les environs. Voici quelques lignes de ce magnifique mandement :

« Enfin, mes très-chers frères, vos craintes et vos alar-
« mes ont fini. Il n'y a plus d'apparence de contagion
« dans cette ville et dans le terroir. Toutes les maladies,
« quelles qu'elles puissent être, y ont tellement cessé de-
« puis un temps considérable, et la santé y est si cons-
« tante et si parfaitement rendue, que les plus incrédules
« doivent être forcés de reconnaître ici les effets de la
« puissance et de la miséricorde infinies du sacré Cœur
« de Jésus, toujours plein de bonté et de compassion pour
« les hommes, même ingrats et pécheurs.

« Peuple, que le Dieu des vengeances a deux fois frappé
« dans son indignation, mais qu'Il a aussi, dans sa misé-
« ricorde, délivré deux fois et d'une manière sensible,
« *cessez de craindre désormais et tressaillez d'allégresse,*
« parce que le Cœur adorable de Jésus, auquel vous vous
« êtes solennellement voué, s'est déclaré *et a fait de grandes*
« *choses* en votre faveur ! Que le souvenir de ces prodiges
« soit à jamais gravé dans vos esprits et dans vos cœurs ! *Ra-*
« *contez-les souvent à vos enfants, que vos enfants le disent*
« *aux leurs et ceux-là aux races suivantes, et que la mé-*
« *moire en passe aux siècles futurs !...* Annoncez votre
« délivrance et la publiez aux extrémités du monde, pu-

« bliez la gloire de votre Libérateur parmi les nations, et
« ses merveilles parmi tous les peuples chez qui le com-
« merce vous conduira désormais. Annoncez-leur que
« c'est au sacré Cœur de Jésus à qui seul vous devez vo-
« tre salut, et duquel seul aussi ils doivent attendre leur
« force et leur consolation dans toutes leurs tribulations.
« Il n'y a point de climat où la renommée n'ait porté
« cette longue et triste suite de malheurs dont nous avons
« été accablés, et qui ont tenu toute l'Europe dans l'éton-
« nement et dans la crainte; qu'il n'y en ait donc aucun
« qui n'apprenne de vous la miséricorde du Seigneur!...
« Qu'ils sachent tous que, dès que nous avons eu recours
« à Lui une seconde fois dans la sincérité et l'amertume
« de nos cœurs, Il a écouté nos cris, Il a été touché de nos
« maux,..... Il nous a délivrés du tombeau !..... Faites sa-
« voir encore que la plupart des diocèses de Provence doi-
« vent, comme nous, la cessation de ce terrible fléau aux
« miséricordes du sacré Cœur de Jésus. »

Le vénéré Pasteur, après avoir exhorté son peuple à ne
plus irriter le ciel par de nouveaux désordres, fait allusion
au jansénisme, qui attirait de si grands maux par sa rébel-
lion à la sainte Eglise : « Soyez humbles et attachés à la
« vérité, soumis à l'Eglise et à ses dernières décisions,
« vous souvenant que, sans cette soumission parfaite, il
« ne peut y avoir de salut pour vous, et que c'est *en vain*,
« comme l'assure saint Cyprien, *qu'un homme se croit*
« *dans l'Eglise, tandis qu'il résiste à la chaire de Pierre,*
« *sur laquelle l'Eglise est fondée.....*

« HENRI, évêque de Marseille. »

Depuis cette époque jusqu'à la fatale révolution de 1792,
les magistrats de Marseille n'ont jamais cessé de remplir ce
vœu solennel au sacré Cœur de Jésus. Le premier monastère de la Visitation venait à peine d'être rétabli, quand

Mgr de Cicé, archevêque d'Arles et d'Aix, rappela, par une lettre à M. d'Anthoine, alors maire de Marseille, les engagements sacrés pris par les magistrats ses prédécesseurs en 1722. M. le Maire y souscrivit de bon cœur, et le conseil municipal ayant obtenu la pleine approbation de M. le Préfet Thibaudeau, il fut arrêté que :

« M. le Maire est prié de remercier Mgr l'Archevêque
« d'avoir rappelé son attention sur un sujet aussi intéres-
« sant, et de prendre toutes les mesures convenables pour
« que cette cérémonie religieuse soit rétablie cette année. »

Sur cette délibération, Mgr de Cicé rendit une ordonnance du 26 mai 1807, qui consacre le renouvellement des cérémonies indiquées dans l'acte des échevins du 28 mai 1722.

Marseille voit donc encore chaque année M. le Maire et ses adjoints se rendre dans l'église de notre premier monastère, assister à une très-belle messe en musique le jour de la fête du Sacré-Cœur de Jésus, et s'approcher, à l'offrande, de l'autel où, s'agenouillant, il présente le cierge de quatre livres voué en réparation des crimes pour être brûlé devant le Très-Saint-Sacrement ; ce cierge est toujours orné de l'écusson de la ville. Après la messe, M. le Maire, suivi de ses adjoints, nous fait l'honneur de venir saluer au parloir la Supérieure, et lui adresser quelques paroles de bienveillance et de remerciment. Quant à la communion vouée, elle est laissée probablement à la délicatesse des consciences. Le soir, les magistrats se rendent à la procession générale, et cette fête est encore très-solennelle dans la ville.

La peste n'a jamais reparu à Marseille depuis 1722, malgré les mille dangers auxquels son commerce ne cesse de l'exposer. Mais bien des offenses encore y attirant de nouveau les châtiments de la divine justice, malgré la piété d'un grand nombre de ses habitants, le choléra l'a

souvent visitée, comme pour l'avertir de la verge suspen-
due encore sur sa tête. Nous croyons devoir rapporter de
plus, à la gloire du sacré Cœur de Jésus, un singulier bien-
fait accordé à la ville de Marseille plusieurs années après
la cessation de la peste. Nos Sœurs du premier monastère
en faisaient part à l'Institut dans leur circulaire du 19 juillet 1749.

« Mgr de Belzunce, écrivaient-elles, nous charge d'in-
« former Vos Charités de la singulière protection que no-
« tre ville a reçue du sacré Cœur de Jésus dans ces jours
« de calamités où la guerre portait partout la désolation.
« Les plus riches négociants étaient consternés des prises
« continuelles que faisaient les Anglais de leurs vaisseaux.
« Un convoi composé d'environ quarante navires riche-
« ment chargés était de nouveau attendu ; mais l'escadre
« anglaise qui bloquait notre port ne laissait presque au-
« cun espoir. Les Anglais, déterminés à ne nous faire au-
« cune grâce, attendaient cette triste capture. Notre saint
« Prélat, toujours plus sensible aux malheurs de son peu-
« ple, ordonna les quarante heures en l'honneur du sacré
« Cœur de Jésus. A peine cette dévotion terminée, on vit,
« malgré le vent contraire et l'acharnement des ennemis,
« les vaisseaux entrer tranquillement dans notre port,
« après avoir passé devant l'escadre anglaise, qui ne se
« donna pas le moindre mouvement. On eût dit une main
« invisible la retenir malgré elle. A ce spectacle, tous les
« habitants accoururent, la plus vive joie brillant sur les
« visages, pour s'empresser de prendre part au bonheur
« public. C'était un premier vendredi de février, jour
« consacré au sacré Cœur de Jésus. On sut bientôt que,
« d'un autre côté, les troupes ennemies avaient le même
« jour repassé le Var et abandonnaient ainsi la Provence,
« qui fut libre depuis de leurs importunes attaques. Une
« protection si marquée a augmenté la dévotion des fidè-
« les au divin Cœur de Jésus.

CHAPITRE DIXIÈME.

L'obéissance interdit à notre chère Sœur ses grandes austérités.
— Notre Seigneur y supplée en lui envoyant d'inexplicables
souffrances. — Nouvelles faveurs. — Ses lumières surnaturelles sur les âmes.

Nous ne saurions jamais rendre ce qu'éprouva d'angoisses le cœur si brûlant de charité de notre vénérée
Sœur Anne-Madeleine, tandis que le bras du Seigneur
s'appesantissait sur une ville qui lui avait donné le jour et
qui lui était chère à tant de titres. Mais, d'un autre côté,
le triomphe du sacré Cœur, qui lui avait été montré d'a-
bord et qu'elle vit bientôt se réaliser, la comblait d'une
joie ineffable. Elle eût voulu avoir mille vies pour en offrir au Seigneur un sacrifice de louanges; à défaut, son
ardeur pour la souffrance s'en accroissait journellement.
Mais le moment arriva où il lui fallut sacrifier la consolation d'y satisfaire : la Mère de Saint-Innocent, voyant sa
santé dépérir de jour en jour, mit un terme à la rigueur
de ses austérités. Elle lui interdit ses longues veilles, ses
jeûnes et ses effrayantes macérations ; ces défenses brisè-
rent l'âme de notre fervente Sœur. On la vit pourtant s'y
soumettre avec la docilité d'un enfant, tout en réitérant
humblement ses instances, quand le mouvement d'en
haut semblait lui être donné. Notre Seigneur eut alors
pitié de sa souffrance, et daigna satisfaire Lui-même la soif

qui la consumait par un redoublement d'infirmités et de maladies inexplicables, auxquelles résistaient tous les soins et tous les remèdes de l'art. Les médecins consultés s'efforçaient inutilement d'en rechercher la cause ; cette cause n'était connue que de celle à qui il était donné d'en subir les effets. « Me sentant poussée, écrivait cette chère
« Sœur en rendant compte des dispositions de son âme,
« d'un désir ardent de venger sur moi les injures qui sont
« faites au sacré Cœur de Jésus sur nos autels, j'ai fait
« des instances auprès de notre Mère pour satisfaire ce
« désir ; mais les oppositions qu'on y trouve m'ont portée,
« je vous l'avoue, mon Révérend Père, à demander à Dieu
« d'y suppléer et de faire ce que les hommes ne veulent
« pas accorder. Depuis lors je n'ai guère été sans souffrir
« beaucoup, soit dans mon corps, soit par les peines d'es-
« prit. Je ne doute pas que Dieu n'ait permis cette oppo-
« sition de ma Supérieure pour se rendre lui-même mon
« sacrificateur. »
Une autre fois, elle disait à une personne de confiance qui l'interrogeait au sujet de la fièvre qui la consumait et de ses fréquents vomissements de sang : « Les médecins
« croient que ce sont des glandes attachées aux poumons,
« lesquelles s'ouvrant occasionnent mon mal. Ils ajoutent
« avoir vu plusieurs personnes vivre longtemps dans une
« pareille situation ; je suis à cet égard parfaitement tran-
« quille, je vous assure, et aussi indifférente que s'il s'a-
« gissait d'une personne qui me fût étrangère. » Les souffrances, en effet, ne la touchaient nullement ; parmi les plus fortes crises, le sourire était toujours répandu sur ses lèvres, et son affabilité à l'égard de tous ceux qui l'approchaient n'en fut jamais altérée. Mais tous ces maux extérieurs étaient peu de chose auprès de la continuité et du redoublement de ses peines d'esprit.

« Vous me livrez, me dites-vous, mon très-cher Père,

« à l'Esprit de Dieu, écrivait-elle encore. Ah ! vous savez
« bien que depuis longtemps Il domine tous mes mouve-
« ments, qu'Il donne et qu'Il ôte comme il lui plaît ! Il
« me faut pourtant vous avouer que je ne fais plus que
« souffrir et dans le corps et dans l'âme. Je passe quel-
« quefois les trois heures de la nuit dans des détresses
« mortelles, plus dures à soutenir que la mort. Le délais-
« sement que j'éprouve est si entier, qu'il ne se présente
« rien du tout de propre à me donner la plus petite con-
« solation. Je ne la cherche pas d'ailleurs, cette consola-
« tion, et mon âme commence à s'accoutumer aux plus
« rudes privations sans même s'en apercevoir. » Son directeur cherchant à la consoler, un jour où il la savait
pressée des plus vives angoisses, l'exhortait à s'unir à notre bon Sauveur délaissé par son Père sur la croix ; notre
chère Sœur lui répondit : « C'est là, mon Révérend Père,
« le grand objet d'où je devrais en effet tirer tout mon
« soutien, et auquel il faudrait que je fusse continuelle-
« ment unie ; mais Dieu ne me permet pas de trouver
« rien, soit en lui-même, soit en Jésus, qui puisse m'être
« de quelque secours. Tout ce que je puis faire, c'est de
« souffrir, et de souffrir de toutes manières, sans pouvoir
« tirer de mes souffrances aucune consolation. Je ne la
« désire même pas, cette consolation de mon Dieu ; n'est-
« ce pas, mon Père, le comble du délaissement, que de
« ne pas désirer de revoir son Dieu, quand on en est dé-
« laissé ? »

Ces dernières paroles nous montrent bien, comme elle
le dit, l'excès de son délaissement. Les lignes suivantes,
qu'elle adressait à sa Supérieure, expriment un état plus
douloureux et plus terrible encore : « Hier au soir, dans
« mes plus cruelles douleurs, ma chère Mère, au lieu
« d'appeler mon Dieu *bon Dieu*, je suis tentée de lui don-
« ner le nom *d'injuste !* Et il me semble que ces senti-

« ments suggérés par l'esprit de ténèbres, au lieu de me
« me faire horreur, trouvaient en moi un consentement
« qui me paraissait beaucoup plus volontaire que celui
« que j'ai donné au bien quand il m'a été représenté. Il
« me semble assuré que de toute éternité Dieu a voulu
« ma perte, et que mon nom est effacé du livre de vie.
« Tout semble me le prouver. »

A ces pensées de réprobation venaient se joindre les
doutes les plus désolants sur la foi. « Le Seigneur, disait-
« elle, continue à me faire sentir les rigueurs de sa jus-
« tice par tout ce que les sens peuvent avoir de plus dur
« et de plus amer..... L'approche des saints mystères ne
« me fait aucune impression. Il me semble que tout ce
« qu'il pourrait y avoir de bon dans mes actions est dés-
« avoué et perdu, par les sentiments d'aversion pour Dieu,
« et par les doutes pour la foi que l'ennemi me suggère;
« et ces sentiments me paraissent tenir plus à moi que je
« n'y tiens moi-même. »

On juge de la nature de ces angoisses pour une âme
consumée d'amour et comblée si fréquemment des délices
célestes. C'était une transition que la force de l'Esprit
saint pouvait seule lui faire supporter. Notre chère Sœur
nous exprime de nouveau toute la violence des luttes
qu'elle avait à soutenir dans ces moments d'épreuves par
ces lignes tracées de sa main : « J'éprouve des agonies in-
« térieures si contraires à la nature et aux sens, qu'il n'y
« a, ce me semble, point de mort ni de tourment que je
« ne préférasse à un seul quart d'heure de cette disposi-
« tion. Je désire alors ardemment de sortir de cette pri-
« son de chair pour m'unir enfin à mon Dieu. Ce désir
« m'a livré de si vives attaques, mon Révérend Père,
« qu'elles m'auraient en effet donné la mort, si Dieu ne
« m'avait aidée puissamment à les soutenir. »

La Mère de Saint-Innocent, qui partageait grandement

la tendre estime et la vénération même de la Mère Nogaret pour notre Sœur Anne-Madeleine, n'oubliait rien pour
la soutenir dans ses longues épreuves; mais tout en lui
prodiguant ses soins maternels et lui interdisant ses austérités accoutumées, cette bonne Mère ne s'appliquait pas
moins constamment à lui fournir les moyens d'avancer
à grands pas dans les voies de la plus sublime perfection.
Elle mettait presque sans relâche sa vertu à l'épreuve,
comme elle aurait pu le faire dans la conduite d'une novice. Voici ce que cette digne Supérieure nous en rapporte elle-même :

« Pour seconder les desseins de Dieu sur cette âme, je
« m'étudiais à trouver des défauts presque dans tout ce
« qu'elle faisait, l'obligeant à faire et défaire plusieurs
« fois ses ouvrages, improuvant ce qu'elle disait, et lui
« attribuant des manquements dont je savais bien qu'elle
« n'était pas coupable. Dans toutes ces occasions, notre
« vertueuse Sœur était toujours égale à elle-même. Un
« des points sur lesquels elle a eu le plus à sacrifier a été
« le refus constant que nous lui avons fait des austérités,
« l'obligeant même de quitter celles qui lui étaient per-
« mises. La fidélité qu'elle a eue à ne rien perdre des
« dons de Dieu la faisait avancer continuellement dans la
« perfection. Notre Seigneur, qui se l'était choisie pour
« victime de son Cœur, en faisait découler sur elle les ri-
« chesses, d'autant moins sujettes à l'illusion, que ces lu-
« mières lui faisaient connaître clairement ce qu'elle était
« d'elle-même ; elle les rapportait donc toutes au souve-
« rain Maître, de qui elle les tenait. »

Ce témoignage nous paraît un sceau bien précieux à
tout ce que nous avons pu rapporter jusqu'ici des vertus
vraies de notre vénérée Sœur. On comprend facilement
comment une âme de bonne volonté supporte l'épreuve
de la contradiction et de l'humiliation même, quand elle

marche dans une voie calme et unie ; mais être contredite,
désapprouvée en tous sens, poussée à bout, pour ainsi dire,
tandis qu'on a à lutter contre les assauts les plus terribles
de Satan dans un délaissement complet du ciel, et avec
cela demeurer toujours calme, soumise à l'épreuve, ne
laisser rien entrevoir au dehors des violents combats sou-
tenus au dedans, c'est là, ce nous semble, le propre unique
d'une vertu consommée. Le trait suivant nous en sera une
nouvelle preuve. C'est encore la Mère de Saint-Innocent
qui nous l'apprend.

« Cette chère Sœur était au septième jour de sa retraite
« annuelle, et elle souhaitait vivement de la prolonger
« jusqu'au dixième, ainsi que le faisaient plusieurs au-
« tres Sœurs. Loin d'avoir égard à ses justes désirs, il ar-
« riva ce jour-là que ne pouvant aller à vêpres, ni ma
« Sœur l'Assistante, qui devait se trouver ailleurs avec
« moi pour une affaire importante, je rencontrai ma Sœur
« Anne-Madeleine, et je lui dis : *Allez vous ranger au*
« *chœur, faites le signe pour le commencement de l'office,*
« *et remplissez la charge de surveillante.* C'était lui dire
« qu'il fallait sortir de sa chère solitude avant le temps
« ordinaire ; elle le comprit, s'inclina profondément, alla
« faire son office de surveillante et ne parla plus de re-
« traite. »

Le Seigneur, à qui rien n'échappe, se plaisait à échan-
ger fréquemment par des richesses ineffables les sacrifices
faits à son amour par sa fidèle épouse. Voici ce que nous
en rapporte elle-même notre chère Sœur : « L'obéissance
« m'ayant permis de passer la nuit en prières pour se-
« conder le mouvement qui m'en était donné, il a plu à
« l'infinie miséricorde de mon Dieu d'opérer en moi de
« grandes choses. Je me suis trouvée tout d'un coup dans
« un délaissement intérieur qui ne peut être exprimé.
« Cependant plus les puissances de mon âme étaient inon-

« dées d'amertume, plus le fond de cette âme était à
« Dieu..... Au milieu de la nuit, il s'est fait en moi un
« grand changement. Il m'a paru que j'étais présentée
« devant le trône des trois Personnes de l'adorable Tri-
« nité, et que notre divin Jésus m'invitait à me reposer
« sur son sein et me découvrait d'une manière admirable
« les mystères qui s'y trouvent cachés ; me présentant
« ensuite à son Père, Il lui disait : *Bénissez, Père saint,*
« *la victime que je me suis choisie, et puisqu'elle parti-*
« *cipe à mes souffrances, qu'elle participe à ma gloire !*
« Dans le même moment, je me suis trouvée comme in-
« vestie et pénétrée de cette gloire. »

Un peu plus tard, à l'époque de sa retraite de 1724, elle
reçut une grâce non moins signalée. « La veille du jour
« où je devais entrer en retraite, écrivait-elle, le soir,
« pendant l'oraison, il m'a semblé que le bon Dieu m'ou-
« vrait son sein et m'invitait à y entrer pour recevoir
« tout en Lui, afin qu'en me perdant moi-même, je fusse
« mieux en état de recevoir tout de Lui. Je me suis vue
« alors comme une eau sale qu'on jette dans la mer, et
« qu'on ne peut plus, un moment après, distinguer de la
« mer elle-même. Ainsi devenue comme une même chose
« avec mon Dieu, mais d'une manière beaucoup plus sim-
« ple et infiniment plus pure que tout ce que j'ai éprouvé
« jusqu'à maintenant, j'ai été comme remplie de la con-
« naissance de Dieu dans sa propre connaissance. Je l'ai
« vu comme un Être infiniment parfait, uniquement ap-
« pliqué à Lui-même et à ses adorables perfections, trou-
« vant en soi l'unique source de sa félicité, et ne pouvant
« recevoir de sa créature un hommage parfait que celui
« qu'Il se rend à Lui-même en elle. C'est cet hommage qu'Il
« m'a paru se former en moi d'une manière digne de Lui, et
« où je puis bien dire qu'il n'y a rien eu de moi. Ne me
« demandez pas, mon Père, ce qui s'est passé : ce n'a été

« ni une lumière, ni un goût, ni une souffrance, ni une
« joie pleine ; mais Dieu Lui-même, tel qu'il est, autant
« qu'il peut être reçu dans une vile créature. Je n'ai rien
« vu, rien senti, rien goûté, et je parle de ces choses
« comme on parle des mystères de la foi, qu'on croit sans
« les voir. Toutes les puissances de mon âme se sont trou-
« vées comme liées et enchaînées : ce moi-même s'est
« trouvé dans le délaissement le plus extrême, mais je n'ai
« pu le regarder un instant. »

Dans une autre lettre, notre chère Sœur, parlant encore
des dispositions de son âme, nous montre l'état de sublime
élévation où la grâce l'avait fait parvenir : « Le bon Dieu
« agit en maître sur le corps et sur l'âme. Il possède tout,
« et Il dispose de tout comme d'un bien qui lui appar-
« tient. Je ne sens plus d'opposition à faire tout ce qu'Il
« veut et à être tout ce qu'Il veut que je sois. Je suis tel-
« lement réduite au néant, qu'il ne me serait plus possi-
« ble de produire le plus petit acte qui marquât une vie
« propre ; je ne sais rien, et je ne veux rien savoir ; je
« ne vois rien, et je ne veux rien voir. Je souffre sans
« pouvoir m'occuper un moment de ce que je souffre, et
« sans savoir ce que Dieu veut opérer en moi par la souf-
« france. Ma disposition est de ne rien voir en Dieu que
« Dieu même, d'être contente de tout ce qu'Il veut, de
« tout ce qu'Il fait et de tout ce qu'Il ne fait pas ; je ne
« distingue plus une volonté contraire. Mon âme jouit par
« là, en tout événement, de cette paix de Dieu où les
« sens ne sauraient atteindre. Tout est égal en Celui qui
« ne saurait changer. Voilà, mon Révérend Père, ma si-
« tuation la plus ordinaire : je ne sais plus ce que c'est
« que lumières, que ténèbres, richesses, pauvreté. Ce que
« je sais et ce qui m'occupe uniquement, c'est qu'il y a un
« Dieu qui m'a rendue, par sa bonté et par sa puissance,
« capable de Lui, et qui mérite d'être aimé en Dieu. Ne

« demandez plus rien autre de moi, mon Révérend Père ;
« la connaissance de Celui qui est m'élève au-dessus de
« tout ce qui n'est pas Lui. »

Sans doute cette âme si favorisée du ciel et élevée à un
degré aussi éminent ne dut cependant pas conserver toujours le sentiment de cet état ; mais le fond de son être
n'y demeura pas moins affermi tout le reste de sa vie : sa
conduite en a été une preuve évidente. Comme son divin
Époux, il lui fut donné de porter à la fois dans son cœur
et les douleurs du Calvaire, et la jouissance, en quelque
sorte, de l'intuition divine. Notre bien-aimée Sœur nous
le dit ailleurs par ces paroles : « Tandis que le dehors de
« l'âme est livré à la douleur et au délaissement, l'intime
« est toujours uni à Dieu par l'opération de Dieu même. »

Sans la continuité de ses souffrances, elle eût cessé d'ê-
tre victime, et cette tâche, il lui fallut la remplir sans interruption, l'œuvre du rachat étant incessante. Mais avec
quel amour, avec quelle générosité ne s'immolait-elle pas
pour rendre au Cœur de Jésus sa gloire et obtenir à ses frères la plénitude de la miséricorde ? Cette âme épouse dans
la vérité, car *l'Epoux*, dit saint Jean, *est celui à qui appartient l'épouse*, cette âme était sans cesse à la disposition
de l'Epoux pour soutenir le poids de la justice divine et
en porter comme lui les coups. Le jour seul de l'éternité
pourra nous laisser voir le grand nombre d'âmes qu'elle
a arrêtées au bord de l'abîme. On le sait, comme membres de notre adorable Rédempteur, nous avons tous à
accomplir ce qui manque à la Passion de Jésus-Christ,
c'est-à-dire notre part du rachat du monde. Cette part,
sans doute, n'est pas la même pour tous : le Seigneur la
proportionne aux forces de chacun de nous et à la mesure
des grâces reçues ; mais, quelle que soit notre part, nous
ne sommes pas moins tous obligés à la remplir dans toute
son étendue, si nous voulons répondre à notre sublime

appel à la rédemption et rendre à Dieu la gloire qu'Il s'est proposée en nous donnant l'être. Notre vénérée Sœur eut le bonheur d'arriver à cette fin, nous osons l'espérer; car sa fidélité ne se démentit jamais, et comme *Dieu fait la volonté de ceux qui le craignent*, qui craignent de contrister son divin Cœur, on la vit acquérir sur ce Cœur une espèce de toute-puissance. Mais qu'il était touchant de voir aussi ce bon Sauveur se prévaloir, pour ainsi dire, de la toute-puissance de son épouse pour lui révéler les dispositions les plus secrètes des âmes, leurs besoins, leur danger de se perdre, et la presser de lui demander cette miséricorde qu'elle avait, en quelque sorte, rendue impuissante à lui refuser! Combien de fois, en effet, ne la choisit-Il pas pour son organe, pour transmettre des reproches et des menaces! Cette mission fut pour elle la plus difficile à remplir, et plusieurs fois son courage sembla devoir défaillir. Cependant la voix du divin Maître s'était fait entendre, il fallait obéir; d'ailleurs, comment auraitelle pu se résoudre à la contrister? De violentes luttes s'engageaient alors dans la partie inférieure de son âme; pour y mettre fin, elle crut devoir s'engager par vœu à accomplir tout ce que le Seigneur lui manifestait devoir contribuer à sa gloire, au salut et au bien des âmes. Après avoir fait part de cette inspiration à la Mère Nogaret, sa Supérieure, qui l'approuva, elle la soumit à son directeur, et en obtint la permission de l'exécuter; ce vœu fut ainsi formulé par notre bien-aimée Sœur :

« Aujourd'hui, 8 décembre 1727, fête de l'Immaculée
« Conception de la très-sainte Vierge, pour suivre le mou-
« vement que Dieu me donnait, je me suis engagée par
« vœu à prier, à souffrir et à agir selon ce même mouve-
« ment, en faveur des personnes à qui il lui plaira d'ap-
« pliquer mes prières et mes souffrances, après en avoir
« obtenu la permission de mon confesseur et de ma Su-

« périeure, et l'ayant fait dépendamment de leur volonté,
« afin qu'ils puissent m'en dispenser, en cas qu'il vînt à
« me causer de l'embarras et du scrupule. Il m'a paru que
« Dieu demandait ce vœu de moi, et qu'Il voulait me for-
« tifier, me purifier et m'éclairer, pour me rendre plus
« propre à lui procurer la gloire qu'Il veut trouver en
« moi, en dédommagement de celle que d'autres lui ra-
« vissent.

« J'ai compris encore que par ce moyen je serais aidée
« à vaincre l'opposition que je sens quand il faut agir en
« de certaines rencontres, opposition formée par la pru-
« dence humaine, qui m'a souvent fait perdre l'effet de
« la lumière qui m'était donnée, soit pour moi, soit pour
« les autres. Je suis donc résolue et je promets à Dieu de
« suivre aveuglément ce qu'il lui plaira de m'inspirer,
« me réservant de recourir à la personne qu'Il m'a don-
« née pour ma conduite dans les occasions où Il demande
« que j'agisse ; mais dans celles où il ne s'agira que de
« prier et de souffrir, je me tiendrai continuellement li-
« vrée à son Esprit, pour lui rendre par lui toute la gloire
« qu'Il veut de moi. Ce qui me fait encore croire qu'Il me
« demande cet engagement, c'est qu'Il semble le former
« Lui-même en moi d'une manière digne de Lui, ce que
« toute mon application et mon industrie ne sauraient
« faire. Mais, mon âme, quel sujet de confusion pour toi !
« Le seul amour ne devait-il pas suffire pour accomplir
« ton devoir, sans qu'il fût nécessaire de te lier autre-
« ment que par les liens de la charité ? Vous connaissez
« ma faiblesse, ô mon Dieu ; fortifiez-la, et rendez-moi
« digne de remplir tous vos desseins. Ainsi soit-il. »

Notre Sœur Anne-Madeleine, ainsi liée depuis ce jour
par les liens de la charité, en devint la fidèle esclave. Immolée pour ses frères, chacun d'eux eut droit, pour ainsi
dire, à faire de ses mérites les siens propres, à offrir,

pour l'expiation de ses dettes, les souffrances de cet
Agneau immolé, en un mot à faire de cette âme toute li-
quéfiée dans le Cœur de la charité éternelle sa propre
pâture. Notre bien-aimée Sœur ne s'appartenait plus, elle
ne vivait plus en quelque sorte; sa vie, c'était Jésus fait
Pain de vie sur la croix et déposé dans le tabernacle.

Dès cette époque, notre Seigneur sembla ne garder plus
aucune mesure avec la victime de son Cœur : choisie,
comme nous l'avons dit, pour être l'organe de ses divines
volontés, cette âme les transmit dorénavant sans y apporter la moindre résistance. Mais qu'il lui en coûta! Il n'est
aucune souffrance qu'elle n'ait préférée à cette manifestation des secrets intimes, et si profondément cachés quelquefois, d'une conscience coupable. Malgré toute la force
de la grâce jointe, chez elle, à une délicatesse exquise, à
une sensibilité peu commune, elle eut souvent beaucoup à
souffrir de ces révélations. Quoique la plupart nous soient
demeurées cachées, en voici une qui eut un grand retentissement. Le Seigneur lui fit connaître un jour qu'un ecclésiastique d'une piété apparente cachait des sentiments
pleins de révolte contre la sainte Église; elle avait tout à
craindre d'un homme dont elle connaissait d'ailleurs le
caractère violent et irascible. Mais la miséricorde du Seigneur la poussait vers lui, elle obéit sans se permettre la
moindre réflexion sur le résultat d'une telle démarche.
Arrivée au parloir, où elle avait trouvé le moyen de faire
appeler cet ecclésiastique, notre chère Sœur le salue res-
pectueusement, et s'agenouillant elle lui transmet humblement l'avertissement du ciel, et le supplie, les yeux
baignés de larmes, de vouloir bien s'y rendre, *attendu*,
lui dit-elle, *que le temps presse*. Dieu lui avait fait connaître en effet que, s'il résistait à sa voix, il ne tarderait
pas beaucoup à paraître devant Lui. Le coupable, en entendant ces paroles, loin de rentrer en lui-même et de

s'humilier devant Dieu, frémit d'indignation, se voyant découvert. Le sang lui monte au visage, et la fureur est dans ses yeux ; il traite notre vertueuse Sœur de visionnaire, de fausse dévote, d'hypocrite, et il la laisse navrée de douleur ; puis il court publier son audace dans tous les cercles et n'oublie rien pour la diffamer.

Cet événement fit grand bruit dans la ville ; chacun en parlait à sa façon. Les uns, connaissant la sainteté de la Sœur Rémuzat, s'assuraient qu'elle avait suivi en cela une inspiration divine ; d'autres se persuadaient difficilement qu'un ecclésiastique d'une vie aussi régulière en apparence pût être au fond un ennemi de la sainte Eglise ; plusieurs enfin se rangeaient du côté de ce malheureux et le défendaient vivement aux dépens de notre sainte Sœur, dont tout ce bruit ne put altérer tant soit peu le calme et la douce paix. La chose étant devenue publique, on l'interrogea plusieurs fois à ce sujet ; mais elle se borna toujours à répondre que, si ce prêtre persistait dans ses erreurs, il mourrait dans trois ans. Cette parole souvent réitérée fut transmise au coupable, qui, loin d'en être touché, s'irrita davantage. Les trois ans venaient de s'écouler quand une maladie violente le saisit tout à coup. On lui rappelle alors de nouveau la prophétie ; on le presse vivement de rentrer en grâce avec Dieu pour se disposer à paraître devant son redoutable tribunal. Rien ne peut l'émouvoir, et, bravant une dernière fois les menaces du Seigneur, il répond ironiquement à un ami qui lui parlait d'une autre affaire à terminer : *Nous verrons cela demain si nous sommes en vie!...* Il n'y eut plus de lendemain pour lui ; à peine la personne charitable qui venait de lui parler était-elle sortie, qu'il entra en agonie. On courut chercher un prêtre qui lui administra à la hâte le sacrement de l'Extrême-Onction, sans pouvoir s'assurer d'aucun signe de vrai repentir.

L'annonce de cette mort pénétra de douleur notre chère
Sœur Anne-Madeleine, sans l'étonner cependant, voyant
ce malheureux courir ainsi à sa perte par le repoussement
d'une grâce aussi prodigieuse. Le Seigneur ne tarda pas
d'ailleurs à la consoler, comme Il le fit tant de fois dans
des circonstances à peu près semblables. Il lui fut donc un
jour révélé qu'une religieuse faisant partie d'une communauté de la ville blessait profondément le Cœur de son divin Epoux par une vie lâche et coupable. Elle vit en même
temps qu'il lui fallait prier, souffrir beaucoup pour cette
âme, et de plus l'avertir des terribles châtiments dont elle
était menacée ; bien des difficultés se présentaient pour
l'entière exécution de cet ordre d'en haut. Comment transmettre à cette pauvre fille ce que notre vénérée Sœur avait
à lui communiquer ? La clôture interdisait toute entrevue ;
confier au papier de pareils secrets n'était pas chose ad-
missible.

Après avoir consulté Dieu, elle se détermina à faire
part à un saint ecclésiastique ou religieux, sous le secret
de la confession, de la tâche qu'elle avait à remplir et de
son embarras. Ce dernier, connaissant à fond la sainteté
de notre bien-aimée Sœur, voulut bien consentir à se charger lui-même de transmettre à la pauvre égarée les aver-
tissements de la divine bonté. Il se présente donc au monastère et demande à parler à cette religieuse, qui se rend
au parloir quelques instants après. Il la salue et lui dit
avoir à remplir auprès d'elle une mission de la part de la
Sœur Remuzat. A ce nom, la coupable commence à s'é-
mouvoir ; car, sans être en rapport avec notre bien-aimée
Sœur, la réputation de sa sainteté ne lui est pas inconnue.
Elle baisse les yeux, sa physionomie exprime son trouble ;
et elle attend ce qui va lui être manifesté..... Mais quelle
n'est pas sa stupéfaction et sa confusion même, quand elle
entend ce ministre du Seigneur lui révéler ses sentiments

les plus secrets, et qu'elle le voit lire dans les replis les plus cachés de sa conscience! Glacée d'effroi, elle écoute en silence, et la grâce se faisant jour dans son cœur, elle tombe à genoux et arrose la grille de ses larmes. Dieu seul pouvait connaître ce qui lui est révélé; l'homme de Dieu l'encourage, lui promet un secret inviolable, et ne la quitte qu'après avoir reçu l'entier aveu de ses fautes et la promesse sincère de correspondre dorénavant, par une vie toute nouvelle, à la miséricorde ineffable dont elle est l'objet. On juge de la joie de notre vénérée Sœur! Il est vrai qu'elle l'avait achetée au prix de bien des larmes et de bien des sacrifices; il en était d'ailleurs toujours ainsi dans ses manifestations du ciel. Ses souffrances prenaient alors un nouvel accroissement, et sa prière devenait incessante. On lui avait interdit, il est vrai, presque toutes ses longues veilles au pied du tabernacle; mais à défaut elle arrosait son lit de ses larmes, et ne pouvait prendre aucun repos jusqu'à ce qu'elle eût fléchi la divine justice en faveur de ces âmes. Les souffrances auxquelles tout son être moral et physique était alors en proie, loin de l'abattre, lui donnaient un nouveau courage. « De grandes riches-
« ses sont attachées, disait-elle, à cet état de souffrance,
« et pour moi et pour les personnes pour qui Dieu veut
« que je prie. C'est maintenant plus que jamais qu'Il me
« livre les intérêts de sa gloire que j'ai à soutenir, selon
« toute l'étendue des lumières et des forces qui me sont
« données. »

Le bruit s'étant répandu dans Marseille que la Sœur Remuzat avait reçu le don de lire dans le secret des consciences, plusieurs personnes voulurent s'en prévaloir, et leur admiration fut inexprimable, la voyant leur dérouler en effet ce qui se passait de plus intime dans leur âme. Un digne ministre du Seigneur, qui avait été pendant quelque temps son confesseur, en fit surtout une expé-

rience bien consolante, quand, l'ayant obligée de demander à Dieu sa lumière pour connaître ce qui se passait
dans son âme, il l'entendit lui révéler ses plus secrètes
pensées; elle lui manifesta en effet toute sa conduite intérieure, ses projets de perfection, les obstacles qu'il y
rencontrait, et tout ce qui se passait enfin de plus intime
et de plus délicat dans le fond de son être. Elle lut dans
son cœur, disait-il, comme le Seigneur y aurait lu Lui-
même, lui donnant une intelligence claire et précise de ce
qu'il n'avait pu s'expliquer jusque là de ses propres dispositions. Ce bon serviteur de Dieu en fut si pénétré,
qu'il travailla depuis avec un nouveau zèle à sa perfection, et mourut dans une haute réputation de sainteté.

Notre vertueuse Sœur avait à s'étonner elle-même du
succès que le bon Maître donnait à son zèle et à sa tendre
charité. « Je suis dans un étonnement extrême, écrivait-
« elle, de voir les grands biens que Dieu daigne faire dans
« les âmes, par les connaissances qu'Il lui plaît de me
« communiquer. J'ai été obligée d'agir et de parler même
« fortement dans deux occasions, et dans une autre où
« notre Seigneur ne voulait pas que je parusse, je me
« suis servie de N... Tout a eu un succès admirable, par
« la miséricorde de Dieu. »

Une autre fois, rendant encore compte de sa conduite,
elle disait : « Quelques jours après vous avoir écrit, mon
« Révérend Père, ne pouvant plus soutenir les reproches
« intérieurs qui m'étaient faits sur mon silence, j'écrivais
« à N..., lui marquant simplement que j'avais reçu quel-
« ques consolations particulières sur bon nombre de per-
« sonnes, qu'il me semblait devoir lui communiquer; mais
« que, n'osant le faire dans ma lettre, j'aurais une vérita-
« ble consolation à lui communiquer de vive voix tout ce
« qui s'était passé en moi. Il vint comme je l'en avais
« prié, et il entra parfaitement dans tout ce que je lui

« dis, exigeant que je misse sur le papier quelques cir-
« constances qui lui paraissaient nécessaires pour l'auto-
« riser. Dans ces sortes d'occasions, je demande à Dieu de
« deux choses l'une : ou que les connaissances qu'Il me
« donne produisent l'effet qu'Il en attend dans ceux pour
« qui elles me sont données, ou qu'Il permette que la dé-
« claration qu'il m'en faut faire me couvre de confusion,
« afin que dans l'humiliation je trouve de quoi confondre
« l'ennemi. »

Cette dernière demande a été bien des fois exaucée par
la divine bonté, qui rencontrait dans l'humiliation de son
humble et fidèle épouse une compensation à sa gloire ravie par ceux qui se rendaient sourds à la voix de sa miséricorde. Que de reproches amers, de paroles piquantes et
d'injures même n'eut pas à souffrir en effet notre vertueuse
Sœur dans ces sortes de rencontres ! Mais au lieu de s'en
aigrir, ou tout au moins de s'abattre, elle pressait, suppliait avec plus de ferveur que jamais le Cœur de son divin Epoux, et en obtenait enfin une grâce puissante qui
triomphait de toutes les résistances. Mais le zèle de notre
Sœur Anne-Madeleine ne se bornait pas, comme nous l'a-
vons déjà vu, à retirer de l'abîme les infortunés qu'elle y
voyait plongés ; une grâce spéciale lui était donnée pour
la conduite des âmes. Dès son noviciat jusqu'à sa mort,
elle ne cessa de remplir avec un succès prodigieux une
tâche d'ailleurs si délicate et si difficile. Sa parole pleine
de force et de douce onction entraînait après elle tous les
cœurs, et c'était toujours sur la route du Calvaire qu'elle
les conduisait, leur offrant pour abri le Cœur transpercé
du Sauveur du monde, disant encore à tous : *Venez à moi,
vous tous qui êtes chargés et fatigués, et je vous soulage-
rai.* Que de larmes n'eut-elle pas la consolation d'essuyer
en indiquant cette route bénie et cet heureux terme !
Combien d'âmes lui durent non seulement leur salut, mais
leur sainteté !

« J'apprends, écrivait-elle, que Dieu vous visite souvent
« par les infirmités ; que vous êtes heureuse d'être ainsi
« marquée, madame, au sceau sacré par lequel Il distin-
« gue ses amis ! Je vous l'avoue, c'est, selon moi, le seul
« endroit qui puisse adoucir la vie à celui qui aime. »
Mais à mesure que cette âme dévouée travaillait sans interruption à la gloire de Dieu, et par suite à la sanctification de ses frères, son céleste Epoux n'oubliait rien à son
tour pour la rendre toujours plus digne de ses regards
divins.. Pendant une retraite des dernières années de sa
vie, elle reçut une nouvelle faveur que nous allons rapporter, en la laissant encore s'exprimer elle-même :

« Le premier jour de ma retraite, pendant l'oraison du
« matin, je me suis trouvée tout à coup en la présence
« des trois adorables Personnes de la Trinité, et, selon
« l'inspiration que j'en avais, je les ai priées de bénir ma
« retraite et d'en remplir tous les moments. Au même
« instant mon âme a été environnée de la puissance du
« Père comme d'une nuée épaisse qui me cachait entiè-
« rement à moi-même, et qui me cachait aussi à tout le
« créé, afin que je ne fusse susceptible que des impres-
« sions par lesquelles je devais entrer dans la connais-
« sance profonde de ce que Dieu est en Lui-même. Alors
« il m'a semblé que notre Seigneur Jésus-Christ m'adres-
« sait ces paroles : *Personne ne connaît le Fils que le Père,*
« *et personne ne connaît le Père que le Fils et celui à qui*
« *le Fils voudra le faire connaître.*

« J'ai compris que notre Seigneur voulait me donner
« de son Père et de Lui-même une connaissance infini-
« ment plus pure que toutes les connaissances qui m'en
« ont été données jusqu'aujourd'hui. Et comme je ne pou-
« vais porter en moi de si riches trésors, Il m'a ouvert
« son sein, afin qu'en Lui et par Lui je fusse en état de
« les porter. Que de secrets il m'a été donné de connaître

« dans ce sein et par ce sein adorable! Mon âme, pour-
« rais-tu en dire quelque chose? Non, mon Dieu, il n'ap-
« partient qu'à vous seul de révéler vos propres merveil-
« les. Tout ce que j'ai compris de vous, c'est que je ne
« pouvais pas vous comprendre. Vous avez voulu, pour
« ainsi dire, diviniser mon âme en la transformant en
« Vous-même, après lui avoir ôté sa propre forme. » Dès
cet instant, en effet, la grâce sembla établir la plénitude
de son règne dans cette âme. Elle ne voyait plus que Dieu
en toutes choses et toutes choses en Dieu; rien à l'extérieur ne fut plus capable de l'impressionner, ni même de
la distraire.

CHAPITRE ONZIÈME.

On confie l'économat à notre Sœur Anne-Madeleine; secours miraculeux qu'elle reçoit dans cet emploi. — Grâce sublime du divin Cœur.

Dix-huit mois avant la mort de notre chère Sœur, quoiqu'on n'eût jamais osé lui donner jusque là aucun emploi essentiel, à cause de son état maladif, la digne Mère Nogaret jugea à propos de lui confier l'économat. Jamais emploi plus opposé à ses attraits intérieurs! Mais élevée, comme nous l'avons dit, au-dessus de toutes les répugnances et inclinations de la nature, et fixée en Dieu, elle accepta cette charge sans aucune peine; jamais aussi économe ne s'en acquitta plus dignement. Affable, prévenante à l'égard de toutes les Sœurs, elle pourvoyait aux besoins de chacune avec une dextérité qui ravissait. Son regard pénétrant s'étendait à tout, embrassait tout. Dans les occupations les plus multipliées, on la vit toujours calme, recueillie, sans empressement, quoique attentive aux moindres détails. Voici ce qu'elle écrivait de ses dispositions après sa nomination à cette charge : « On n'a con-
« sulté ni mon goût, ni mes forces; mais je n'ai regardé
« ni l'un ni l'autre : Dieu fera de moi ce qu'il lui plaira. Je
« n'envisage ni l'emploi ni celle qui en est chargée, et je
« trouve que tout devoir s'accomplit, que l'Esprit de Dieu
« fournit à tout sans même que je m'en occupe. On espère

« que Dieu fera des miracles, et que je trouverai la santé
« dans ce qui devrait naturellement me détruire ; mais je
« ne m'en embarrasse pas. »

On voyait en effet s'opérer chaque jour une espèce de
miracle en sa faveur. S'étant livrée entièrement à Dieu,
sans se réserver aucun mouvement propre, elle recevait
de moment en moment le mouvement divin. Tout son
être était un instrument dirigé par le souffle de l'Esprit
saint. « Je me trouve, disait-elle, dans mes plus grandes
« occupations, sans en sentir ni la difficulté ni la peine,
« et aussi occupée de Dieu que dans le temps de l'o-
« raison ; je n'éprouve jamais aucune hésitation sur ce
« qu'il y a à faire ou à laisser. L'Esprit de Dieu daigne
« m'avertir à propos de tous mes devoirs et me les fait
« remplir avec une étendue de perfection qui m'ôte tout
« sujet de crainte. Je suis pour l'ordinaire occupée et rem-
« plie de la plénitude de Dieu ; ce ravissement de l'âme
« se communique au corps, qui, dans l'emploi où la Pro-
« vidence m'a mise, en est fortifié d'une manière que je
« ne crains pas d'appeler miraculeuse. Je souffre plus que
« jamais, et je ne laisse pas d'aller toujours mon chemin ;
« j'ai même été inspirée de demander à notre très-hono-
« rée Mère d'aller à matines, où je ne me suis pas trouvée
« depuis plus de huit ans. Dieu semble vouloir faire écla-
« ter sa force dans ma faiblesse..... »

Sa faiblesse était en effet si extrême, disait à notre vénérée Mère Agathe-Elisabeth Remuzat une de nos anciennes Sœurs tourières qui avaient eu le bonheur de vivre
avec elle, qu'on la voyait obligée de s'appuyer contre les
murs, quand elle allait et venait par la maison, pour éviter de faire une chute ; mais le travail se présentait-il
dans son emploi, revêtue aussitôt d'une force évidemment
surnaturelle, elle allait promptement où l'appelait son devoir, recevait les provisions, soulevait de lourds fardeaux,

et marchait toujours à la tête des Sœurs du ménage ou
des ouvriers au besoin pour mettre ordre à toutes choses.
Tous les matins, fortifiée par le Pain de vie, après être
demeurée immobile et à genoux pendant tout le temps
qui lui était donné, elle se rendait après prime partout où
l'appelait sa charge, distribuant à chacune ce qui lui était
nécessaire, et répandant la douce paix et la joie sur tout
ce qui l'entourait. Notre bien-aimée Sœur, tout en se dé-
pensant ainsi sans réserve pour la satisfaction d'autrui, ne
demeurait pas moins retirée au lieu le plus secret du ca-
binet de l'Epoux. Ecoutons-la nous le dire elle-même :

« Mon cœur est toujours solitaire, et il ne cesse de prier
« au milieu de cette multitude d'occupations et de soins
« capables d'absorber l'esprit et le corps. Pour ce qui re-
« garde le corps en particulier, rien de plus étonnant que
« la manière dont Dieu vient à son secours. S'agit-il d'un
« travail rude qui demande la force, cette force m'est
« donnée, mais précisément pour le temps du travail,
« après quoi je retombe dans ma première disposition de
« faiblesse et de langueur. Cette expérience réitérée fait
« que je prends presque tout sur moi, ou, pour mieux
« dire, sur le secours de Dieu, sans me décharger sur per-
« sonne. »

Une autre fois elle écrivait encore : « Mon occupation
« intérieure est toujours la même ; elle semble même se
« fortifier dans la dissipation inséparable d'un pareil em-
« ploi : Dieu se communique et se laisse trouver partout.
« Le jour de la grande fête du Sacré-Cœur que nous ve-
« nons de célébrer, j'ai été accablée de ses miséricordes :
« il m'a semblé que le Cœur adorable de Jésus se dilatait
« pour répandre avec abondance ses richesses dans le mien.
« (*Ici est une lacune bien regrettable.*) Je ne trouve plus
« d'expressions pour faire connaître ce que Dieu daigne
« opérer en moi. Mon âme est dans un étonnement extrême

« de voir ce qu'on lui montre, sans sortir des bornes de
« la foi; ce sont des écoulements de Dieu qui la remplis-
« sent toute et qui se déchargent sur le corps. (*Une nou-
« velle lacune a été faite ici par l'ancien biographe.*) Je ne
« puis presque plus prier sans me trouver dans une espèce
« de saisissement qui me met hors d'état de participer à ce
« qui se passe au dehors. Ce ne sont pas des saisissements
« qui violentent et qui embarrassent, mais c'est un assou-
« vissement, une plénitude qui met l'âme dans l'impuis-
« sance de rien recevoir de ce qui lui est donné hors du
« dedans..... Je vis, par la grâce de Dieu et par la force
« de son opération, dans un état de consommation conti-
« nuelle et pour le corps et pour l'âme; je sens un être
« divin qui domine tous mes mouvements. Ma lumière,
« mon occupation, c'est Dieu; je ne sais plus rien autre.
« La vue continuelle de ce que Dieu est porte dans l'âme
« une pureté qui la dispose, d'un moment à l'autre, à une
« augmentation de connaissance et d'amour; ces grâces
« portent avec elles je ne sais quel feu qui purifie sans
« cesse le fond dans lequel elles doivent être reçues. »

Une faveur singulière fut encore accordée à notre Sœur
Anne-Madeleine au jour de la fête de la Présentation de
Notre-Dame; elle ne la confia jamais qu'à la digne Mère
Nogaret, sa Supérieure, et à son directeur. Après avoir
renouvelé solennellement ses vœux et s'être unie par la
communion à son céleste Epoux Jésus, son cœur devint
tout à coup comme une fournaise ardente, d'où s'échappaient des flammes d'amour qui, se faisant jour à travers
sa poitrine, y laissèrent une petite ouverture. La douleur
de cette plaie fut très-vive et semblable en quelque sorte,
d'après ce qu'elle en rapporta, à celle qu'éprouva sainte
Thérèse quand un séraphin lui transperça le cœur : c'é-
tait une souffrance tout à la fois délicieuse et profondément douloureuse. Quelque temps après, cette plaie, en se

fermant, laissa, sur le côté gauche où elle avait été faite, une élévation en forme de cœur, qui ne s'abattit qu'au jour de sa mort; mais la forme du cœur demeura parfaitement tracée et jugée surnaturelle par le médecin chargé de l'examiner.

Une grâce plus sublime encore, si ce n'est pas la même, d'après les rapports qui s'y rencontrent, lui fut aussi accordée le jour de la Présentation. Notre Seigneur, se montrant à elle, lui enleva son propre cœur pour le jeter dans le sien, qu'Il lui découvrit comme une fournaise ardente, où ce cœur ainsi abîmé devint aussi tout feu. Jésus, l'en retirant alors, le remit de nouveau dans la poitrine de son épouse bien-aimée, qui rapporte elle-même cette faveur dans ses mémoires. « Il m'a semblé, dit-elle, que mon
« être allait se perdre et s'anéantir pour faire place à l'ê-
« tre nouveau que Dieu formait en moi. Pendant cette
« jouissance de Dieu même, mon âme a été comme sépa-
« rée de mon corps : j'ai compris que, lorsque Dieu mon-
« tre à sa créature quelque chose de son essence, Il com-
« mence par la mettre au-dessus de l'humanité, afin que
« la lumière pénètre avec moins d'obstacles et qu'elle soit
« reçue dans toute sa plénitude. Je ne puis en dire les ef-
« fets pour l'intérieur; mais il a plu à Dieu d'y ajouter
« une preuve sensible de son amour. Il m'a semblé que
« notre Seigneur Jésus-Christ se présentait à moi, et que,
« m'enlevant mon cœur, Il le mettait dans le sien, qui m'a
« paru une fournaise ardente, où mon cœur s'est trouvé
« en un instant changé en feu. Après quoi, ayant remis
« mon cœur à sa place naturelle, j'ai éprouvé les mêmes
« douleurs qu'on sent quand le fer et le feu sont appli-
« qués à quelque partie du corps, avec cette différence
« que l'opération douloureuse était accompagnée de dou-
« ceurs que je ne puis exprimer. »

Nous allons laisser cette âme angélique nous dire de

nouveau les effets de ces grâces célestes : « Les mystères
« les plus cachés m'ont paru n'avoir plus rien d'obscur :
« ils ont été montrés dans un jour duquel l'ombre du doute
« n'oserait approcher. Je sens un feu qui pénètre jusqu'à
« la moelle de mes os, et qui me fait souffrir d'une ma-
« nière que Dieu seul sait : ce feu porte à l'âme une aug-
« mentation de connaissance et d'amour. D'un instant à
« l'autre il lui est donné par ce feu de nouveaux biens et
« des lumières plus pures sur ce que Dieu est. »
Une autre fois elle disait encore : « Le feu dont Dieu
« me brûle est si violent, qu'il me semble que l'applica-
« tion du feu naturel ne serait rien en comparaison de ce
« que je souffre. Dieu semble depuis quelque temps, mon
« Révérend Père, faire couler dans mon cœur, dans tou-
« tes les puissances de mon âme, un principe divin qui
« les élève, les applique et les dilate pour les rendre ca-
« pables des biens qu'Il daigne y verser. Ces biens ne
« perdent rien de leur pureté pour être mis dans un fond
« capable de les corrompre ; ils demeurent toujours, par
« la bonté infinie de Dieu, ce qu'ils sont lorsqu'ils sortent
« de son sein, et par l'hommage que la créature lui en
« rend, ils retournent à Lui de même qu'ils en sont sor-
« tis. Dieu a daigné introduire ce rien criminel dans son
« sein adorable pour lui communiquer ce qu'Il possède en
« Lui-même, afin que, par cette espèce de divinisation, il
« pût se former en moi une gloire qui lui fût proportion-
« née. Les richesses sont venues fondre sur mon âme,
« comme un déluge ou un torrent qui emporte toutes les
« digues et que rien ne peut arrêter ; il n'y a eu cepen-
« dant ni efforts ni violence. Le passage étant ouvert et
« les obstacles levés, tout se fait en paix, au lieu qu'au-
« paravant les lumières semblaient produire les ténèbres
« dans notre âme, à cause de sa faiblesse et de ce qu'il y
« avait encore à purifier ; elle se trouve à présent en état

« de soutenir, en quelque manière, le poids de la majesté
« de Dieu et l'éclat de sa gloire, non plus par des lumiè-
« res de foi, mais par une clarté qui l'a mise dans une es-
« pèce de possession de cette vue de Dieu, qui est plus
« pour le ciel, en quelque sorte, que pour la terre. »

Il arrivait quelquefois à notre Sœur Anne-Madeleine
d'avoir bien de la peine à cacher au dehors l'opération
de Dieu en elle. Elle écrivait à ce sujet : « Ce qui me
« jette dans l'étonnement, c'est une occupation de Dieu
« dans le fond de l'âme, que les impressions du dehors
« n'arrêtent ni ne retardent point. Il n'est pas même pos-
« sible que le fond ainsi rempli puisse rien recevoir de
« ce qui se passe à l'extérieur pour s'en occuper ni même
« pour le regarder. C'est là que Dieu s'explique, non plus
« par des paroles qui semblent sortir de Lui, mais par
« une connaissance puisée dans son sein et qui est Lui-
« même.

« La lumière qui venait de la parole montrait ce qu'il
« fallait faire, et celle-ci non seulement le montre, mais
« l'exécute d'une manière digne de Dieu. Il y a quelques
« jours qu'étant au parloir, je fus saisie tout à coup ; mais
« j'eus assez de liberté pour éviter qu'il ne parût rien de
« ce qui se passait au dedans ; on s'aperçut seulement que
« j'avais peine à répondre et à fixer mon attention à ce
« qu'on me disait. Je me fis une telle violence pour me
« contenir, que j'en eus le corps tout brisé ; encore fus-je
« obligée de me retirer. Si cela continue, mon Révérend
« Père, il faudra mourir ; mais la belle mort ! Il ne m'est
« pas possible de résister à la force de l'opération ; elle
« me réduit à l'état d'une personne qui n'a plus qu'un
« souffle de vie. Quelque part qu'elle me saisisse, il faut
« me rendre, sans pouvoir en prévenir les effets exté-
« rieurs. L'autre jour, au moment où le prêtre me don-
« nait la sainte hostie, je reçus une connaissance très-vive

« des complaisances que les trois Personnes de la sainte
« Trinité daignent prendre dans son âme, lui manifestant
« les richesses immenses qu'elles possèdent dans leur
« unité.

« Il n'y eut pas moyen pour moi de me tirer de la grille
« de la communion; heureusement il n'y avait personne
« qui me suivît pour communier, mais toute la commu-
« nauté était au chœur. Je fus en cet état près d'une
« heure, et l'impression de cette grâce dura presque tout
« le jour, de même que l'épuisement où elle me réduisit.
« C'est ainsi que Dieu se découvre à sa créature! Mais
« dites-moi, mon Père, que lui ai-je fait pour se montrer
« ainsi à moi? ou plutôt que faut-il que je fasse?..... Que
« ne puis-je lui attirer tous les cœurs! Je me suis trouvée
« investie et pénétrée de la gloire de Dieu, qui m'a in-
« troduite dans la connaissance par laquelle Il se connaît
« et dans l'amour par lequel Il s'aime. J'ai compris, mais
« au-delà de tout ce qu'on peut exprimer, que les trois
« adorables Personnes de la très-sainte Trinité opéraient
« en moi toutes choses nouvelles, et contractaient avec moi
« une alliance d'amour et de miséricorde. (*Ici encore une*
« *lacune.*) Je ne puis pas savoir combien ces vues et ces
« impressions ont duré; ce que je sais, c'est que les sens
« n'y ont pas eu de part. Tout a été accompagné de si gran-
« des clartés et de tant de certitude, qu'il ne me serait
« pas possible de former le moindre doute sur la vérité
« des choses qui m'ont été communiquées. Dieu m'a fait
« voir dans sa miséricorde et goûter les propriétés de sa
« bonté, de sa puissance, de sa sagesse, de sa gloire et de
« ses autres divines perfections. C'est un abîme de délices
« d'autant plus grandes et plus excellentes qu'elles se
« trouvent renfermées dans la simple et seule vue, si je
« puis m'exprimer ainsi, de l'essence de Dieu. »

Il plut aussi à la divine bonté de lui dévoiler plusieurs

fois une partie du bonheur des anges. « Dieu me fait
« quelquefois participer, écrivait-elle, à la gloire que les
« anges trouvent en Lui; cette participation a été plus
« abondante cette année le jour de leur fête. Il me sem-
« blait qu'une lumière commune nous faisait puiser dans
« le même sein, et me tenait ravie avec eux dans l'objet
« de leur gloire et de leur amour. Les anges tutélaires
« de nos Sœurs se rendirent plus présents à moi qu'elles
« ne l'étaient à elles-mêmes, mais d'une présence toute
« spirituelle qui ne laissa pas de me tenir tout le jour
« comme une personne absorbée dans un torrent de dé-
« lices. »

Dans un autre ravissement, notre Seigneur daigna lui
manifester les richesses de son sang adorable, l'application qui en était faite à son âme, et l'opposition qu'ap-
portaient à cette miséricordieuse et entière application la
plupart des autres âmes. « Commençant mon oraison, dit-
« elle, je sentis que Dieu attirait à soi toutes les puissan-
« ces de mon âme; mes sens étaient presque sans vie et
« hors d'état de recevoir aucune impression de ce qui se
« passait au dehors. Alors je vis, par une vue purement
« spirituelle, notre Seigneur Jésus-Christ qui daignait se
« montrer à moi dans son humanité, et, me présentant
« son Cœur, Il me permettait d'en découvrir les secrets
« et pénétrer les mystères; il sortait de ce Cœur une grande
« abondance de sang qui se répandait sur moi et sur mes
« actions, qui, par la vertu de ce sang, n'avaient plus rien
« de défectueux aux yeux de Dieu. Quelque frappante que
« fût cette vue, je n'étais occupée, ce me semble, que des
« richesses de la divinité qui résidait dans le Cœur ado-
« rable de mon Sauveur. Il me découvrit ses miséricordes
« sur mon âme et sur un nombre de personnes pour les-
« quelles Il veut que je le prie.

« Je le conjurai de répandre ce sang sur toutes les per-

« sonnes pour lesquelles Il me faisait le prier ; mais de
« toutes celles que je lui présentai, il n'y en eut qu'une
« seule qui reçut toute la mesure qu'Il voulait leur en
« donner. Je conçus les différentes oppositions qu'il y avait
« dans ces âmes à recevoir cette mesure, et Dieu semblait
« alors se former en moi la gloire qu'elles lui refusaient.
« Depuis ce temps-là, il me semble que je n'agis plus que
« par un principe divin qui domine sur tous mes mouve-
« ments, qui les règle, les applique, et m'avertit de mes
« devoirs extérieurs, sans qu'il soit besoin d'y apporter
« mon application.

« Le même objet, rapportait-elle un peu après (c'est-à-
« dire la même vision), s'est présenté à moi une seconde
« fois d'une manière encore plus claire et mieux mar-
« quée ; mais, au lieu que la première fois le sang de mon
« Sauveur Jésus avait été répandu sur moi et sur mes ac-
« tions, il m'a été permis cette fois de puiser moi-même
« dans ce sang adorable la lumière, la force et la vie de
« Dieu même. Les trois Personnes divines ont daigné con-
« tracter avec moi une alliance nouvelle et éternelle : j'ai
« été comme plongée dans la gloire qui environne le trône
« de la majesté de Dieu, et j'ai entendu les esprits bien-
« heureux m'adresser ces paroles : *Heureux sont les yeux*
« *qui voient ce que vous voyez !* J'ai reçu de plus une as-
« surance que je ne perdrais rien de cette vie, de cette
« lumière et de cette occupation que notre Seigneur me
« faisait puiser dans son sang, quelque disposition que
« l'obéissance fît de moi à l'extérieur. »

Notre vertueuse Sœur, n'ayant pu parler un jour à sa
Supérieure, lui écrivit ces lignes : « Ma bien-aimée Mère,
« les miséricordes du Seigneur sont toujours abondantes
« sur mon âme. Je ne puis presque plus prier sans avoir
« lieu d'appréhender quelque effet extérieur qui fasse
« connaître au dehors ce qui se passe au dedans ; je vou-

« drais bien cependant, autant qu'il est en moi, cacher
« les dons de Dieu. Obtenez-moi cette grâce, ma bonne
« Mère, par vos prières, et conjurez le bon Dieu de ne
« laisser rien paraître, si ce n'est ce qui peut m'attirer
« des humiliations. »

CHAPITRE DOUZIÈME.

Notre chère Sœur continue avec succès sa mission d'apôtre et de victime du sacré Cœur de Jésus. — Elle prédit sa mort. — Sa première maladie. — Sa guérison.

Tandis que Jésus se plaisait à répandre sur son épouse *victime* les grâces les plus ineffables, cette âme éclairée de la vraie lumière, loin de s'en élever, n'entrevoyait que mieux son néant. Elle eût voulu être méprisée de tous, foulée aux pieds de tous; mais tels n'étaient pas les desseins du Seigneur. Comme nous l'avons dit, les souffrances du Calvaire ni les opprobres du prétoire ne devaient pas faire la part de son immolation; c'est du tabernacle que partait le glaive choisi pour la transpercer, glaive caché, mais plus douloureux encore que celui du Calvaire, où la compassion peut adoucir le sacrifice. Victime du sacré Cœur de Jésus, notre Sœur Anne-Madeleine devait partager son immolation. Le sang ne découle pas du tabernacle, le silence et le calme règnent autour de l'autel; des adorateurs mêmes y sont souvent prosternés, et cependant qui nous dira le martyre du Cœur de Jésus-hostie!..... Le regard perçant de ce souverain Maître s'étend du tabernacle jusqu'aux extrémités de la terre, et Il voit le péché en recouvrir toute la surface; Il voit son sang foulé aux pieds et le rachat divin devenu presque inutile à tous. L'état glorieux et impassible de Jésus ne lui permet plus, il est vrai, de souffrir aujourd'hui ces choses en réalité ; mais Il les a souffertes dans sa vie mortelle, et Il les souffre encore dans les âmes qu'il s'est étroitement unies et qu'Il a destinées à recevoir en elles le souffle, l'écoulement de sa vie du tabernacle. Oui, Jésus souffre dans ces âmes, et ces âmes souffrent en Jésus. C'est à elles seules qu'appartient l'intelligence vraie du martyre de Jésus-hostie et la réalisation de ces divines paroles : *Comme je vis par mon Père, ainsi celui qui me mange vivra aussi par moi.*

Notre Sœur Anne-Madeleine tint sans doute un des premiers rangs parmi ces âmes élues; avec l'Agneau divin elle porta dans son cœur tous les péchés du monde. Le péché avec toute sa laideur lui apparut en quelque sorte comme il apparaît à Dieu lui-même; elle le vit ravissant à sa souveraine Majesté son bien propre et essentiel, sa gloire qu'Il ne saurait céder à personne. Aussi que n'eût-elle pas voulu faire et souffrir pour lui restituer cette gloire accidentelle que lui ravit sa créature? Mille fois elle offrit sa vie, son honneur et tout son être en sacrifice. Mais le sacrifice que le Seigneur demandait de son épouse, c'était celui du Cœur de Jésus dans son tabernacle, c'est-à-dire l'élévation continuelle de son âme pour demander miséricorde, et l'anéantissement de son être moral, par la cessation de tout mouvement propre, pour n'agir en toutes choses que par le mouvement divin. La vie tout entière de notre sainte Sœur nous retrace sa fidélité à cet appel. Qu'il est triste de penser, si l'on veut bien nous permettre cette réflexion, qu'il est triste de savoir que bien des âmes seraient appelées aussi à recevoir en elles la vie du tabernacle et à rendre à notre divin Époux une gloire peut-être non moins grande que ne le fit notre Sœur Anne-Madeleine, tandis que, faute de courage, elles reculent devant l'appel divin ! *Prenez et mangez,* nous dit Jésus en nous ouvrant la porte de son tabernacle et de son Cœur ; nourrissez-vous de ce Pain de vie... Mais je vous impose une condition, c'est que vous *fassiez ceci en mémoire de Moi* ; que vous laissiez couler ma vie d'hostie dans votre âme, comme la vie de mon Père s'écoule tout entière dans mon humanité, sans y rencontrer aucune résistance.

Notre Sœur Anne-Madeleine ne continuait pas moins cependant à s'acquitter de sa mission d'apôtre du sacré Cœur qu'elle ne le fit de sa tâche de victime ; se faisant, comme l'Apôtre, *toute à tous*, elle les gagnait tous à ce Cœur adorable. La confiance en ses lumières était devenue générale et prenait chaque jour de nouveaux accroissements. Mgr de Belzunce, tout en lui continuant ses soins si assidus et si paternels pour la direction de son âme, de concert avec le P. Girard, de la Compagnie de Jésus, ne laissait pas de la consulter dans les circonstances les plus importantes, se prévalant fréquemment des connaissances surnaturelles dont cette âme privilégiée était enrichie du ciel. Une fois entre autres ce grand Prélat avait un voyage à faire, et il hésitait, prévoyant les suites fâcheuses qui pourraient en résulter, si le succès de l'affaire qu'il avait à traiter ne répondait pas à ses démarches. Pour s'en assurer, il eut recours à sa fille bien-aimée et lui confia ce dont il s'agissait, en lui recommandant de consulter Dieu. Notre obéissante Sœur, après avoir quitté son Evêque, alla se prosterner, comme toujours dans ces sortes de rencontres, au pied du tabernacle. La lumière ne se fit pas attendre : notre Seigneur l'assura de l'heureux succès du voyage et des consolations abondantes qui en reviendraient au Prélat. Sur cet avis, Mgr de Belzunce partit, et tout se vérifia selon la révélation divine.

C'est ainsi que ce grand Evêque savait apprécier le don de Dieu et chercher sa consolation auprès des âmes saintes, malgré la multitude de ses occupations dans un diocèse aussi important que le sien, et surchargé d'ailleurs par la fatale mortalité, qui lui avait enlevé une partie notable de son clergé pendant la peste, sans parler de la vigilance et la sollicitude qu'exigeaient de son zèle les ravages du jansénisme. Les familles religieuses n'en reçurent pas moins tous ses soins : c'était auprès d'elles, disait-il, qu'il éprouvait les plus utiles délassements dans ses rudes fatigues. Le P. Girard avait été chargé, avec l'approbation de Mgr de Belzunce, de la direction de notre Sœur Anne-Madeleine, depuis la mort du R. P. Milley, en 1720, et il ne cessa de l'aider de ses avis jusqu'à la fin de sa vie. Ce Père, si indignement calomnié dans le procès qui lui fut intenté par les jansénistes, mérita toute la confiance de notre vénérée Sœur, et cela durant dix ans entiers. Comment cette confiance si intime, jointe à celle de Mgr de Belzunce, ne le justifierait-elle pas pleinement des noires calomnies de ses détracteurs? Nous avons vu d'ailleurs des mémoires renfermés dans un volume manuscrit du frère Pacifique, capucin, où il est facile de se convaincre de la fausseté des accusations portées contre le P. Girard, à l'occasion de la direction d'une fille possédée du démon. Nous dirons encore que cette estime pour ce bon Père fut partagée également par la Mère Anne-Théodore Nogaret, qui, par ses rares vertus, sa capacité et son expérience consommée, s'entendait si bien au choix d'un directeur.

Le P. Girard n'habitant pas Marseille, c'était ordinairement par le moyen de la correspondance que notre sainte Sœur lui ouvrait son âme et en recevait les avis nécessaires pour se soutenir dans ses longues épreuves. D'après un billet qu'elle lui adressait pendant sa retraite annuelle de 1728, nous pouvons juger de l'intérêt qu'elle portait à ce Père et des lumières qu'elle recevait pour lui

du ciel. Notre Seigneur le lui montra, un des jours de sa
retraite, offrant pour elle le très-saint sacrifice de la messe,
sans qu'il l'en eût en aucune façon prévenue. « Je vous
« remercie, mon Révérend Père, lui disait-elle dans ce
« billet, de la messe que vous avez eu la bonté de dire
« jeudi pour moi; j'en fus avertie par notre Seigneur.
« Quoique j'aie été unie avec vous tout le temps de ma
« retraite, je le fus encore plus spécialement ce jour-là
« pour rendre aux trois Personnes de l'adorable Trinité
« des actions de grâces proportionnées aux biens reçus.
« Vous y avez eu votre part : j'ai reçu pour vous et pour
« moi ! (*Ici une lacune faite par l'ancien historien.*) Je
« crois que le sacré Cœur de Jésus exige de vous un sa-
« crifice entier de vous-même; Il veut que vous ne vous
« refusiez à rien de ce que vous connaîtrez être de sa
« gloire. Il demande singulièrement un esprit anéanti,
« mort à toute propriété et continuellement dépendant de
« sa grâce. » On juge, en lisant ces lignes, s'il est admis-
sible qu'une âme aussi éminemment pure et éclairée que
le fut toujours notre bien-aimée Sœur eût pu contracter
une union aussi étroite avec ce Père et demeurer pendant
dix ans entiers sous sa conduite, s'il n'eût pas été digne
de toute sa confiance.

Notre Sœur Anne-Madeleine continuait cependant à remplir toujours plus dignement sa charge d'économe : revêtue, comme nous l'avons déjà vu, d'une force déjà surnaturelle, elle satisfaisait avec une rare dextérité et un à-
propos admirable à tous les besoins de sa grande famille.
Chaque officière ne pouvait se lasser de louer son abord
facile, ses manières larges et doucement charitables; la
communauté tout entière tressaillait enfin de bonheur, lui
voyant supporter si facilement les fatigues de son emploi,
et fondait sur elle ses plus chères espérances pour l'avenir. En effet, que n'aurait-on pas eu lieu d'attendre d'une

Supérieure possédée en un degré si élevé de l'Esprit de Dieu et douée des rares qualités dont le Seigneur avait si richement pourvu notre bien-aimée Sœur? Mais telles n'étaient pas les pensées de Dieu sur l'épouse qu'Il s'était choisie. Sa mission était remplie; avec le doux Sauveur du monde, elle pouvait dire : *Tout est consommé..... J'ai achevé l'œuvre que vous m'avez donnée à faire.* Depuis longtemps elle soupirait après le moment où elle verrait sa maison de boue tomber en ruine et son âme s'abimer à jamais dans le Cœur adorable où elle puisait uniquement sa respiration et sa vie. Comme il lui arrivait fréquemment d'exprimer la véhémence de ses désirs, on l'en reprit comme d'un acte imparfait, opposé au bon plaisir divin qui la retenait encore ici-bas. Depuis lors elle n'en témoigna plus rien à l'extérieur. Notre Sœur Anne-Madeleine, dès son entrée au noviciat, n'avait cessé de dire, selon les occasions, qu'elle aurait le bonheur de mourir à l'âge de trente-trois ans. Ses compagnes, malgré toute la confiance qu'elle leur inspirait, n'attachèrent aucune importance à ces paroles, imaginant que la ferveur de son amour les lui inspirait. On n'y ajouta pas plus de foi dans la communauté, quand on l'entendit les redire assez fréquemment; mais il n'en fut pas de même lorsqu'un jour, pendant la récréation, on la vit, toute ravie en Dieu, s'écrier dans un saint transport : *Je mourrai cette année..... Mourir à trente-trois ans! oh! que cela est beau!*

Cette joie exprimée avec tant de véhémence par notre chère Sœur, loin d'être partagée, comme on le juge bien, par la communauté, y jeta l'alarme, et la douleur fut à son comble quand on vit la fièvre la saisir peu après, et les médecins craindre sérieusement pour des jours si précieux. La malade seule voyait avec la plus douce sérénité la mort s'approcher. Son âme, abandonnée au bon plaisir de son divin Époux, avait arrêté l'impétuosité de ses dé-

sirs pour le laisser accomplir sur elle ses desseins éternels, tandis que les bras s'élevaient de toutes parts vers le ciel pour demander sa conservation. Le Seigneur, touché à la vue d'une douleur si profonde et si universelle, voulut bien retarder un peu l'heure du sacrifice ; les remèdes parurent opérer, et bientôt notre vénérée Sœur se trouva en état d'écrire les lignes suivantes : « Je n'ai aucun dé-
« sir, mon Révérend Père, ni pour la vie, ni pour la
« mort ; ce n'est qu'à certains moments, qui ne font que
« passer, qu'il me semble que ce serait pour moi une
« grande consolation, si ma trente-troisième année, que
« je ne fais que de commencer, pouvait être toute con-
« sommée dans la douleur et finir toutes celles de ma
« vie ! Mais je ne m'arrête pas à cette pensée, et je ne
« refuserai pas le travail, tant qu'il plaira à notre Sei-
« gneur, quelque long et pénible qu'il puisse être. »

Ses vœux furent pleinement exaucés : cette trente-troisième année s'écoula tout entière dans la consommation de la douleur, et elle mit à sa vie le terme si désiré. Une autre fois elle écrivait encore ces paroles remarquables :
« Il me tarde de voir arriver le moment de la consomma-
« tion ; mais c'est sans inquiétude, et s'il fallait languir
« encore cinquante ans, je dirais : *Amen.* »

Comme elle se trouvait enfin hors de danger et en pleine convalescence, elle exprimait sa douce résignation en ces termes : « Selon toutes les apparences, il faudra vivre
« encore..... Le bon Dieu ne veut point de moi ! Il faut
« qu'il y ait en moi quelque chose qui le rebute et l'o-
« blige à me renvoyer de la porte après m'y avoir con-
« duite ; qu'Il soit béni à jamais ! J'ignore ses desseins,
« mon Révérend Père, mais j'entrevois de grandes ri-
« chesses attachées à cet état de souffrances : tout le
« monde est surpris de me voir prête à suivre les exer-
« cices de la communauté et à retourner à mon emploi.

« Je me laisse conduire pour les ménagements qu'il y a
« à garder pendant la convalescence ; la seule chose que
« j'ai demandée et obtenue, c'est la communion que tout
« mon fonds désire..... »

CHAPITRE TREIZIÈME.

Dernière maladie de notre vertueuse Sœur. — Grâces précieuses
de ses derniers moments. — Sa sainte mort.

On ne saurait dire la joie qui se répandit dans la communauté, quand on vit notre Sœur Anne-Madeleine revenue à son état normal après une maladie aussi alarmante, et se livrer comme auparavant aux occupations multipliées de sa charge. On se flattait qu'il plairait à Dieu de la conserver encore longtemps à une famille dont elle avait toujours été le modèle si parfait, et qui s'efforçait de plus en plus de marcher sur ses traces; mais les pressentiments de notre vénérée Sœur étaient bien différents. Tout en continuant à remplir les fonctions pénibles de son emploi d'économe, elle ne laissait pas de sentir ses forces diminuer de jour en jour. Comme la Sœur robière lui présentait un habit neuf qu'elle lui avait fait à son insu, sachant bien que son amour pour la pauvreté le lui ferait refuser si elle le lui proposait, notre bien-aimée Sœur lui dit avec conviction : « Pourquoi, ma bien chère « Sœur, m'avez-vous fait un habit neuf? Je ne l'userai « pas, et d'autres auront peut-être de la peine à s'en ser« vir quand je l'aurai porté. »

Une autre fois elle dit à une Sœur, après s'être entretenue assez longtemps avec elle sur la dévotion au sacré

Cœur de Jésus : « Cette dévotion prendra bientôt de plus
« grands accroissements; mais je ne le verrai pas. » Son
état intérieur contribuait d'ailleurs beaucoup à l'acheminer à grands pas vers sa fin. Notre chère Sœur passait
tout à la fois par des excès de souffrances et de consolations divines que son faible corps ne pouvait plus supporter; un feu céleste la consumait, et elle n'était plus maîtresse d'en contenir au dedans les assauts. Il lui suffisait
de parler ou d'entendre parler du Cœur de Jésus pour les
voir se renouveler, et cependant elle ne pouvait en quelque sorte parler d'autres choses! Elle se vit plus d'une
fois obligée de sortir promptement du parloir ou de la salle
des assemblées pour donner un libre cours à ses larmes et
à son amour : *Je ne crois pas pouvoir soutenir plus longtemps de tels assauts*, dit-elle un jour. *Il en sera d'ailleurs tout ce que le bon Dieu voudra.*

Rien encore n'annonçait à l'extérieur que sa course
était sur sa fin, quand, au premier jour de l'an, la Sœur
à qui elle avait été donnée pour aide spirituelle s'avança
après le chapitre pour lui témoigner toute sa joie du bien
qu'elle espérait retirer de ses bons avis. « Ah! ma pauvre
« Sœur, lui dit alors notre Sœur Anne-Madeleine en la
« serrant dans ses bras, vous perdrez bientôt votre aide. »
Comme la Sœur refusait d'y croire, elle ajouta : *N'oubliez pas ce que je vous dis.* Mais aux pressentiments
qu'il plaisait à la divine bonté de lui donner de sa mort
prochaine étaient jointes de fréquentes assurances de la
gloire qui l'attendait au ciel. « Les assurances que Dieu
« me donne de la gloire qu'Il me réserve dans le ciel,
« écrivait-elle, sont toujours plus fréquentes et plus par-
« faites. Il m'a fait voir et goûter dans sa miséricorde les
« propriétés de sa bonté, de sa puissance, de sa sagesse,
« de sa gloire et de ses autres divines perfections; c'est
« un abîme de délices d'autant plus grandes et plus ex-

« cellentes, qu'elles se trouvent renfermées dans la sim-
« ple et seule vue de l'essence de Dieu. »

Voici les dernières lignes tracées de la main de cette vénérée Sœur ; nous y verrons combien la vie divine était devenue sa vie : « Que Dieu est admirable dans la conduite
« qu'Il tient sur moi ! que ses miséricordes sont infinies
« sur un néant criminel ! Je vis, par la force de son opé-
« ration, dans un état de consommation continuelle et
« pour le corps et pour l'âme. Je sens, mon Révérend
« Père, un être divin qui domine sur tous mes sens et
« mes mouvements, qui les règle, qui les applique, sans
« que je comprenne comment, ni qu'il me soit laissé au-
« cun désir de le savoir. Ma lumière, mon occupation,
« ma vie, c'est Dieu ; je ne sais plus rien autre.

« Il me semble, à certains moments, qu'il y a bien à
« souffrir ; mais pour l'ordinaire je ne vois ni la souf-
« france ni la jouissance. Tout objet distinct paraît ab-
« sorbé par la vue continuelle que Dieu me donne de ce
« qu'Il est. Cette vue porte dans l'âme une grande pu-
« reté, et la dispose d'un moment à l'autre à une aug-
« mentation de connaissance et d'amour, qui n'est pas
« même interrompue par un nombre d'infidélités que
« Dieu prend soin de purifier dans le moment par la lu-
« mière qu'Il m'en donne et par la douleur qui en est
« l'effet. Je découvre tous les jours, mon Très-Révérend
« Père, ce que vous me marquez, qu'il y a encore bien
« à donner, et qu'il y a encore plus à recevoir. Il faut
« vivre, dites-vous, pour cela ; à la bonne heure ! Mais
« conjurez notre Seigneur de se hâter de finir son ou-
« vrage, et qu'Il ne permette pas que je l'arrête d'un seul
« instant. »

C'est là l'état sublime et consommé où la fidélité de
notre Sœur Anne-Madeleine la conduisit. La grâce la pré-
vint, il est vrai, d'une façon toute spéciale, dès sa plus

tendre enfance; mais c'est la correspondance incessante qu'elle y apporta qui lui valut évidemment le haut degré de perfection où elle arriva. Tout dépend de cette correspondance dans la vie intérieure, nous ne pouvons en douter, et c'est là ce que nous semblons oublier en lisant la vie des saints : les faveurs singulières dont nous les voyons enrichis nous font quelquefois illusion, en nous persuadant qu'avec de pareils dons du ciel il soit facile de se sanctifier. Nous ne remarquons pas assez les longues et terribles épreuves qu'ont eu à subir tous les saints, et qui sont le vrai sceau de la sainteté. Combien d'âmes auxquelles étaient destinées les plus hautes faveurs sont demeurées les mains vides pour n'avoir pas répondu aux premières grâces, ou n'avoir pas supporté avec assez d'amour et d'abandon les premières épreuves !

Malgré tous les pressentiments que notre bien-aimée Sœur avait si fréquemment exprimés sur sa mort prochaine, on espérait la conserver encore, tant la pensée d'un tel sacrifice semblait inadmissible; d'ailleurs la gloire de Dieu paraissait attachée à la prolongation de sa vie. De plus, aucun signe alarmant ne s'était manifesté à ce sujet : elle seule expérimentait le dépérissement de ses forces. Sa générosité, jointe à une grâce spéciale, continuait à la soutenir et à lui permettre de se livrer, comme avant sa dernière maladie, aux fatigues quelquefois accablantes de sa charge d'économe; son dévouement n'avait pas faibli non plus, et au dedans comme au dehors de la maison, chacun tenait à bonheur de dépendre de sa douce conduite et de s'éclairer de ses lumières. Mais quelle ne fut pas la douleur de la digne Mère Nogaret, sa Supérieure, vers la fin de janvier, quand on vint lui annoncer que notre Sœur Anne-Madeleine était saisie d'un violent crachement de sang, qui la laissait presque sans vie? Cette bonne Mère courut aussitôt pour lui donner ses soins empressés : elle la fit promptement transporter à l'infirmerie et mettre au lit. Notre vertueuse Sœur Anne-Victoire Remuzat était alors infirmière ; on se rappelle qu'elle vint rejoindre sa sœur cadette quelques mois après son entrée au noviciat. Il est facile d'imaginer le déchirement du cœur de la chère infirmière, voyant sa sœur bien-aimée dans un si grand péril ; cependant on se flattait encore, attendu que précédemment quelques accidents de cette nature s'étaient manifestés sans laisser de fâcheuses suites.

Le médecin ayant été appelé, crut n'apercevoir aucun mauvais symptôme, ce qui acheva de rassurer. On juge cependant des tendres soins dont fut entourée notre précieuse malade ; le bon Dieu sembla les bénir et vouloir se rendre encore une fois aux vœux qui lui étaient adressés. Le dimanche dans l'octave de notre bienheureux Père saint François de Sales, notre Sœur Anne-Madeleine se sentit assez de forces pour se lever ; probablement elle dut de plus assister au saint sacrifice de la messe ce même jour, et le froid l'ayant saisie, un violent rhume se déclara la nuit suivante. Le médecin l'ayant de nouveau visitée, assura encore que la maladie n'offrait rien d'alarmant ; il persista ainsi jusqu'à la fin. Mais notre Sœur chérie, loin de partager sa manière de voir, s'assurait de sa fin prochaine ; elle parlait dans ce sens à sa Supérieure et à ses Sœurs bien-aimées, qui se disputaient le bonheur de la voir, de l'entendre et de recevoir ses derniers avis.

Le Seigneur, dans sa miséricorde et son amour ineffable pour une âme qu'il possédait pleinement, voulut jusqu'à la fin lui laisser remplir sa glorieuse mission de *victime*. Malgré la véhémence des désirs qui la pressaient sans cesse d'aller s'unir à son céleste Epoux, elle ne fut pas moins privée, à ce qu'il paraît, pendant plusieurs jours, de la joie qu'aurait dû lui apporter la vue de sa pro-

chaîne délivrance; son martyre intérieur sembla même
prendre un nouvel accroissement, et le dépérissement de
ses forces physiques, loin de diminuer les souffrances aiguës auxquelles son corps était en proie, y ajoutait encore. La fièvre qui la consumait, jointe à l'ardeur de son
amour souffrant, avait allumé en elle comme un feu dé-
vorant. La Mère Nogaret lui demandant comment elle se
trouvait : « Je n'aurais pas cru, ma bien bonne Mère, lui
« répondit-elle, que le bon Dieu me fît une telle grâce de
« me laisser ainsi jusqu'à la fin dans la pure souffrance.
« Oui, tout est crucifié en moi ! Je souffre, ma bien-
« aimée Mère, au-delà de tout ce que je pourrais vous dire.
« Priez, je vous en supplie, afin que je corresponde à
« cette grâce. » Son visage respirait en même temps tout
le calme du ciel, et nos Sœurs ne pouvaient se lasser de
la contempler, tout en arrosant son lit de leurs larmes.

Le 14 février, comme elle se sentait tout à fait défaillir, elle pria la Mère Nogaret de faire appeler le R. P. Recteur de la Compagnie de Jésus, auquel elle avait une parfaite confiance. Dès qu'il l'eut abordée, elle lui demanda
de vouloir bien recevoir une accusation générale de toute
sa vie. Le Père, qui connaissait à fond toute la pureté de
cette âme, car il la confessait fréquemment, s'y refusa
d'abord, lui alléguant l'oppression qui la fatiguait; mais
notre Sœur chérie, retrouvant toute son énergie, lui dit
avec une force mêlée de respect : *Ah ! mon Père, Dieu
est juste, et je suis une pécheresse ! Il le demande de moi,
croyez-le.* Le Révérend Père, ne voulant pas la contrister, consentit à ses désirs, et admira, en l'entendant, le
calme de son âme, l'exactitude et la précision avec lesquelles elle s'exprima. Après avoir reçu l'absolution, elle
demeura tout abîmée en Dieu pendant un assez long espace de temps. Le R. P. Recteur, frappé et ému d'un spectacle si consolant, demeurait immobile à son tour, n'osant

interrompre les sacrées et solennelles communications du céleste Epoux aux approches du moment suprême. Quand il la vit revenue à elle, il s'en approcha pour lui demander ce qui l'avait occupée pendant ce recueillement. « Ah ! mon Père, lui répondit-elle le visage tout en « flammé, que les miséricordes de Dieu sont grandes ! « Parlez-moi du Cœur de Jésus... » Le Père n'eut pas de peine à se rendre à sa demande ; son propre cœur était trop plein pour ne pas sentir le besoin de se répandre. Après avoir ainsi satisfait les désirs de la sainte mourante, comme la nuit approchait, il la bénit et se retira, lui promettant de revenir le lendemain de bon matin.

Il est à remarquer que notre Sœur Anne-Madeleine n'avait jamais cessé, dès son enfance, d'être dirigée par les religieux de la Compagnie de Jésus. A son entrée au premier monastère, elle eut la consolation de voir ses Supérieures partager toujours pour eux sa confiance sans bornes et sa profonde estime. Ces excellents Pères l'aidaient encore puissamment à propager la dévotion au sacré Cœur de Jésus, et Dieu lui fit la grâce d'en être assistée jusqu'à ses derniers moments. Notre vertueuse mourante n'avait point encore reçu les derniers sacrements ; vers minuit, comme ses forces l'abandonnaient tout à fait, elle dit avec beaucoup de calme à sa sœur, notre chère infirmière : *Ma sœur, je me sens mourir;... qu'on m'apporte au plus tôt les divins sacrements !*

On jugea pourtant devoir attendre jusqu'au matin. Dans cet intervalle il lui échappa quelques paroles qui semblaient annoncer la crainte des jugements de Dieu ; mais bientôt la sérénité et la douce joie même répandues sur son visage témoignèrent que l'amour l'avait remporté sur la crainte. Comme elle aperçut les Sœurs qui l'entouraient répandre beaucoup de larmes, elle leur dit : « Ne « pleurez pas, je vous en prie ; il faut, mes chères Sœurs,

« ne songer qu'à se soumettre avec amour à la volonté de
« notre Dieu. » La Sœur qui lui avait été donnée pour
aide à l'économat, et qui l'affectionnait tout particulièrement, s'étant approchée de son lit, lui demanda de ne pas
l'oublier devant Dieu. *Comment pourrais-je vous oublier,
ma bien-aimée Sœur*, lui répondit-elle de la manière la
plus touchante, *vous à qui j'ai tant d'obligations ?*

Cependant le foyer d'amour qui la consumait devenait
plus ardent d'un instant à l'autre, à mesure qu'elle approchait du terme, et, ne pouvant plus contenir les assauts
qui lui étaient livrés, elle laissait échapper des paroles
brûlantes et d'ineffables transports en entrevoyant l'Epoux
qui arrivait vers elle, franchissant l'espace et *traversant
en toute hâte les collines*. Il était quatre heures du matin
lorsque, notre sainte mourante continuant à baisser de plus
en plus, on s'empressa, sur sa nouvelle demande, de lui
administrer le saint viatique. A la vue du Bien-Aimé de
son âme, ravie hors d'elle-même, on l'entendait s'écrier :
« Est-il donc bien vrai que ce soit ici l'heureux moment
« où je vais m'abîmer dans le sacré Cœur de Jésus? Je
« ne suis qu'une pécheresse, mais j'espère qu'Il me fera
« miséricorde ! »

Se retournant ensuite vers nos Sœurs, elle leur dit :
« Réjouissez-vous, mes bien-aimées Sœurs, de mon bon-
« heur ; le règne du péché va être détruit en moi ! » Puis
elle renouvela ses vœux, selon notre usage, après avoir
humblement demandé pardon à la communauté de ses
prétendus mauvais exemples, et à la Supérieure de son
défaut de soumission, elle qui avait toujours été la meilleure des filles et la plus exemplaire des Sœurs ! L'attendrissement fut général et la douleur inexprimable. Quand
elle eut reçu la divine hostie, son cœur embrasé éclata en
transports d'amour jusqu'à ce que son âme, s'en déta-
chant, alla s'abîmer dans le foyer de la charité éternelle,

le Cœur adorable de Jésus. Il était cinq heures du matin quand elle expira. Nos Sœurs, agenouillées autour de ses dépouilles mortelles, récitaient, selon sa recommandation, les litanies du sacré Cœur de Jésus, sans pouvoir se lasser de contempler ce visage qui reflétait déjà les joies éternelles ; et, malgré le déchirement des cœurs, un souffle de béatitude semblait s'être répandu dans tout l'intérieur du monastère. C'était le 15 février 1730.

Dès que Mgr de Belzunce eut appris le départ pour le ciel de cette fille si chère à son âme, il s'empressa de venir offrir pour elle, dans notre église du premier monastère, le très-saint sacrifice. Le lendemain, Sa Grandeur voulut encore, dans l'après-midi, à la tête de son chapitre, rendre les derniers témoignages de sa vénération et de son affection paternelle à celle qu'il avait introduite dans ce sanctuaire, voilée de sa main, dont il reçut les vœux solennels, et qu'il avait dirigée pendant douze ans dans les sentiers de la perfection la plus consommée. Que de consolations ineffables ce saint Prélat ne goûta-t-il pas dans les entretiens tout célestes que lui fournit la direction de cette âme d'élite ! Que de lumières mêmes n'en retira-t-il pas pour sa propre conduite et pour celle de son diocèse ! Combien de fois ne lui transmit-elle pas les volontés du ciel ? Il voulut donc en échange l'accompagner jusqu'au tombeau et faire lui-même la cérémonie de ses obsèques. Le bruit de cette mort eut dans la ville un retentissement incroyable ; on entendit aussitôt de tous côtés : *La sainte est morte !* et ces mots étaient suivis de longs gémissements. On se porta en foule dans notre église pour voir encore une fois les traits de notre Sœur vénérée. Tous étaient frappés du rayonnement de béatitude répandu sur son visage ; les Sœurs qui étaient auprès du cercueil ne pouvaient suffire à la dévotion des fidèles. On leur présentait sans interruption des chapelets, des croix, des mé-

dailles, des images, pour faire toucher à ces restes bénis ;
on demandait avec instance les fleurs qui l'entouraient.

Quand le moment des obsèques fut arrivé, la presse
était si grande dans l'église, que plusieurs personnes de
considération, ne pouvant y pénétrer, demandèrent avec
les plus vives sollicitations à Mgr de Belzunce la permission d'entrer dans le cloître. Ce bon Pasteur ne crut pas
devoir s'y refuser. La porte ouverte, on se précipita en
foule dans le monastère, et il y eut bien de la peine à se
faire jour pour descendre le cercueil dans la tombe et
pour empêcher qu'on ne dépouillât ce corps si vénéré.
On voulut ensuite voir la cellule que cette sainte Sœur
avait habitée ; dans un instant tout ce qui s'y trouvait fut
enlevé : crucifix, sentences, images, rien n'échappa à ce
dévot pillage. Chacun voulait avoir quelque chose ; mais
il fut d'autant plus difficile d'y satisfaire, que notre bien-
aimée Sœur n'eut jamais à son usage que le strict nécessaire.

CHAPITRE QUATORZIÈME.

Des circonstances miraculeuses révèlent la sainteté de notre chère
Sœur Anne-Madeleine. — Anecdote intéressante.

La vénération de la communauté tout entière pour notre Sœur Anne-Madeleine, et spécialement celle de la Mère
Nogaret, fit désirer de conserver son cœur. Cette opération s'étant faite un peu à la hâte, à cause des obsèques
qui devaient avoir lieu ce même jour, les chirurgiens furent obligés de descendre dans le caveau, pour la suture
de l'ouverture, le troisième jour du décès, c'est-à-dire
cinquante heures après. Mais leur étonnement fut grand
quand ils aperçurent sur le visage une teinte de couleur
vermeille, sans aucun changement dans les traits. Les
yeux étaient vifs, les paupières sans flétrissures, et tous
les membres du corps d'une extrême souplesse. Ce phé-
nomène les porta à donner un coup de lancette au bras,
dont il sortit aussitôt quelques gouttes d'un sang très-pur,
parfaitement liquide et d'un beau rouge. Avant l'inhuma-
tion, on avait déjà tiré du sang de la poitrine pour y
tremper du linge et satisfaire ainsi la dévotion du peuple.

Pendant la maladie de notre vénérée Sœur, on l'avait
vue se refuser à toute application de remèdes sur la poitrine; mais après sa mort les dépositaires des secrets de
son âme révélèrent la faveur singulière qu'elle avait re-

cue lors de l'ouverture qui s'était faite à l'endroit du cœur. On s'empressa de vérifier le fait, et l'on trouva en effet dans cette partie la forme d'un cœur large comme la paume de la main d'un petit enfant; la surface en était unie et ne se distinguait que par une couleur vermeille. Les médecins l'ayant examiné, attestèrent que cette marque était infailliblement surnaturelle, ainsi que le saint nom de Dieu imprimé également sur la poitrine, sans relief ni gravure aucune. L'ouverture du cœur avait laissé jusqu'à sa mort une élévation qui s'abattit ce jour-là seulement, nous dit la Mère Nogaret. Quant au saint nom de Dieu, notre bien-aimée Sœur l'avait imprimé elle-même dans le temps; mais les médecins assurèrent que la main divine s'y était apposée, attendu que cette gravure leur paraissait incontestablement surnaturelle.

Il n'en était pas de même du cœur qu'elle s'imprima sur le bras onze ans avant sa mort, et qu'on trouva un peu relevé, dur et blanc. Ces faits merveilleux nous ont été transmis par la Mère Nogaret, dans sa circulaire du 15 février 1730, et par l'ancien historien de cette vie, dont la Mère Billon atteste l'authenticité, comme nous le voyons par sa circulaire du 12 août 1760. Notre Mère Nogaret voulut conserver les traits vénérés de notre chère Sœur par un masque de cire qu'on appliqua, après sa mort, sur son visage, et qui le reproduisit fidèlement. Nous possédons encore ce masque dans notre premier monastère de Marseille. Nous avons aussi le cœur, qui est demeuré parfaitement intact; ce cœur, que nous regardons comme une vraie relique, est placé tout simplement dans une petite cassette qui date de l'époque. Un Cœur de Jésus, entouré d'autres petits cœurs, se trouve sculpté sur le bois. Le cœur de notre bien chère et sainte Sœur, déposé dans le fond de la cassette, n'est recouvert que d'une glace qui, n'étant pas fixée, s'enlève à volonté, et nous a permis de le manier, sans qu'il eût été le moins du monde endommagé, pendant l'espace de plus d'un siècle, puisque nous écrivons ces lignes en 1867. Cette précieuse relique est habituellement déposée sur l'autel du chapitre, consacré au sacré Cœur de Jésus.

Nous conservons aussi dans ce premier monastère divers instruments de pénitence dont notre Sœur Anne-Madeleine faisait usage. Ils furent remis après la révolution de 1792 à un excellent chrétien, M. Roubaud, qui habitait Marseille. La personne qui les lui confia lui recommanda de les conserver soigneusement, attendu qu'ils appartenaient à une grande sainte, la Sœur Remuzat. Un peu après M. Roubaud apprit qu'il existait dans la ville un pensionnat dirigé par la Sœur Remuzat. Heureux de cette nouvelle, il croit avoir rencontré sa sainte, et la fait prier aussitôt de se rendre chez lui, parce qu'il a à lui remettre les objets précieux qui lui ont été laissés en dépôt. Cette Sœur était notre vénérable Mère Agathe-Elisabeth Remuzat, nièce de notre Sœur Anne-Madeleine. Elle avait été obligée de quitter l'arche sainte à l'époque de la suppression des monastères. Jetée avec tant d'autres dans une étroite prison, elle se retira, après avoir recouvré sa liberté, auprès de son oncle, M. le chanoine Remuzat, quand les jours furent devenus meilleurs. M. Remuzat occupait alors la charge de grand-vicaire, et notre très-honorée Sœur employait les riches dons qu'elle avait reçus du ciel à diriger un fort beau pensionnat. Appelée donc chez M. Roubaud, elle s'y rend avec empressement et le salue avec politesse. M. Roubaud tout ému baisse les yeux, garde le silence le plus respectueux, lui présente une chaise, et va chercher la cassette mystérieuse, qu'il lui remet sans articuler une seule parole. Notre bonne Mère, étonnée de ce silence, de ce respect singulier, ne peut en deviner la cause. Elle ouvre cependant la cassette, et, re-

connaissant les objets qui s'y trouvent renfermés, elle s'é-
crie avec vivacité. « Ah! monsieur, que je vous remer-
« cie! Voilà des objets bien chers à mon cœur, car ils
« ont appartenu à ma sainte tante. — Ah! madame, dit
« alors M. Roubaud en se déridant, ce n'est donc pas
« vous qui êtes la sainte? — Non, monsieur, je ne suis
« point sainte, quoique j'aie fort envie de le devenir, lui
« répondit en riant notre bien-aimée Sœur. — Je vous
« avoue, madame, reprit M. Roubaud riant à son tour,
« que ma vénération m'avait tout à fait interdit : vous
« voudrez bien me le pardonner. »

Notre très-honorée Sœur Agathe-Elisabeth rentra quelques années plus tard au premier monastère, qui fut rétabli en 1806. Elle en avait été la bienfaitrice dès les
commencements, et elle conduisit avec elle tout son pensionnat en y rentrant. Nous eûmes ensuite le bonheur de
l'avoir pour Mère pendant trois triennaux, et sa mort, arrivée en 1837, excita tous les regrets dus à ses éminentes
vertus, à son habileté dans le gouvernement et à son affection maternelle.

CHAPITRE QUINZIÈME.

Grâces diverses obtenues par l'invocation de notre chère Sœur
Anne-Madeleine.

Peu de jours s'étaient écoulés depuis la perte si douloureuse de notre vénérée Sœur Anne-Madeleine, quand
la joie du ciel vint essuyer toutes les larmes et se répandre dans tous les cœurs. On s'assurait du bonheur éternel dont elle jouissait, et l'on ne songeait plus qu'à l'in-
voquer ; des grâces spéciales furent même accordées dès
l'instant de sa mort, et manifestèrent son crédit auprès
de Dieu. Une de nos Sœurs en rendit le témoignage suivant : « Il y avait longtemps que notre sainte Sœur m'ex-
« hortait à un sacrifice que Dieu demandait de moi, et
« que je n'avais jamais eu le courage de lui faire. Au
« moment où j'appris qu'elle venait d'expirer, je fus tout
« à coup retirée au dedans de moi pour me recueillir, et
« me rappelant les paroles qu'elle m'avait souvent dites
« sans effet, j'allai lui adresser ma prière. Je me sentis
« alors revêtue d'une force qui fit disparaître les difficul-
« tés qui m'avaient arrêtée jusque là. Je rendis grâces à
« ma puissante médiatrice, et dès cet instant je ne l'ai ja-
« mais invoquée en vain. »
Deux autres Sœurs furent averties de sa mort par les
grâces singulières qu'elles reçurent à l'instant même où

elle expira. La première écrivit : « J'étais malade lors-
« qu'elle mourut ; je fis peu de fonds sur une lumière que
« je vis dans notre chambre, et sur un mouvement subit
« que je sentis, semblable à celui d'une personne qu'on
« saisit pour l'embrasser lorsqu'elle ne s'y attend pas.
« Mais ce qui est bien certain, c'est que je veillais et que
« j'étais actuellement tourmentée par des peines étranges
« qui cessèrent à l'instant. »

L'autre Sœur a déposé ce qui suit : « J'étais encore au
« lit, et sans que personne m'eût avertie, je compris que
« ma sainte amie allait rendre l'âme. Je me levai, et je
« courus auprès de son lit ; elle venait d'expirer ! Je la
« priai de se souvenir de ce qu'elle m'avait été. Il me fut
« dit alors distinctement dans le fond du cœur : *Je ne*
« *vous oublierai point, et je vous serai désormais plus*
« *utile que je ne l'ai été pendant ma vie.* Depuis ce temps-
« là, je ne saurais commettre une faute que je n'entende
« comme une personne qui me le reproche intérieure-
« ment. Je passai toute la nuit suivante auprès de son
« corps, remplie de joie et de consolation, et il ne me fut
« pas possible de verser une larme de tristesse. »

Une Sœur a déclaré aussi qu'étant un jour fort tourmentée par un violent mal d'oreilles, qui ne lui laissait
aucun repos, elle se sentit portée, pour obtenir sa guérison, à remercier les trois adorables Personnes de la très-
sainte Trinité des grâces qu'elles avaient accordées à sa
fidèle servante. A peine sa prière fut-elle achevée que la
guérison subite eut lieu.

Nous avons encore à rapporter la guérison de messire
Nicolas de Rose, chevalier de l'ordre de Saint-Lazare et
gouverneur de la ville de Brignoles. Il tomba malade en
1730, un peu après la mort de notre Sœur Anne-Madeleine. Voici ce qu'il en a déposé de sa main : « Je perdis
« tout à coup la parole ; mon gosier, qui s'enflamma et

« qui me parut se brûler, faisait un si grand bruit, qu’on
« m’entendait de la porte de la maison, quoique je fusse
« logé au second étage. M. Raymond, mon médecin, ré-
« pondait à tous ceux qui demandaient de mes nouvelles
« que je n’avais pas deux heures à vivre, et je le croyais
« ainsi. Il ne me fut pas possible d’avaler une goutte de
« bouillon ni de quoi que ce soit.

« Ne pouvant parler, je fis signe de la main que je
« mourais et qu’on me donnât les saintes huiles, ce qui
« fut d’abord exécuté. Sur le minuit, on récita les prières
« de la recommandation de l’âme, et l’on fit à la paroisse
« le signe de l’agonie. Je fus toute la nuit dans cette si-
« tuation, ayant toujours les yeux fermés, parce que je
« ne pouvais les ouvrir que très-difficilement. Ma plus
« grande peine était de ne pouvoir parler ; je faisais inté-
« rieurement à Dieu le sacrifice de ma vie, et je lui de-
« mandais qu’Il m’accordât la grâce de me confesser et
« de recevoir le saint Viatique. Tandis que j’étais ainsi
« occupé au fond de mon cœur, il me sembla voir la Sœur
« Remuzat qui priait pour moi, et qui offrait à Jésus-
« Christ son sacré Cœur et les mérites de sa sainte Mère
« pour l’expiation de mes péchés et pour ma guérison. Il
« me parut qu’avec un tel secours je ne devais pas tant
« craindre ; je priai cette sainte fille d’avoir compassion
« de moi, de me prendre sous sa protection, de prier le
« Seigneur qu’Il me délivrât du danger où j’étais, et de
« lui promettre de ma part que, s’Il me faisait la grâce
« d’échapper, je tâcherais de vivre chrétiennement le
« reste de mes jours ; que j’aurais toute ma vie une
« grande confiance au sacré Cœur de Jésus-Christ, que je
« réciterais tous les jours quelques prières en son hon-
« neur, et que sans différer, dès que j’aurais recouvré la
« parole, je publierais que le Seigneur avait fait un mi-
« racle en moi par l’intercession de la Sœur Remuzat.

« Ma prière finie, je me sentis plus de vigueur, je com-
« mençai à ouvrir les yeux avec plus de facilité, et ma
« confiance augmenta, par la persuasion où j'étais que la
« Sœur Remuzat ne m'abandonnerait point, que Dieu se
« laisserait toucher par ses prières, et qu'Il prendrait
« cette occasion pour faire éclater, par ma guérison, la
« sainteté de sa servante. Cependant le jour parut, mon
« gosier se trouva en meilleur état; la suffocation qui
« m'avait obligé de passer la nuit sur un fauteuil fut
« beaucoup diminuée. Je fis signe qu'on me mît sur mon
« lit, et je m'endormis. Pendant le sommeil, il me sem-
« bla toujours voir la Sœur Remuzat en prière, et je me
« réveillai sur cette idée. Je fis signe qu'on me dressât
« sur mon lit, et dès que je fus sur mon séant, je com-
« mençai à cracher, ce qui déboucha mon gosier. Dès que
« je pus parler, je dis : *Je me sens mieux; la sœur Re-*
« *muzat est venue à mon secours, elle a prié pour moi et*
« *ne m'a point abandonné.*

« Je fis appeler mon épouse, qu'on avait fait sortir de
« ma chambre, afin qu'elle ne fût pas témoin de mon
« dernier soupir. Dès qu'elle parut, je lui dis : « Rendez
« grâces à Dieu et à la Sœur Remuzat qui par ses prières
« m'a rendu la vie, car je la tiens d'elle; je me suis vu
« mort, et il me semble que je suis ressuscité. Ne man-
« quez pas de faire demander de ses reliques; je veux
« en avoir sur moi pour lui marquer ma confiance. » On
« ne fut pas longtemps à en chercher : une de mes nièces
« de l'ordre de Saint-Bernard m'envoya un petit reli-
« quaire, où il y avait d'un linge qu'on avait trempé dans
« le sang de la bienheureuse fille. Je baisai cette relique
« avec beaucoup de dévotion, je la mis sur moi, et je ne
« la quitte jamais. Il me semble qu'elle me préserve de
« tout mal.

« Tout ce que je viens d'attester est tellement vrai, que

« s'il le fallait signer de mon sang, je le ferais de tout
« mon cœur pour la gloire de Dieu et pour l'honneur
« de la sainte fille. Je voudrais être en état de publier
« partout le pouvoir qu'elle a dans le ciel et d'en persua-
« der tout le monde. »

Un autre prodige bien plus merveilleux encore se manifesta en 1734, car il s'agit de la résurrection d'une âme.
Un religieux revêtu du sacerdoce avait le malheur de vivre d'une manière bien peu conforme à sa dignité de prêtre et aux engagements sacrés qu'il avait contractés par
ses vœux. Dieu permit, dans sa miséricorde, que la circulaire adressée par la Mère Nogaret, en 1730, à notre
saint Institut, pour lui annoncer la mort de notre vénérée
Sœur, tombât entre ses mains. Curieux de savoir ce qui
était contenu dans ces lignes, il se mit à les parcourir.
Voici ce qu'il rapporte lui-même des effets admirables de
la grâce dans son âme ; sa lettre est adressée à notre très-
honorée Mère Théodore-Elisabeth Duclos, alors Supérieure de notre premier monastère de Marseille :

« Il y a quelques jours que la divine Providence fit
« tomber entre mes mains une lettre de la Révérende Mère
« de Nogaret sur la vie et les vertus de la Sœur Anne-
« Madeleine Remuzat. La lecture que j'en fis me toucha si
« vivement, que je répandis un torrent de larmes ; la com-
« paraison que je fis d'une vie si sainte et si austère, dans
« une personne si jeune et si délicate, avec ma vie peu
« religieuse et peu chrétienne, me couvrit de confusion,
« et je fus accablé par le souvenir de mes déréglements.

« Je fis ensuite réflexion que Dieu, qui ne veut pas la
« mort du pécheur, se servait de ce moyen pour me des-
« siller les yeux et pour me faire entendre sa voix, à la-
« quelle j'avais fermé les oreilles jusqu'alors. Je vous prie
« de le croire, c'est la seule lecture de cette lettre qui m'a
« fait rentrer en moi-même ; et la confiance que j'ai en

« la puissante intercession de votre chère Sœur Anne-
« Madeleine est si grande, que je n'ai pas le moindre
« doute qu'elle n'achève ce qu'elle a commencé, en m'ob-
« tenant le pardon de tous mes péchés passés.

« Ce que j'ai éprouvé est si extraordinaire, et je suis si
« assuré que la Sœur Anne-Madeleine a prié pour moi,
« que rien au monde ne m'ôterait de l'esprit qu'elle jouit
« de la gloire, ni ne m'arracherait du cœur la confiance
« que j'ai en son crédit auprès de Dieu. Tant que je vivrai,
« j'implorerai son secours, parce que je suis persuadé
« que je lui dois ma conversion, et qu'elle m'a obtenu la
« grâce d'expier le passé par la pénitence et par la fidé-
« lité à suivre les inspirations qu'il plaira à Dieu de m'en-
« voyer. »

Ce généreux pénitent ne craignit pas d'apposer sa si-
gnature au bas de sa lettre.

CHAPITRE SEIZIÈME.

Témoignages en faveur de la sainteté de notre Sœur
Anne-Madeleine.

———

Le bruit de la sainteté de notre Sœur Anne-Madeleine
eut un si grand retentissement, qu'il pénétra jusqu'à
Rome, où se trouvait alors Clémentine, reine d'Angleterre. Cette pieuse princesse ayant entendu parler de la
sainte de Marseille, voulut connaître les détails de sa vie.
Elle en fut extrêmement édifiée, et se plaisait à s'en entretenir souvent pour s'exciter à la pratique des vraies
vertus, et surtout à l'amour du Cœur adorable de Jésus.
Mgr de Belzunce ayant appris qu'elle désirait vivement
avoir quelque objet qui eût appartenu à notre vénérée
Sœur, lui envoya quelques uns de ses écrits. La reine reçut ce présent avec joie, et s'empressa d'en témoigner sa
reconnaissance au digne Prélat par le billet suivant :

« Monsieur l'Evêque de Marseille, j'ai reçu avec plaisir le
« pieux monument que vous m'avez envoyé. Il m'est d'au
« tant plus estimable, qu'il est d'une sainte religieuse et
« qu'il vient de vous, pour qui j'ai une estime particulière.
« Ainsi je ne puis faire moins que de vous en remercier,
« vous assurant de tous les sentiments que je dois avoir,
« étant sincèrement, Monsieur l'Evêque de Marseille,
« votre bonne amie.

« CLÉMENTINE, *reine.* »

Nous ignorons quels étaient ces écrits. Il ne nous est parvenu de cette vénérée Sœur qu'une retraite sur les attributs de Dieu, et une espèce de défi intitulé : *Carême du sacré Cœur*, qu'on trouvera ci-joints. Nous ne savons pas à quelle époque elle écrivit les mémoires dont fait mention son premier historien. Mgr de Belzunce s'opposa d'abord à ce qu'elle rédigeât ces mémoires, malgré l'ordre que lui en avait donné son directeur ; ce Prélat éclairé jugea qu'il n'était pas opportun de le faire encore. Plus tard on pressa de nouveau notre chère Sœur de mettre la main à ce travail, à cause de la gloire qui pourrait revenir à Dieu de la manifestation de ses grâces. Elle allégua pour s'en défendre l'opposition qu'y avait apportée précédemment son Evêque. Comme plusieurs années s'étaient écoulées depuis lors, on se persuada que cette improbation n'existait plus ; notre humble Sœur se soumit, malgré toute la répugnance qu'elle y avait. Mais après avoir pris la plume, il lui fut impossible de tracer une seule ligne : tout s'était effacé de sa mémoire ; de plus, un reproche intérieur lui montra clairement que telle n'était pas la volonté de Dieu. Elle ne se borna pas alors à quitter la plume, mais elle courut s'accuser de sa faute, les yeux noyés de larmes. Nous ne doutons pas que Mgr de Belzunce, pour lequel elle n'avait rien de caché, n'ait profité de la circonstance pour la reprendre sévèrement, comme il se plaisait à le faire pour mieux éprouver sa vertu. Il est probable que le digne Evêque aura sanctionné plus tard ce qu'il avait précédemment improuvé, si toutefois ce qui est appelé *mémoires* ne consistait pas en un simple recueil de lettres où cette âme privilégiée rendait compte à ses directeurs et à ses Supérieures des faveurs qu'elle recevait du ciel si fréquemment.

CHAPITRE DIX-SEPTIÈME.

Trames de l'enfer pour flétrir la gloire de l'humble servante de Dieu. — Précieux témoignages de Mgr de Belzunce.

Tandis qu'il plaisait à Dieu de manifester de plus en plus la sainteté de sa fidèle épouse, l'enfer, irrité des victimes qu'elle lui avait arrachées pendant sa vie et qu'elle lui arrachait encore du haut du ciel, eut recours à ses suppôts pour effacer, s'il était possible, la gloire de cette vraie servante de Dieu. Le jansénisme faisait alors d'affreux ravages, et l'Eglise de Marseille avait à déplorer plus d'une défection. On sait combien la Compagnie de Jésus était redoutable à cette malheureuse hérésie ; aussi la rage de Satan n'oublia-t-elle rien pour s'en venger. Le P. Girard, un des membres de cette illustre Compagnie, devint la victime des plus noires calomnies, et l'on en vint, par contre-coup, jusqu'à flétrir la mémoire de notre vénérée et sainte Sœur, qui conserva jusqu'à la mort la plus intime confiance pour ce bon Père, quoiqu'il ne pût la diriger que par lettres, sa résidence n'étant pas à Marseille.

Nous voyons tout ce que ces noires calomnies eurent d'affligeant pour notre premier monastère de Marseille par ce qu'en écrivit à l'Institut notre très-honorée Mère

Théodore-Elisabeth Duclos, dans sa circulaire du 28 mai
1732, en lui communiquant la lettre ou mandement de
Mgr de Belzunce pour la justification de cette mémoire
si indignement outragée. Cette lettre, sous la date du
10 mai 1732, fut publiée dans tout le diocèse de Marseille.
Nous allons en extraire les passages les plus remarquables
qui nous restent à citer, attendu que nous en avons déjà
transcrit plusieurs précédemment :

« *Lettre de Mgr l'Evêque de Marseille à la très-honorée*
  « *Sœur Marie-Agnès de Gréard, déposée du premier*
  « *monastère de la Visitation Sainte-Marie de Rouen,*
  « *au sujet de la Sœur Anne-Madeleine Remuzat, reli-*
  « *gieuse du même Ordre, morte dans le premier monas-*
  « *tère de Marseille en odeur de sainteté. Communiquée*
  « *aux fidèles du diocèse de Marseille pour leur ins-*
  « *truction.*

  « Ne craignez point, Madame, que les plaintes que vous
« me faites puissent vous attirer quelque reproche de ma
« part ; le zèle que vous faites paraître pour la juste dé-
« fense de la précieuse mémoire de la respectable Sœur
« Anne-Madeleine Remuzat, indignement attaquée dans
« les factums ou mémoires de l'avocat C., m'édifie vérita-
« blement, et j'y applaudis de tout mon cœur.
  « Vous ne pouvez, me dites-vous, accorder les senti-
« ments de vénération que vous me connaissez pour cette
« vertueuse religieuse avec le silence que j'ai gardé jus-
« qu'à présent dans des circonstances où tant de raisons
« devaient m'engager à parler. C'est à moi sans doute, et

« je ne le désavouerai point, c'est à moi à parler pour dé-
« tromper le public et lui faire connaître toute la noirceur
« des calomnies répandues dans ces mémoires contre une
« religieuse de Marseille dont j'ai parfaitement connu la
« solide piété et les héroïques vertus. Mais ne me suis-je
« pas pleinement acquitté de ce devoir essentiel ? Il est
« vrai que je n'ai pas fait un mandement, comme vous
« l'auriez désiré, ma très-honorée Mère. Je n'en fais d'or-
« dinaire que pour les besoins de mon diocèse, et la répu-
« tation de la Sœur Remuzat y est en trop grande véné-
« ration pour que les factums d'un avocat, de la plume
« duquel on voit avec indignation couler des torrents de
« faussetés, de calomnies et d'obscénités, puissent lui faire
« le moindre tort.

« Quoique toute la honte de ses accusations énormes
« remonte ici sur leur auteur, je ne demeurai cependant
« pas dans l'inaction, et je pris hautement la défense
« de cette vierge de Jésus-Christ... Dès que l'on eut fait
« paraître ces factums, je compris sans peine que ceux
« qui y avaient travaillé n'avaient pensé qu'à soulever le
« public contre une Compagnie qui fut toujours en butte
« aux hérétiques ; qu'après l'avoir accusée de relâche-
« ment dans la morale chrétienne, les novateurs de nos
« jours voulaient tenter si l'on ne pourrait point à présent
« commencer enfin, avec quelque succès, à l'accuser aussi
« de dépravation dans ses mœurs, en rendant, s'il leur
« était possible, tout le corps coupable en apparence des
« prétendues abominations d'un de ses membres... Me
« taire dans une occasion où tout m'obligeait de parler,
« être le spectateur oisif et tranquille de l'offense de Dieu,
« voir sans m'y opposer la calomnie porter ses traits en-
« venimés jusque dans le ciel, attaquer dans le sein même
« de la gloire une des plus fidèles épouses de Jésus-Christ,
« attribuer au démon les faveurs extraordinaires qu'elle

« a reçues de son Dieu pendant sa vie, et mettre la foi en
« péril, n'eût-ce pas été vouloir me rendre coupable de
« prévarication au tribunal du souverain Pasteur?

« J'en fus convaincu, et, loin de garder le silence dont
« vous vous plaignez, dans plusieurs discours publics que
« je fis dans ce temps-là, j'avertis les fidèles... Je m'ap-
« pliquai principalement à faire connaître toute la noir-
« ceur des calomnies qui regardent la Sœur Remuzat...
« Il ne me fut pas difficile de mettre l'imposture dans tout
« son jour; la hardiesse et la confiance avec lesquelles elle
« avait été avancée avaient dû étonner, mais elles n'a-
« vaient pu en imposer à des personnes à qui la piété et
« les rares vertus de cette respectable fille étaient aussi
« connues qu'aux citoyens de Marseille... L'insolent au-
« teur des *Nouvelles ecclésiastiques* n'a point craint, de-
« puis peu, de parler de votre premier monastère de
« Marseille comme d'une communauté de filles stigmati-
« sées, c'est-à-dire de filles d'une vertu très-équivoque,
« et tout au moins ensorcelées. Quelle idée voudrait-il
« donner de cette sainte maison, où chacun sait ici que
« règnent, par la grâce du Seigneur, la paix, l'union, la
« régularité, la piété, la ferveur, le premier esprit de
« saint François de Sales, et qu'elle est en tout sens la
« bonne odeur de Jésus-Christ?...

« Mais vous n'êtes pas encore contente, ma très-hono-
« rée Mère; vous me demandez d'entrer dans quelques
« détails, et de vous fournir de quoi répondre avec certi-
« tude aux injures et aux outrages qui sont faits à une de
« vos Sœurs avec qui vous étiez dans un commerce de
« lettres, qui vous a cent fois fait admirer son esprit, son
« zèle, sa piété, ses lumières et les grâces dont Dieu la
« favorisait. Il faut donc vous satisfaire : la vérité, la jus-
« tice, la religion même l'exigent de moi.

« On demande dans un de ces mémoires s'il n'est pas

« notoire à Marseille que la qualité des lettres du P. Gi-
« rard, qui furent trouvées dans la cassette de la Sœur
« Remuzat après son décès, changea entièrement les idées
« que l'on avait de cette religieuse, que chacun regardait
« auparavant comme une sainte. Sur cette supposition
« notoirement fausse, on triomphe, on traite d'illusion,
« d'obsession, etc., tout ce qu'on a vu dans elle... On pré-
« tend encore que les lettres que cette pieuse religieuse
« a écrites au P. Girard renferment des mystères d'ini-
« quité... Il est notoirement faux qu'après la mort de
« cette vertueuse Sœur on ait trouvé dans sa cassette au-
« cune lettre du P. Girard dont la qualité ait pu fàire
» changer en rien les idées que l'on avait conçues de la
« haute perfection à laquelle Dieu l'avait élevée, *aucune*
« où la malignité pût donner le moindre fondement à la
« calomnie. Je les ai entre les mains, ces lettres dont il
« est ici question ; je n'en parle aussi affirmativement que
« je le fais que parce que je les ai vues, et que des per-
« sonnes sages et éclairées en ont porté un pareil ju-
« gement.

- « Les lettres de la Sœur Remuzat serviront à jamais de
« preuves de la solidité de sa piété et des grâces singu-
« lières dont Dieu la favorisait. Ces lettres ont été, dit-on,
« un mystère dans lequel je n'ai jamais pu pénétrer : il
« n'était sûrement pas difficile de pénétrer les secrets de
« la Sœur Remuzat. Incapable de déguisement et de dis-
« simulation, elle s'est toujours montrée telle qu'elle
« était ; avec quelle candeur, quelle droiture, quelle sim-
« plicité, quelle exactitude ne rendait-elle pas compte de
« sa conscience à ses confesseurs, à ses Supérieurs et à
« ses Supérieures ! Eut-elle jamais rien de caché pour
« la Mère Nogaret, cette digne Supérieure qui avait tant
« de lumières et tant d'expérience, et dont la vie, sans
« avoir rien d'extraordinaire, fut toujours un exemple de

« toutes les vertus et le sujet de l'édification et de la con-
« fiance de sa nombreuse communauté? On croit qu'il est
« important de décrier ainsi la Sœur Remuzat, pour pou-
« voir faire paraître le directeur encore plus odieux aux
« yeux de l'univers.....

« Ce qui est notoire à Marseille, c'est que les idées
« qu'on y a eues de la Sœur Remuzat n'y ont point chan-
« gé, qu'elles sont toujours les mêmes; que sa mémoire
« y est toujours dans la même vénération; que ceux qui
« l'ont connue, qui ont conversé avec elle, à qui elle a
« donné des conseils dans l'affaire du salut, s'en souvien-
« nent avec complaisance; que ceux qui se flattent d'avoir
« eu quelque part dans son amitié et dans sa confiance,
« se glorifient et se félicitent avec raison d'avoir dans le
« ciel une amie, sur la protection de qui ils peuvent
« compter; que bien des personnes, et surtout dans sa
« communauté, gardent avec respect, et comme de pré-
« cieuses reliques, ce qui a servi à son usage, lui adres-
« sent des vœux et vont à son tombeau implorer son se-
« cours auprès du sacré Cœur de Jésus. Qu'il me soit
« permis, ma très-honorée Mère, de parler ici de moi-
« même, et de vous dire que c'est pour moi le sujet d'une
« sensible consolation, que de penser que j'ai eu le bon-
« heur d'examiner sa vocation, de lui donner le voile, de
« recevoir sa profession à la fin de son noviciat; d'être,
« pendant son innocente et édifiante vie, le témoin de bien
« des grâces singulières dont elle a été favorisée et de la
« fidélité avec laquelle elle y a répondu; d'être quelque-
« fois le dépositaire de ses peines et de ses épreuves, et,
« après sa précieuse mort, de l'accompagner au tombeau
« en faisant moi-même la cérémonie de ses funérailles.

« Jamais par aucun endroit notre vertueuse religieuse
« ne put mériter d'être soupçonnée de quiétisme; ses
« mœurs, sa conduite y étaient absolument opposées...

« Sa confiance en l'intercession de la très-sainte Vierge
« était singulière : il ne se passait aucun jour qu'elle ne
« lui adressât un grand nombre de prières, et elle s'était
« fait une loi de réciter tous les jours son chapelet...

« On n'ignorait pas que dès sa première jeunesse elle
« avait positivement assuré qu'elle mourrait à l'âge de
« trente-trois ans. On a su depuis que, parvenue à cet
« âge si désiré, elle dit à son confesseur que sa fin appro-
« chait, et que peu de jours après, étant tombée malade,
« elle l'assura encore qu'elle n'en guérirait point, quoi-
« que son mal ne parût à personne être dangereux. Que
« ne pourrais-je pas vous dire de l'attention, de la fer-
« veur, des scrupules même avec lesquels on la vit alors
« se préparer à mourir, voulant absolument faire encore
« une confession de toute sa vie, pour satisfaire, disait-
« elle, à la justice de Dieu qui le demandait ! Que ne di-
« rais-je pas encore de la tranquillité avec laquelle elle
« vit arriver le moment de sa mort, que l'on ne crut pro-
« chain que parce qu'elle l'assurait ; de l'empressement
« avec lequel elle pria sa communauté consternée de re-
« mercier pour elle le Seigneur des grâces qu'elle en
« avait reçues et qu'elle était sur le point d'en recevoir
« encore, et de réciter les litanies du sacré Cœur de Jésus
« dès qu'elle aurait expiré ; enfin de cette consolation et
« de cette joie peinte sur son visage d'une manière sensi-
« ble dans son dernier moment !

« Je pourrais encore vous répéter ce que vous avez déjà
« su des marques singulières qui parurent sur son corps,
« et qui, selon le rapport des médecins et chirurgiens
« qui le visitèrent, ne pouvaient y avoir été gravées que
« par une main surnaturelle... Telle fut l'édifiante reli-
« gieuse que, par un choix aussi étonnant qu'il est ab-
« surde, on a entrepris de défigurer au public et aux siè-
« cles à venir... Prions le Seigneur, le Dieu tout puis-

« sant, non de confondre et de punir, dans sa colère, ceux
« qui se sont rendus coupables de ces monstrueux excès,
« mais au contraire de toucher, d'amollir leurs cœurs
« dans sa miséricorde...

« Enfin demandons pour nous-mêmes, ma très-honorée
« Mère, d'imiter la Sœur Remuzat dans ses vertus, dans
« sa piété, dans sa dévotion, dans son humilité, dans sa
« résignation, dans son détachement, afin qu'après avoir
« vécu saintement comme elle, comme elle aussi nous
« puissions, dans le redoutable moment de notre mort,
« trouver un asile assuré et éternel dans le sacré et ado-
« rable Cœur de Jésus.

« J'ai l'honneur d'être très-sincèrement, Madame,
« votre très-humble et obéissant serviteur.

« HENRI, *évêque de Marseille.*

« A Marseille, le 10 mai 1732.

« Imprimerie de Brebion. »

Ces magnifiques éloges de la part d'un si grand Prélat
complètent largement, ce nous semble, ce que notre extrême insuffisance laisse d'inachevé dans le récit de cette
sainte vie. Que de fois, en écrivant ces lignes, nous avons
eu sujet de nous étonner et de nous confondre, voyant le
Seigneur réduit souvent à employer des instruments si
indignes de Lui et de ses saints pour retracer les merveilles de sa grâce! Une pensée console cependant : c'est
qu'à défaut de vertus à lui offrir, ce grand Dieu peut rencontrer encore sa gloire dans l'abaissement de sa créature,
dans l'aveu sincère de son néant, dans la joie même qu'elle
éprouve à lui dire : *Vous êtes mon Dieu et mon tout!*

Nous voudrions ajouter, au sujet du P. Girard, que, malgré la rage infernale de Satan et de ses satellites, malgré les noires calomnies dont ce vertueux Père fut recouvert à la face de l'univers, la cause ayant été portée devant la grand'chambre du parlement d'Aix, la cour prononça cet arrêt le 10 octobre 1731 : « Dit a été que la cour, « faisant droit sur toutes les fins et conclusions des par- « ties, a déchargé et décharge J.-B. Girard des accusa- « tions et crimes à lui imputés, l'a mis et met sur iceux « hors de cour et de procès. »

Notre Sœur Anne-Madeleine vivait sans doute encore quand ce malheureux procès fut intenté au P. Girard : son âme dut souffrir énormément de l'offense qui en était faite à Dieu et de la rude épreuve de son serviteur; aussi pouvons-nous supposer que son intercession fut très-efficace après sa mort pour obtenir la pleine justification de l'innocence opprimée. Mais voici qui confirmera puissamment tout ce que nous avons pu dire en faveur du Rév. P. Girard. C'est une copie exacte de la circulaire imprimée, adressée à la Compagnie de Jésus, au décès du Rév. P. Girard. Cette circulaire est précédée d'une lettre d'un Père de la même Compagnie et suivie de celle du Rév. P. de Montigni.

*Lettre du Père Préfet du collége des Jésuites de Dôle au
R. P. Tribolet, recteur de la maison du noviciat de
Nancy, au sujet de la mort du P. Girard.*

« P. C.

« Mon Révérend Père,

« Nous venons enfin de perdre le P. Girard. L'intérêt
que vous avez pris à ce qui le touchait m'a fait croire que
vous seriez bien aise d'avoir un petit détail sur sa maladie
et sur sa mort. Il est difficile de souffrir des douleurs plus
aiguës avec un courage et une patience plus héroïques.
A voir sa tranquillité dans le temps où on le pansait et où
l'on insérait la sonde dans ses plaies, de la longueur de
quatre pouces, vous auriez dit que c'était un marbre que
les chirurgiens travaillaient. La veille et le jour de sa
mort, je lui demandai ce qu'il souffrait ; il me répondit
qu'il souffrait des douleurs très-vives dans toutes les ar-
ticulations de son corps. Il n'y parut point sur son visage,
et il conserva sa tranquillité jusqu'au dernier soupir, dont
on ne s'aperçut qu'à peine ; il n'a point eu les yeux tour-
nés à l'ordinaire des mourants. Le lendemain de sa mort,
je les lui ouvris en présence de M. l'abbé D***, qui m'en
pria ; il les avait aussi beaux, aussi doux et aussi naturels
qu'il les eût jamais eus. Bien plus, le corps, assez laid de
son vivant, a été si beau après sa mort, que nous en étions
tous surpris. Il fallut, pour la consolation du public, l'exposer trois heures avant le temps qu'on expose les autres.
Ce fut une procession continuelle jusqu'à l'office, et quoi-

que les femmes ne pussent pénétrer où on l'avait mis, la chapelle ne désemplit point jusqu'au moment qu'on l'en ôta. L'église, les tribunes, les chapelles furent remplies; à peine y avions-nous place. On jetait les hauts cris quand on vit son corps. Tous les officiers y vinrent et n'eurent plus alors qu'un même sentiment. Il fallut dérober le corps au peuple, qui s'y jetait en foule pour faire toucher des heures, des chapelets. Depuis son enterrement, bien des gens viennent lui commencer des neuvaines; il a même fallu user d'autorité pour arrêter des indiscrétions de ce genre. La ville revient totalement; on regrette d'avoir méconnu le saint, et on se réjouit de posséder ce trésor. Quant à la vénération qu'on a pour lui dans l'intérieur du collége, on l'aurait portée à l'excès sans l'autorité du Père Recteur, qui en craignait les suites. Pendant le temps où on lui fit la recommandation de l'âme, ce qui arriva deux fois depuis midi jusqu'à quatre heures où il mourut, on eut peine à trouver des répondants; il fut presque le seul à répondre. Nous répondions par des sanglots et des larmes. Le Père Recteur lui-même ne put jamais finir; il fallut qu'un autre achevât.

« Jamais on ne vit homme plus uni à Dieu, plus rempli de foi, d'espérance et de charité. Le jour où il reçut le Viatique pour la première fois et où il venait de faire brûler tous les papiers qui regardaient son intérieur, nous le pressâmes de répondre à une lettre que sa sœur lui avait écrite. « Il n'est plus besoin, dit-il, que de me taire « et de me cacher. » Il céda pourtant et le fit. Je vis hier la lettre; il est difficile de parler mieux et de dire de si belles choses en peu de mots. Dieu semble disposé à glorifier son serviteur. Après ce détail, vous ne serez pas fâché de voir la lettre circulaire dont voici copie :

« Mon Révérend Père,

« Le P. Jean-Baptiste Girard est mort aujourd'hui, à quatre heures après midi. Sa mort a été la suite d'un abcès qui s'était formé au côté, qui insensiblement l'a épuisé, et l'a enfin enlevé après deux mois de maladie. Ce Père était âgé de cinquante-trois ans ; il en a passé trente-cinq dans la Compagnie, dans tous les exercices de la vie religieuse, sans jamais se démentir. Il était pieux, sage, régulier, aimant l'étude, la retraite, l'oraison ; ne se produisant au dehors qu'à mesure que la charité et le zèle des âmes l'y engageaient, son humilité lui cachant à lui-même ses talents, qu'il ne mettait en œuvre qu'autant que l'obéissance l'exigeait. Il s'est distingué surtout par son talent pour la prédication, pour la direction des consciences, et par une piété généralement reconnue.

« Il serait superflu de raconter par quelles épreuves Dieu l'a conduit, surtout les trois dernières années de sa vie ; il suffit de dire que les principales villes qui avaient été l'objet de son zèle, de sa charité, et le théâtre de ses glorieux travaux, ces mêmes villes, par un secret de la Providence, sont devenues le centre de ses humiliations et de ses plus vives tribulations. Mais qui pourrait exprimer avec quelle patience et quelle soumission aux ordres de Dieu il les a souffertes ? Le Seigneur, qui voulait l'éprouver dans le creuset des afflictions comme l'or dans la fournaise, a voulu, pour le purifier, qu'il en eût été rassasié. On peut juger de la vertu de cette grande âme par les traits suivants :

« Au plus fort des persécutions qu'on lui a suscitées, et à la suite, il n'a jamais ouvert la bouche pour se plaindre contre ceux qui en étaient les auteurs. Il portait sur ce point la délicatesse si loin, qu'il ne lui est pas échappé une seule parole contre eux. Content de ce qu'il était aux yeux de Dieu, il ne faisait pas même part à ses amis de ce qu'il pouvait recevoir de favorable à sa justification. Bien plus, dans le cours de son procès, où il s'agissait de tout, il a mieux aimé se laisser accabler par les calomnies les plus atroces et publiées avec un excès de fureur, que de blesser la charité, que de fournir la moindre preuve, quoiqu'il le pût faire, contre ceux qui travaillaient à le perdre. Sa charité n'a été pleinement satisfaite qu'après qu'il a eu prévenu, par des devoirs de civilités et d'honnêtetés, ceux qu'il savait avoir été les plus vifs et les plus ardents à le flétrir et à le décrier.

« Si sa charité a été grande, son amour pour la vérité a été incomparable. Sur la menace que lui fit son avocat de l'abandonner dans le cours d'un procès si intéressant, s'il faisait certains aveux assez critiques en apparence, quoique au fond bien éloignés de tout crime : *Je les ferai,* répondit-il, *et je ne dirai pas un mensonge, dût-il m'en coûter la vie.* Voilà ce que, dans un aussi grand péril, la droiture de son cœur, la religion du serment, l'innocence de ses mœurs, le témoignage de sa conscience et la confiance en Dieu lui firent soutenir avec fermeté. Comme, entre les vertus qu'il a pratiquées, la patience, la charité et l'amour de la vérité ont tenu le premier rang, aussi, parmi plusieurs talents qu'il avait reçus du ciel, celui de parler de Dieu avec douceur et avec force, et le don de le faire goûter aux autres, soit dans les entretiens particuliers, soit dans les chaires, éclatait davantage. Ses discours étaient justes, persuasifs, délicats, pleins de sel et d'onction : c'était son caractère d'esprit. Mais esprit, réputation, talents, succès, il a tout sacrifié au bon plaisir de Dieu, et s'est regardé comme un vase brisé qui n'est plus bon à rien.

« Une mort douce, tranquille et précieuse aux yeux du Seigneur devait être la récompense d'une vie passée dans l'exercice des vertus chrétiennes, éprouvées par des tribulations si vives, soutenues avec courage et soumission à la volonté de Dieu. Nous avons tout sujet de croire que Dieu la lui a accordée dans le cours de sa maladie, qui a été longue et douloureuse. Il a trouvé toute sa consolation aux pieds du crucifix, qu'il a presque toujours eu sous les yeux et qu'il baisait à tout moment. Il n'a pas attendu que l'extrémité du mal le forçât à recourir aux derniers sacrements. Il les a demandés et les a reçus avec une présence d'esprit qui lui a permis de satisfaire toute sa dévotion. Il renouvela ses vœux avant de recevoir le saint Viatique, et il déclara, pour l'honneur de la vérité et de la religion, en présence de toute la communauté assemblée, que, quoiqu'il fût un grand pécheur, par la grâce de Dieu, il n'était tombé dans aucun des crimes affreux dont on l'avait accusé dans le procès. Certainement nous n'avions pas besoin de cette protestation pour en être convaincus. Il reçut ensuite le corps de notre Seigneur. Le lendemain il demanda l'Extrême-Onction, qu'il reçut avec une paisible dévotion, répondant lui-même à chaque onction qu'on lui faisait. Il a vécu après cela trois semaines dans la douleur et la patience, et il a mis tout ce temps à profit pour l'éternité par les actes des principales vertus, par les sentiments de la piété la plus tendre, par les aspirations les plus vives et les plus touchantes vers Dieu.

Enfin il a prié qu'on lui fît la recommandation de l'âme; il a prié de nouveau pour ses ennemis, et peu à peu il a expiré doucement. Ainsi périt le juste dans sa justice. Quoique nous espérions qu'il ait trouvé grâce devant le

Seigneur, je prie cependant Votre Révérence de lui procurer les suffrages ordinaires de la Compagnie.

« J'ai l'honneur d'être, etc.

« Dôle, 4 juillet 1733. »

Lettre du P. de Montigni datée de Reims du 25 juillet 1733.

« Le P. Girard, si fameux par les affreuses calomnies des jansénistes, vient de mourir à Dôle en odeur de sainteté. Le peuple comme les premiers de la ville lui ont rendu toute sorte d'honneur après sa mort. Trois conseillers du parlement d'Aix, qui l'avaient condamné au feu, sont venus depuis peu témoigner aux Jésuites que tout ce qu'ils avaient fait contre le P. Girard, ils ne l'avaient fait que par cabale et séduction. C'est le témoignage qu'ils ont rendu pendant la mission que les Jésuites viennent de faire à Aix, où elle a eu tout le succès qu'on peut imaginer. »

(Nouvelles ecclésiastiques, 1733.)

---

* On trouvera à la fin de ce volume des méditations sur les attributs de Dieu sous la forme d'une petite retraite. Notre Sœur Anne-Madeleine composa ces méditations dans ses premières années de religion. Nous y joignons le *Carême du Sacré-Cœur*, où elle indique des pratiques de vertus pour se préparer à la fête du Cœur adorable de Jésus. Nous avons cru qu'on lirait peut-être encore avec intérêt le court abrégé de la vie de notre dévote Sœur Anne-Victoire Remuzat, tel que le donna à l'Institut, en 1760, notre très-honorée Mère Marie-Charlotte Billon.

ABRÉGÉ DES VERTUS

DE

NOTRE CHÈRE SŒUR ANNE-VICTOIRE REMUZAT

**Décédée dans ce premier monastère de la Visitation
Sainte-Marie de Marseille, le 12 août 1760.**

(Entrée le 4 août 1712, fête de saint Dominique.)

« Cette chère Sœur était l'aînée des filles de M. Remuzat et tendrement chérie de toute sa famille, où il semble qu'on ne s'occupait qu'à la satisfaire selon·le monde. Mme sa mère, qui avait pour elle un amour de prédilection, la prévenait en toute chose ; mais la vertueuse fille ne se prévalut jamais de cette préférence que pour en faire ressentir les effets à ses sœurs, pour qui elle avait une amitié des plus tendres.

« Dans cette position où tout lui souriait (car nous avons fait remarquer, dans la vie de la très-pieuse Sœur Anne-Madeleine Remuzat, que sa famille était opulente et très-distinguée dans cette ville), dans cette position, dis-je, notre chère Sœur, loin de s'occuper de son état florissant et des avantages du siècle, ne pensait qu'au moyen de s'en séparer et de suivre la voix intérieure qui l'appelait à la religion.

« L'exemple de sa cadette, que nous avions déjà le bonheur de posséder parmi nous, avait beaucoup ébranlé son cœur ; mais il ne l'avait pas entièrement décidé. Ce fut alors qu'elle se trouva dans ce combat intérieur de la nature et de la grâce, qui la fit extrêmement souffrir pendant quelque temps par des irrésolutions dont elle était agitée. Dans cette pénible situation, elle recourait sans cesse à Dieu, lui demandant instamment qu'Il daignât la décider Lui-même.

« Enfin le Seigneur prêta une oreille favorable aux cris de son âme, et, le jour de saint Dominique, notre chère Sœur reçut de sa miséricorde une force intérieure qui la rendit victorieuse d'elle-même, en l'élevant au-dessus de la tendresse extrême qu'elle avait pour sa famille, et qui formait le plus grand obstacle à sa retraite. Se roidissant, pour ainsi dire, contre les sentiments naturels de son cœur pour se rendre à ceux de la grâce, elle vint se présenter à notre très-honorée Mère Anne-Augustine Gravier, qui gouvernait alors notre monastère, pour obtenir une place parmi nous, sans que les larmes de sa mère, que sa séparation faisait couler en abondance, l'ébranlassent dans sa pieuse résolution.

« Nous avions déjà de trop bons gages de son mérite dans celui de sa pieuse sœur, pour ne pas nous empresser de lui accorder sa demande. Jamais les voix ne furent plus unanimes et pour la vêture et pour sa profession. Toutes nos Sœurs se firent un devoir comme un sujet de consolation d'y concourir et de seconder ses désirs par leurs suffrages.

« Elle eut le bonheur en entrant de trouver un noviciat nombreux et très-fervent, et dont sa chère sœur faisait un des plus beaux ornements par ses rares exemples. Cela ne contribua pas peu à l'animer d'une sainte ardeur, et la fidélité qu'elle montra à pratiquer tous ses devoirs justifia, à sa profession, l'empressement avec lequel on l'avait admise à la probation. Ainsi consacrée à Jésus-Christ par la solennité des vœux, elle se porta tout de nouveau à l'ouvrage de sa perfection, aidée, après Dieu, des avis de sa pieuse sœur, et encouragée par les actes de vertu qu'elle lui voyait chaque jour pratiquer, et qui lui étaient comme une leçon continuelle.

« On reconnut dès lors en elle un grand attrait pour l'oraison, donnant à cet exercice tout le temps qu'elle avait de libre ; elle en faisait ordinairement, les dimanches, les fêtes, et dans les retraites, trois heures de suite. Elle joignait à cette sainte pratique une dévotion tendre et filiale envers la sainte Vierge ; elle ne manqua jamais de réciter tous les jours le rosaire en son honneur, quelque occupation qu'elle pût avoir, comme un gage de son amour et un tribut de sa reconnaissance. Ajoutons à ces preuves de sa piété solide son attention à ses moindres devoirs et à éviter les plus petites fautes. Pénétrée de cet oracle du Sage qui nous avertit que celui qui méprise les petites fautes tombera infailliblement dans les grandes, elle s'observait avec une vigilance scrupuleuse pour ne rien négliger de ses devoirs et pour ne commettre aucune infraction volontaire, quelque légère qu'elle pût être.

« Ce fut par cette fidélité qu'elle s'éleva à une grande piété et qu'elle acquit les vertus religieuses, dont les preuves, s'il fallait vous les détailler, excéderaient les bornes d'un abrégé. Il me suffira, ma très-honorée Sœur, pour suivre l'usage ordinaire, de vous marquer en peu de mots ce que nous avons observé en elle de plus particulier. Son recueillement était tel, qu'on y reconnaissait une attention presque continuelle à la présence de Dieu, dont les emplois les plus dissipants ne la distrayaient point. Elle a passé par les différentes charges de lingère, de robière, de dépensière, du soin des ouvrages, de portière, plusieurs fois de surveillante de la communauté, de sacristine et d'infirmière : dans toutes ces fonctions, nous avons admiré sa vigilance, sa propreté et tous les autres talents qui l'en rendaient très-capable, et dont elle s'acquittait au gré des Supérieures et à la satisfaction de la communauté.

« Mais si elle remplissait si bien tous les emplois qu'on lui confiait, on peut dire qu'elle se surpassait dans celui d'infirmière par la charité la plus compatissante et par cette affabilité, cette complaisance qui faisait la consolation de nos Sœurs infirmes. Rien ne lui coûtait dans les services qu'elle leur rendait : tout était doux pour son bon cœur, et elle a fait des pratiques héroïques dans les pénibles soins qu'elle donnait à ses chères Sœurs. Son ardeur à les servir s'est toujours soutenue. Dans les dernières années de sa vie, elle se rendait avec une assiduité sans égale auprès d'une Sœur paralytique qui vit encore ; elle était déjà dans ce même emploi d'infirmière quand elle eut le regret de perdre sa très-pieuse sœur.

« Cependant la surdité qui lui survint quelques années avant sa mort la mettant hors d'état des emplois qu'on aurait pu lui confier de nouveau, elle souffrit cette incommodité avec une soumission parfaite, et se livra alors à l'attrait qu'elle avait pour la vie cachée, ce qui favorisait aussi celui qui la portait à faire la cour à notre Seigneur au Saint-Sacrement. C'était là que, mettant à profit le temps que la Providence lui ménageait, elle répandait son cœur devant son Sauveur, dans le silence et les effusions les plus tendres. Elle ne laissait pourtant pas de se rendre utile encore au monastère, autant que sa surdité le lui permettait ; les officières trouvaient toujours en elle une ressource dans toutes les rencontres, et son bon cœur se prêtait à toutes les Sœurs avec une affabilité qui rendait les services qu'elles en retiraient doublement utiles et agréables.

« Le Seigneur la prépara de loin à sa dernière heure par des douleurs de tête qui devinrent toujours plus fortes à mesure qu'elle avançait vers sa fin. Trois ans auparavant, elles furent plus fréquentes et plus aiguës, et enfin il y a environ six mois qu'elle eut une attaque d'apoplexie, qui ne la laissa vivre que pour mettre sa patience et sa soumission en exercice ; elle lui laissa un engourdissement aux jambes et un accablement de tête qui la tenait dans un assoupissement presque continuel, et qui quelquefois dégénérait en léthargie, de façon que nous ne pouvions comprendre qu'elle vivait que par le mouvement de son pouls. Elle fut dix jours dans cet état, au bout desquels Dieu voulait récompenser la fidélité qu'elle avait eue à faire les communions de règle, n'en ayant jamais manqué aucune avant sa léthargie ; elle reprit ses esprits par miracle, au grand étonnement de la communauté : elle demanda tout de suite à se confesser et à recevoir le saint Viatique, ce qu'elle fit avec une piété des plus édifiantes. Quelques moments après qu'elle eut reçu ces divins gages de l'amour de notre Seigneur, l'assoupissement la reprit avec une fièvre très-violente, que les remèdes ne purent calmer ; nos prières n'obtinrent rien non plus auprès de Dieu, qui avait marqué l'heure de sa récompense éternelle, et nous pouvons présumer de sa bonté infinie et des vertus de cette chère Sœur qu'Il lui aura accordé la couronne de justice qu'Il réserve à ses épouses fidèles. Enfin la fièvre se renforça avec tant de violence. que M. notre médecin ne douta plus qu'elle y succombât ; ce qui arriva à la fin de l'accès, à cinq heures du matin, mais si promptement, qu'à peine M. Chevalier, notre digne confesseur, et quelques unes de nos Sœurs et nous purent s'y rendre présentes.

« Elle était âgée de soixante-cinq ans et en avait quarante-huit de profession, du rang des Sœurs choristes. Le

R. P. Prudent, de la Compagnie de Jésus, qui avait sa confiance, et dont le zèle et la charité nous sont connus par l'expérience que notre communauté en a faite dans toutes les occasions, lui avait administré les derniers sacrements en l'absence de M. notre confesseur, et il lui rendit tous les devoirs d'un digne ministre de Jésus-Christ, dont il exerce les fonctions avec tant de distinction dans cette ville. Puissions-nous imiter les vertus dont cette chère Sœur nous a laissé de si beaux exemples ! »

RETRAITE SPIRITUELLE

DE LA

TRÈS-HONORÉE SŒUR ANNE-MADELEINE REMUZAT

RELIGIEUSE DE LA VISITATION

MÉDITATION

POUR LA VEILLE DE LA RETRAITE.

Je dois me proposer en premier lieu d'imiter, pendant ces huit jours, la retraite du Cœur adorable de Jésus-Christ dans le sein de son Père, et de m'unir aux hommages qu'il lui rendait lorsqu'il était sur la terre. Je dois y porter une docilité parfaite à tout ce qu'il plaira au bon Dieu faire en moi ; ne rien désirer, ne rien chercher, ne rien attendre que l'accomplissement de sa volonté. Peut-être m'attend-il dans cette retraite pour commencer son ouvrage en moi. Je me regarderai donc comme la statue sous la main de l'ouvrier. Si la statue avait des yeux et un cœur, elle ne serait occupée qu'à regarder avec complaisance la main qui lui ôte ce qui la défigure et qui lui donne les traits qui peuvent l'embellir. Vous purifierez, ô mon Dieu, ce fonds dans lequel vous voulez mettre des biens parfaits ; car il n'en est pas de vous comme des rois de la terre : ils peuvent combler de biens leurs favoris, mais ils ne peuvent pas les en rendre dignes. Pour vous, Seigneur, vous mettrez dans votre pauvre créature tout ce qu'il vous plaira d'y trouver, et en la rendant capable d'un bien infini, vous étendrez sa capacité jusqu'à l'infini. Vous lui ferez trouver en vous vos dons et sa reconnaissance ; ce qu'elle regardera, ce qu'elle cherchera, ce sera vous-même, mais non ce qui sort de vous, à moins que vous ne vouliez l'en occuper. Mon âme ne veut, ô mon Dieu, ni lumière, ni ténèbres, ni richesse, ni pauvreté. Vous pourrez donner ou ôter, arracher ou planter, détruire ou édifier. Tout ce que vous ferez, ce sera précisément ce qu'il me sera permis de vouloir. Adorable Trinité, Père, Fils et Saint-Esprit, bénissez cette retraite que je vais commencer en votre nom ; daignez la conduire, remplissez-en tous les moments. Puissiez-vous y trouver des hommages dignes de vous ! Que le Père, par sa puissance, absorbe mon impuissance ; que le Fils, par la sainteté de son cœur, immole à soi tout ce qui a servi en moi à tout autre usage qu'à sa gloire ; que le feu du Saint-Esprit consume tout ce qui pourrait mettre obstacle à ses divines opérations. Ainsi soit-il.

PREMIER JOUR.

DE L'ÉTERNITÉ DE DIEU ET COMMENT IL EST CELUI QUI EST.

PREMIÈRE MÉDITATION.

Considérons que non seulement il y a un Dieu, mais que Dieu est, qu'il a toujours été, et qu'il sera toujours nécessairement, parce que son existence et son essence ne sont qu'une même chose. C'est pourquoi Moïse lui ayant demandé son nom : *Je suis*, lui répondit-il, *Celui qui suis ; vous direz à mon peuple que Celui qui est m'a envoyé vers vous.* Comme s'il eût dit : Il m'est essentiel d'être toujours. Je m'appelle *Celui qui est*, et je ne puis cesser d'être, comme un homme ne peut cesser d'être raisonnable sans cesser d'être homme.

De plus, il est immuable dans son éternité, comme il le dit lui-même : *Je suis le Seigneur, et je ne change point, je ne vieillis point, je ne perds rien de mes forces, et je suis si éloigné de tout changement, que l'ombre même n'en vient pas jusqu'à moi.* Il demeure éternellement dans le même état, sans que les millions de siècles lui apportent la moindre altération. O mon Dieu, s'écriait David, *vous êtes toujours le même, et vos années ne finiront point.* Il est donc éternel ; il n'a jamais eu de commencement, et il n'aura jamais de fin. On ne peut pas dire, à parler proprement, qu'il a été et qu'il sera, mais uniquement qu'il est, selon le nom ineffable qu'il se donne. Je me réjouis, ô mon Dieu, de savoir que vous êtes, ce que vous êtes par vous-même,

et que toutes les créatures sont devant vous comme si elles n'é-
taient pas.

Qne si de l'être de Dieu je passe à celui qu'il m'a donné, que
de perfections dans cet ouvrage créé à sa ressemblance! Faite
pour lui, je ne devais donc être que pour lui, et cependant, hélas! à quels usages ne me suis-je point destinée! Vous n'eûtes
besoin, pour l'exécution de votre volonté; ô mon Dieu, dans la
formation de l'homme, que de votre volonté même. Un instant
vous suffit, et à peine eûtes-vous prononcé cette parole : *Faisons
l'homme*, que l'homme fut fait. Quelle docilité ne trouvâtes-vous
pas dans le néant pour en faire le plus beau de vos ouvrages !
Mais pour reformer cet homme, pour le spiritualiser et pour le
diviniser, si je puis ainsi m'exprimer, quelles oppositions ne
trouvez-vous pas? Quelles résistances de sa part! Il ne vous fallut que votre volonté pour sa première création ; mais pour la
seconde il vous faut son consentement. Quoique vous l'ayez fait
sans lui, vous ne voulez pas le sauver sans lui. Ah ! Seigneur,
je vous en conjure, réduisez-moi au néant, et faites ensuite de
ce néant une nouvelle créature, une créature qui soit entièrement
selon votre cœur. Ainsi soit-il.

DEUXIÈME MÉDITATION.

Considérons qu'il est tellement essentiel à Dieu d'être ce qu'il
est, qu'on le distingue par là de toutes les créatures ; car lui seul
a son être de lui-même : tout ce qui est hors de lui tire son
origine de lui; tout dépend de lui, et il ne dépend de rien. Seul
il possède l'immortalité, qui de sa nature ne peut point périr;
il n'a besoin de rien, et il se suffit souverainement à lui-même,
trouvant dans son propre fonds la source unique de sa gloire et

de sa félicité. Son éternité n'est qu'un jour qui dure toujours. Les créatures n'ont point l'être d'elles-mêmes. Les anges, ces esprits si nobles, pouvaient n'être point; Dieu les a créés, pouvant ne les pas créer. Ils seraient encore dans le néant si Dieu, par sa bonté toute puissante, ne les en avait tirés, et ils rentreraient dans le néant si Dieu ne les conservait. Moi-même, ô mon Dieu, que serais-je sans vous? Ces réflexions doivent produire dans moi des sentiments d'humilité, surtout lorsque je fais attention que Dieu seul est Celui qui est, et que la créature n'a et ne peut avoir d'elle-même aucun être. Je dois me représenter que Dieu me dit comme au premier homme : « Tu n'es que poussière, et tu retourneras en poussière; la terre dont tu as été formé te servira de tombeau. Comme tu es venu de rien, dans peu de temps tu ne seras rien en ce monde. Je t'ai tiré du néant, et tu serais anéanti si j'avais cessé un moment de te conserver ; que si tu as une âme immortelle, c'est moi qui te l'ai donnée, j'en suis l'auteur, et je puis en être le destructeur. » O Dieu éternel, qui possédez essentiellement toute la plénitude de l'être, quelle consolation pour moi de penser qu'il n'y a rien hors de vous qui ne soit sorti de vous ! « Toutes les nations, dit Isaïe, comparées à vous, sont comme des gouttes d'eau ou comme un grain que l'on met dans la balance... » O Dieu immortel, qui vous nommez *Celui qui est*, je suis ravie de ce que vous portez un si beau nom, qui ne convient et ne peut convenir qu'à vous; sacré nom, qui n'a été révélé qu'à Moïse, comme au ministre et au favori de Dieu. Il sera, ce nom auguste, il sera ma force et ma consolation. Il me suffira de savoir que mon Dieu est, pour que je ne sois point touchée de ce qui n'est pas. Je vous regarderai, ô mon souverain Maître, comme spectateur tranquille de tous les différents événements. Ils ne peuvent rien, ces événements, sur l'immutabilité de votre être; ils ne pourront rien non plus sur la volonté constante que vous m'avez donnée de n'y regarder que vous. Ainsi soit-il.

TROISIÈME MÉDITATION.

Considérons que Dieu n'est rien de tout ce qui peut être compris ou imaginé par l'entendement de quelque créature, parce que tout cela est limité. Ainsi, c'est une erreur de penser que Dieu soit bon, ou qu'il soit sage, d'une sagese et d'une bonté que les hommes, ou même les anges, puissent concevoir. Leurs idées sont trop basses pour s'élever jusqu'à l'Etre par excellence. On ne peut lui donner un nom qui exprime parfaitement ses divins attributs. Pour le comprendre, il faut être lui-même ; c'est lui faire injure que de vouloir mettre entre lui et ses plus nobles créatures quelque sorte d'égalité et de comparaison. *Qui dans les nues égalera le Seigneur ?* disait le Prophète. *Qui sera semblable au Seigneur parmi les enfants des hommes* C'est-à-dire, nul de ceux qui habitent dans les nues, ou qui, par la grâce, sont les enfants de Dieu, ne doit s'égaler ni se comparer à lui, puisqu'il est infiniment au-dessus de tout ce qu'il y a de plus élevé. Pour connaître Dieu, il faut fermer les yeux à tous les objets sensibles et effacer de nos esprits toutes les idées qui ne nous représentent rien que de borné. Dieu n'est ni une substance, ni un esprit, ni un être tel que nous nous le figurons. C'est quelque chose d'infiniment parfait, d'infiniment grand et d'infiniment élevé au-dessus de toute substance, de tout esprit et de tout être ; aussi incompréhensible qu'ineffable, on ne peut dire ni concevoir ce qu'il est. A notre égard, c'est un mystère plein d'obscurité ; nous ne pouvons pas le pénétrer. L'Ecriture dit que Moïse entra dans la nue sombre où Dieu était. C'est ainsi, mon Dieu, que quand vous voulez montrer à une âme quelque rayon de votre essence, vous la faites entrer dans ces sacrées ténèbres qui vous environnent. C'est là qu'elle voit que vous ne pouvez être vu ni compris que de vous-même, et qu'il vous est essentiel d'être inaccessible à nos faibles lumières. O Etre incompréhensible, jouissez de vos propres connaissances. Que toutes les créatures confessent devant vous leur ignorance. Je me réjouis de ce que vous êtes, et je voudrais de tout mon cœur que mes hommages pussent égaler ceux que vous nous rendez. O Dieu caché et invisible, quand est-ce que je vous verrai, non comme dans un miroir et dans une énigme, mais clairement et face à face? Oh ! si je pouvais vous connaître comme vous vous connaissez, afin que je pusse vous aimer comme vous vous aimez ! Mais puisque ma connaissance est faible et défectueuse, faites au moins que mon amour soit pur et parfait, et qu'en vous aimant de toutes mes forces, je mérite de vous voir. O vue de Dieu, qui faites la béatitude des saints et de Dieu même, quand me serez-vous communiquée? Je ne dirai pas comme les Israélites : *Que le Seigneur ne me parle pas, de peur que je ne meure ;* mais je dirai avec saint Augustin : *Qu'il me parle, afin que je meure et que j'aie le bonheur de le posséder éternellement.* Ainsi soit-il.

DEUXIÈME JOUR.

SUR LA SAINTETÉ DE DIEU.

PREMIÈRE MÉDITATION.

Considérons la sainteté de Dieu ; elle surpasse infiniment la sainteté de toutes créatures existantes et possibles. Quelque grande que nous supposions la sainteté des créatures, elle a cependant des limites. La sainteté de Dieu n'en a point ; elle est aussi infinie que lui, ou plutôt elle est lui-même. C'est un esprit infiniment pur, qui, par l'excellence de son être, n'est susceptible d'aucun défaut ni d'aucune imperfection. C'est le seul Saint, et il n'y a que lui qu'on puisse justement appeler Saint, parce qu'il n'y a que lui qui remplisse toute la signification de ce nom. Les cieux mêmes devant lui ne sont pas purs, et la sainteté des anges et des hommes n'est qu'une ombre en comparaison de celle de Dieu. O Dieu, qui êtes la source et le modèle de toute sainteté, je vous adore en m'anéantissant devant vous. Je ne suis que péché, et c'est ce qui me confond ; mais ce qui m'anime, c'est que vous êtes la sainteté même. Malgré ce fonds d'iniquités que j'ai dans mon cœur, vous daignez me regarder avec bonté, vous m'appelez à vous, et vous m'invitez à participer à votre sainteté. Il ne tient qu'à moi, puisque vous m'en fournissez les moyens. Dieu saint, que la terre, de concert avec le ciel, s'empresse à vous rendre hommage. Mais la terre ne mérite pas que vous acceptiez ses hommages. Votre sainteté est si parfaite, que rien

n'est digne de vous que vous-même. Plus je veux la considérer
cette sainteté, plus je me sens opprimée par son poids. Eh ! comment osé-je me présenter devant vous, ô Saint des saints ? Comment pouvez-vous souffrir en votre présence une créature chargée d'infidélités ? Comment et par quel excès de bonté voulez-
vous vous communiquer à elle, vous qui ne vous montrez qu'à
ceux dont le cœur est véritablement pur ? Purifiez donc le mien,
et faites-lui voir dans votre sainteté, comme dans un miroir, tout
ce qui le souille et qui corrompt en lui la pureté de vos dons.
Je dois aussi considérer que Dieu est seul, oui, seul, par l'indé-
pendance souveraine ou l'excellence de son être; seul, parce qu'il
n'a besoin de personne, et qu'il trouve dans lui-même une compagnie seule digne de lui ; seul, parce que rien autre ne mérite
de l'occuper, et que, retiré en lui-même, il trouve tout son bonheur en lui-même ; seul, parce que, lors même qu'il paraît sortir
de lui-même pour lier quelque commerce avec ses créatures, il
n'a proprement de rapports qu'avec lui-même, étant le principe
et la fin de tout, ne cherchant que sa gloire et n'aimant que ce
qui est saint. Voilà ce qui doit être le but de tous mes désirs,
ne penser qu'à Dieu, ne voir que Dieu, ne chercher que Dieu,
ne me reposer qu'en Dieu. L'esprit s'égare quand il pense à
des objets qui ne le conduisent pas à Dieu. Le cœur se rend criminel quand, avec Dieu, il aime quelque chose qu'il n'aime pas
pour Dieu. L'homme se perd quand il se repose dans ce qui
n'est pas son Dieu. Saint des saints, ô mon Dieu, est-il possible
que, trouvant en vous de quoi vous satisfaire pleinement, vous
daigniez en quelque sorte en sortir pour chercher dans de viles
créatures des objets de complaisance ? Est-il possible que des
créatures qui ne peuvent trouver de véritable bonheur qu'en
vous refusent de vous chercher ? Oh ! que notre aveuglement est
déplorable ! Si du moins nous conservions dans leur pureté les

trésors que le Dieu saint nous communique ! Si son action n'était point troublée et interrompue ! Si nous ne cherchions pas plus ses dons que lui-même ! Mais, hélas ! combien y en a-t-il qui se les approprient et qui lui en dérobent la gloire ! Je suis moi-même, ô mon Dieu, de ce nombre. Je méprise vos dons, ou je m'en glorifie ; j'abuse de vos grâces, ou je les regarde comme un bien qui m'est dû ; je suis assez aveugle pour ne pas vous chercher, ou assez vaine pour me chercher, même en vous cherchant. Changez-moi, ô Dieu de sainteté ; faites que je sois uniquement à vous, et que, recevant tout de vous, je rapporte tout à vous. Ainsi soit-il.

DEUXIÈME MÉDITATION.

Considérons la sainteté de Dieu dans ses œuvres. Tout ce qu'il fait est saint ; ses vertus sont si pures qu'elles ne peuvent être mêlées d'aucun défaut. Dieu n'a ni vice ni péché, et il ne lui est pas moins naturel d'être impeccable que d'être Dieu. Il ne peut faillir ni par ignorance, puisqu'il connaît tout ; ni par mégarde, puisqu'il pense à tout ; ni par faiblesse, puisqu'il est tout puissant ; ni par défaut de mémoire, puisqu'il n'oublie rien. Non seulement il est impeccable, mais encore il ne peut en aucune manière être cause qu'une créature commette le moindre péché, parce qu'il se détruirait lui-même. En effet, s'il était la cause du péché, il en serait coupable ; et s'il était coupable, il ne serait plus Dieu. De là vient que, quoi qu'il puisse se revêtir de notre nature et endurer toutes les misères de cette vie, il ne peut, dans un corps fragile et mortel, être sujet au péché. Il peut tout, au péché près ; j'en dois conclure que ses vertus ne sont point oisives et que la sainteté entre dans toutes ses vues. Aussi veut-il

que nous l'imitions en ce point, et il nous dit : *Soyez saints,
parce que je suis saint ; soyez parfaits comme votre Père céleste
est parfait.*

O Dieu, qui par votre miséricorde nous appelez tous à être
saints, sanctifiez mon âme, lavez-la de tous ses péchés, commu-
niquez-lui toutes vos vertus. Bienheureux séraphins, qui ne cessez de louer le Seigneur en l'appelant Saint, descendez du ciel ;
purifiez mes lèvres comme vous fîtes à celles d'Isaïe ; embrasez
mon cœur du feu de l'amour divin, afin que je sois entièrement
pure et sainte aux yeux du Seigneur.

Le fruit que je dois retirer de mes considérations sur la sainteté de Dieu, c'est de m'animer à éviter le péché, de quelque espèce qu'il soit. Tout ce qui déplaît à mon Dieu doit me déplaire.
Ni les tentations, ni les passions, ni le respect humain, rien ne
pourra désormais m'engager à commettre le péché le plus léger.
Je dois aussi faire tous mes efforts pour me garantir de toute
imperfection. Je ne me contenterai pas de faire le bien, je tâcherai
de faire le plus grand bien, cherchant tout ce que je jugerai le
plus parfait, et le faisant par le motif le plus digne de Dieu, afin
que mes pensées et mes actions soient entièrement pures et saintes. Mais, ô mon Dieu, garderai-je fidèlement les résolutions que
vous m'avez inspiré de faire ? Ma faiblesse me fait trembler, mais
votre bonté me rassure. Achevez l'ouvrage que vous avez commencé dans moi. Retranchez de mon cœur tout ce qui peut mettre obstacle à vos opérations. Je me sens déterminée à tout sacrifier pour ne pas commettre la moindre faute. Conservez dans
moi et augmentez cette bonne volonté. Je veux être à vous, toute
à vous, à vous pour toujours. Ainsi soit-il.

TROISIÈME MÉDITATION.

Considérons que Dieu est nécessairement saint, car la sainteté n'est autre chose qu'une convenance avec la loi éternelle. Or Dieu ne saurait être contraire à la loi, ni opposé à lui-même. Il est donc nécessairement saint. D'ailleurs, c'est un esprit souverainement pur, et qui, par conséquent, exclut toute imperfection. Il est très-intime à lui-même, et il s'aime parfaitement; comment pourrait-il n'être pas saint? Enfin il est le principe, la fin et la règle de toute sainteté. C'est lui qui produit dans les âmes justes la justice qui les sanctifie. C'est son esprit qui purifie par l'onction de sa grâce les cœurs où il habite. Nous ne travaillons à devenir saints qu'autant que nous lui ressemblons. Saint, saint, saint, c'est le cantique éternel des esprits bienheureux et l'hommage qu'ils lui rendent continuellement dans le ciel.

Dieu très-saint, je vous confesse et je vous adore. Toute la terre est remplie de votre gloire et de l'odeur de votre sainteté. Je la respire partout, cette douce odeur. Tout cet univers est le temple auguste où votre sainteté triomphe. Chaque être en particulier m'annonce en son langage de me tenir avec respect en votre présence et de vous offrir en tout temps et en tout lieu un encens pur. En quelque endroit que je me trouve, je me représenterai comme environnée de votre Majesté sainte, et je dirai avec Jacob : *C'est ici un lieu saint qui exige tout le respect de mon intérieur et de mon extérieur ; j'y adorerai le Seigneur. Un Dieu saint veut un culte saint.*

Ne pensez pas, dit le grand Apôtre, *que Dieu nous ait appelés à son Eglise pour être immondes ; il ne nous y a appelés que pour être saints, et toute action qui ne porte pas le caractère de sainteté nous rend indignes de notre vocation.* Il nous déclare lui-même, par son Prophète, que ses yeux sont toujours sur le juste ; mais il a une horreur infinie de tous ceux qui s'éloignent de sa sainteté. *Oui,* continue l'Apôtre, *nous n'avons tous été pré-destinés en Jésus-Christ que pour lui ressembler.* Je suis donc obligée d'être sainte. Dieu ne m'a faite que pour lui ; il ne m'a mise dans sa maison que pour le servir. Je ne puis être à lui, je ne puis le servir que par des œuvres de sainteté. Une application constante à ne penser qu'à lui, une ardeur empressée à n'aimer que lui, une ponctualité fidèle à garder mes règles, une exacti-tude soutenue à remplir mes devoirs, un dévouement total à sa volonté, une mort entière qui m'ôte toute à moi-même pour ne vivre que pour lui, voilà ce que je lui dois. Que lui ai-je rendu jusqu'à présent ? C'est ici où je dois rentrer en moi-même et me confondre à la vue de ce vide que j'aperçois dans ma vie passée. C'en est fait, Dieu saint, je commence dès maintenant. Toute mon ambition est d'être sainte. C'est vous qui me donnez cette volonté ; vous la soutiendrez, et j'espère que par votre miséri-corde je rendrai à votre sainteté un hommage digne d'elle. Ainsi soit-il.

TROISIÈME JOUR.

SUR LA BONTÉ DE DIEU.

PREMIÈRE MÉDITATION.

Considérons que cette perfection de Dieu qu'on nomme bonté est souverainement aimable, parce qu'e le a tout ce qui peut attirer l'amour ; car plus une chose est belle et parfaite, plus elle mérite d'être aimée, et par conséquent une bonté infinie, jointe à une égale beauté, ne peut être qu'infiniment aimable en elle-même.

De là il s'ensuit 1° que Dieu seul peut aimer sa bonté autant qu'elle peut et qu'elle doit être aimée, puisque lui seul est capable de l'aimer infiniment et de se complaire en elle-même avec une joie infinie. Je dois admirer cette bonté divine et lui donner des témoignages de mon amour, en confessant que, quelque effort que je fasse, je ne pourrai jamais l'aimer assez. O Dieu de mon âme, que n'ai-je pour vous tout l'amour qui vous est dû ! Que mon cœur n'est-il assez grand et assez ardent pour vous aimer sans mesure ! Que ne suis-je au moins, comme votre chaste épouse, languissante d'amour ! Que ne tombé-je en défaillance à vos pieds par un violent désir de vous aimer, par un regret sensible de ne pouvoir vous aimer autant que je le souhaite ! Il s'ensuit 2° que je dois aimer Dieu plus que tout, c'est-à-dire avec le plus de ferveur que je pourrai, en sorte que je fasse plus d'état de lui que de toutes les créatures ensemble. O Dieu de bonté, faites que je vous aime autant que mes forces peuvent le permettre. Augmentez mes forces à chaque instant, afin qu'à chaque instant j'augmente en amour. Donnez-moi l'amour que tous les anges et tous les saints ont pour vous. Faites-moi part de celui que vous vous portez à vous-même, afin que je puisse vous aimer d'une manière digne de vous.

Le principal motif que je dois avoir en aimant Dieu, c'est sa bonté en elle-même; car elle est l'objet le plus digne de mon amour, et ce serait faire injure à Dieu que de l'aimer en vue de quelque autre bien. Plus je considérerai attentivement ce Dieu infiniment bon, plus je trouverai de quoi m'animer à l'aimer. Sa sagesse, sa puissance, son immensité, toutes ses perfections sont infiniment aimables. Dans Dieu, tout est infiniment digne d'amour, parce que tout est infiniment parfait. Sa justice même, toute rigoureuse qu'elle est, n'en est pas moins infiniment aimable. Sans elle, Dieu ne serait pas infiniment parfait, puisqu'il ne serait pas infiniment juste. Je dois le bénir de ce qu'il fait également éclater sa gloire et à punir les méchants, et à récompenser les justes. Vous êtes pour moi tout aimable, ô mon Dieu, parce que je ne vois rien en vous que de bon. Oh! que je souhaiterais aussi que je fusse digne de votre amour, et que vos yeux n'aperçussent rien en moi qui pût vous déplaire! Effacez de mon âme toutes les taches qui la rendent indigne de vous; je les laverai aujourd'hui dans votre sang adorable par le sacrement de Pénitence. Faites que je les voie comme vous les voyez, afin que, les connaissant parfaitement, je les déteste parfaitement. Brisez mon cœur de douleur, embrasez-le d'amour, afin que ma douleur et votre amour consument tout ce que j'ai d'imparfait. Ainsi soit-il.

DEUXIÈME MÉDITATION.

Considérons combien la bonté de Dieu est aimable, par les avantages de grâce et de gloire dont elle nous favorise en cette vie et en l'autre. C'est surtout dans l'incarnation du Verbe que cette bonté infinie triomphe avec éclat; elle s'y est, en quelque façon, épuisée pour nous faire voir, par ce prodige d'amour, combien elle mérite d'être aimée. Un Dieu fait homme, et cet Homme-Dieu né dans une étable et mort sur la croix pour moi! Eh! qu'aimerai-je, si je ne l'aime pas?

Tout ce que je possède dans le temps, tout ce que j'espère pour l'éternité, c'est de la bonté divine que je l'ai reçu et que je l'attends. Il est infiniment aimable, ce Dieu de miséricorde, pour m'avoir comblée des dons naturels; combien l'est-il davantage pour m'avoir comblée des dons surnaturels! Je dois être reconnaissante, parce que je tiens de lui des biens passagers; combien plus dois-je l'être, parce qu'il m'a préparé des biens éternels! Je ne puis assez l'aimer, à cause qu'il m'a donné ce qui est hors de de lui et infiniment au-dessous de lui; quel amour ne dois-je pas lui témoigner, après qu'il s'est donné tout entier à moi et pour moi? Oh! que n'ai-je un nouveau cœur! que n'ai-je tous les cœurs possibles pour vous aimer comme vous devez être aimé! Je dois rappeler toutes les grâces que j'ai reçues et que je reçois chaque jour. En faut-il tant pour m'animer de la plus tendre reconnaissance? Je dois aussi écouter la voix de mon Bien-Aimé, qui me dit ce peu de paroles : « Reçois et rends, donne et reçois. Reçois ma grâce, et rends-moi tes hommages. Reçois la participation des richesses de mon Cœur, et travaille à l'honorer et à le faire honorer par toute la terre. Reçois le choix

que j'ai fait de toi pour la gloire de mon Cœur, et sois attentive
à tout ce qui peut lui en procurer. Reçois tout ce que je suis, et
donne-moi tout ce que tu es. » O Dieu de mon cœur, je consens
volontiers à cet honneur, je l'accepte comme une insigne faveur.
Faites seulement que ma lâcheté ne me rende pas indigne de la
grâce que vous m'offrez. Ah ! que du moins je puisse vous rendre vos propres dons dans toute leur pureté ! Les dons de Dieu
sont grands en eux-mêmes, mais la bonté avec laquelle il nous
les accorde les rend encore plus aimables. Avec quel plaisir ne
se communique-t-il pas à une âme fidèle ! Il s'y complaît, il en
fait l'objet de ses délices. Quand même il n'y aurait qu'une de
ces âmes sur la terre, elle seule l'y aurait attiré par le plaisir
qu'il a de ne point mettre de bornes à ses libéralités. Je puis
en juger par moi-même : quelque infidèle que je sois, avec quelle
complaisance ne se communique-t-il pas à moi ? Puis-je y penser
sans être transportée d'amour ? Non, ce n'est pas assez de brûler
de votre amour, ô mon Dieu ; je dois et je veux en être embrasée, consumée et transportée. Ainsi soit-il.

TROISIÈME MÉDITATION.

Considérons combien la bonté de Dieu est aimable, puisqu'elle
est l'unique source des douceurs et des joies que nous goûtons
en cette vie. Les richesses, les commodités, les agréments, les
honneurs, les distinctions, la santé, la liberté, les qualités na-
turelles dont nous sommes si jaloux ; en un mot, tout ce qui
nous plaît et nous flatte sur la terre, c'est à Dieu que nous le devons. Le goût que je trouve dans mon état, la tranquillité dont
j'y jouis, le bonheur que j'y possède, tout cela est un don de
Dieu. Les créatures ne peuvent me procurer aucune satisfaction

qu'autant que Dieu leur en a donné le pouvoir. Tout bien vient
de lui. Les plaisirs mêmes que procurent les créatures, quelque
purs et innocents qu'ils soient, ne sont de véritables plaisirs que
quand nous les prenons comme venant de lui, et que nous les
rapportons à lui. Oui, mon Dieu, dois-je m'écrier avec saint
Augustin, mon cœur est fait pour vous, et je ne puis trouver
de repos que dans vous. Vous êtes le seul bon, le seul aimable.
N'est-il pas juste que je paye à votre bonté le tribut d'amour que
je lui dois? Dieu est aimable, parce qu'il se plaît à demeurer et
à s'entretenir avec nous ; il aime ses créatures, il se complaît
dans elles, et, comme il nous le dit lui-même par la bouche du
Sage, ses délices sont d'être avec les enfants des hommes.
Quelle bonté de sa part! Toutes les fois que je veux, je puis
parler à mon Dieu ; il m'écoutera avec complaisance, il me par-
lera aussi si je l'écoute avec docilité. Ne comprendrai-je jamais
quel est mon bonheur ?

Comme Dieu se communique à nous avec plaisir, il veut aussi
que nous le servions avec plaisir, et que nous regardions comme
une faveur de pouvoir jouir de son entretien. Il n'aime pas des
serviteurs mécontents. Son joug est doux, et il veut que nous
en sentions les douceurs. Nous ne pouvons les sentir qu'en le
portant de bon cœur. Pour nous animer à lui être fidèles, il
nous promet pour récompense sa propre joie ; car il dit à son
serviteur : « Entrez dans la joie de votre Seigneur. » Par ces considérations, je dois m'exciter à ne me réjouir qu'en Dieu, puisque je ne puis trouver qu'en lui ce qui peut me rendre véritablement heureuse. Eh ! pourquoi chercherais-je dans les créatures
des plaisirs faux et frivoles, tandis qu'il ne tient qu'à moi d'en
trouver dans Dieu de véritables et de solides ? Ne dois-je pas
faire avec joie ce qui regarde son service, puisqu'il fait avec un
contentement infini tout ce qui contribue à mon bien ? Ne dois-je

pas chercher ce contentement de Dieu par-dessus toutes choses,
et même aux dépens de mon propre contentement? Dans les différentes conduites qu'il tient à mon égard, ne suffit-il pas de savoir qu'elles le contentent et qu'elles font son bon plaisir. Oui,
mon Dieu, je vous le promets, dans tout ce qui m'arrivera de pénible et de fâcheux, je dirai : Contentez-vous, Seigneur, faites
ce qui vous plaît; j'y souscris de tout mon cœur. C'est tout ce
qu'il me sera permis de dire.

QUATRIÈME JOUR.

SUR LA MISÉRICORDE DE DIEU.

PREMIÈRE MÉDITATION.

Considérons la miséricorde de Dieu, comparée à sa justice, et
n'oublions pas que ces deux attributs ont part aux bienfaits que
nous recevons du ciel : la justice, parce que c'est elle qui les
distribue selon l'ordre de la Providence et conformément à nos
mérites; la miséricorde, parce qu'elle s'en sert comme d'un
moyen pour nous corriger, nous consoler et nous animer. La
miséricorde précède, accompagne et suit la justice, c'est de quoi
je dois me convaincre.

1° La miséricorde précède la justice, parce que tout acte de
justice est fondé sur quelque acte de miséricorde. Dieu, avant
de châtier les pécheurs, leur a toujours fait des grâces, leur a
souvent pardonné leurs péchés, les a avertis de recourir à la pénitence et de prévenir la rigueur de ses jugements. La miséricorde

est comme naturelle à Dieu, qui de lui-même est porté à nous délivrer de nos misères ; mais la justice n'aurait rien à faire si nous ne l'irritions par l'abus que nous faisons de la miséricorde. Bien loin d'aimer à punir, Dieu ne cherche qu'à faire grâce aux plus criminels. Il ne veut pas la mort de l'impie, mais il veut sa conversion et son salut; c'est lui qui nous l'assure par Ezéchiel. O Dieu infiniment bon, qui prenez plaisir à récompenser, et qui ne punissez qu'à regret, prévenez-moi tellement par votre miséricorde, que votre justice ne trouve rien à punir en moi.

2° La miséricorde accompagne la justice pour en adoucir les rigueurs. C'est ce que le Prophète nous déclare par ces paroles : « Dieu oubliera-t-il sa clémence? Sa colère arrêtera-t-elle le cours de ses miséricordes? Non, quelque irrité qu'il soit, il se souviendra qu'il est miséricordieux, et sa douceur tempérera sa colère. » Que cette vérité est consolante! Malgré mon ingratitude, Dieu est toujours mon Père, et, tandis que je serai sur la terre, il ne me punira jamais qu'en père. Oh! qu'il est bon, qu'il est aimable, le Dieu d'Israël !

3° La miséricorde suit la justice, car Dieu ne punit les pécheurs en cette vie que dans la vue de les ramener à lui. Que s'ils ne deviennent pas meilleurs par ses châtiments, il veut que d'autres profitent de leur perte. Lorsque les traits de la justice ne changent pas ceux qu'ils frappent, ils servent à ceux qui en sont témoins. La miséricorde ne perd rien de ses droits. Après tout, Dieu a beaucoup plus fait pour sauver les hommes que pour les punir. Quoi de plus capable de m'animer à la confiance et à l'amour? Car enfin, quoique j'aie grand sujet d'appréhender la justice d'un Dieu offensé, j'ai encore plus de sujet d'espérer en la miséricorde d'un Père miséricordieux. O Dieu éternel, je me réjouis de ce que vous êtes juste et miséri-

cordieux tout ensemble : juste, parce que vous ne vous écartez
pas des règles de l'équité ; miséricordieux, parce que vous ne cher-
chez qu'à pardonner, même aux plus grands pécheurs. Votre miséricorde va plus loin que votre justice ; car si vous punissez
les enfants pour les péchés des pères, vous étendez votre miséricorde de génération en génération sur les descendants de ceux
que vous aimez. Je redoute votre justice, mais j'espère encore
plus de votre miséricorde. Faites-la triompher en ma faveur,
afin que je me rende digne de la glorifier éternellement dans le
ciel. Ainsi soit-il.

DEUXIÈME MÉDITATION.

Considérons combien la miséricorde de Dieu est grande envers
ceux qui l'aiment, et qu'il a choisis pour en faire des vases d'élection. Il les a aimés d'un amour éternel, et il a toujours
eu pour eux une bonté particulière, qui durera tant qu'il sera
Dieu. Avant tous les temps il a résolu de les délivrer des misères de cette vie, de les préserver des peines de l'éternité, et de
les rendre heureux à jamais. Il ne tient pas à lui que ce bonheur
ne soit commun à tous les hommes. Il n'y en a point à qui il
ne donne tous les moyens nécessaires pour y parvenir. Ainsi,
je puis dire qu'avant que je fusse née, il avait jeté sur moi les
yeux de sa miséricorde, et que, prévoyant les misères dans lesquelles je me précipiterais, il avait formé le dessein de m'en tirer, et de me tenir toujours sous sa protection, pourvu que je
voulusse lui être fidèle jusqu'à la fin. Rien n'est plus consolant
que ces réflexions. Je n'étais pas encore, et déjà j'étais présente
à l'esprit et au cœur de mon Dieu. Il pensait à moi, il m'aimait. Oh ! que je serais ingrate si je ne lui rendais pas amour pour
amour !

Après qu'un prédestiné est venu au monde, la miséricorde ne l'abandonne jamais, elle le suit partout et ne cesse de frapper à la porte de son cœur ; comme elle l'a choisi de toute éternité, elle ne le perd pas de vue dans le temps, elle l'accompagne dans toutes ses démarches. Aussi, le Seigneur ayant dit : « Je vous ai aimé d'un amour éternel, » il ajoute : « C'est pourquoi je vous ai attiré à moi, ayant compassion de vous. » Si donc je suis morte par le péché, la miséricorde me prévient pour me redonner la vie. Si je suis dans l'assoupissement, elle me réveille. Si j'ai des combats à me livrer, elle me soutient. Si j'ai des peines, elle me les adoucit. Si j'ai des doutes, elle m'éclaire. Si j'ai des langueurs, elle m'anime. J'en ressens en tout les effets salutaires. Puis-je assez la bénir ? Ne dois-je pas, comme le Prophète, être tout occupée à la louer ?

La miséricorde, après avoir justifié les élus sur la terre, les glorifie dans le ciel. C'est là où elle montre avec plus d'éclat sa magnificence. Elle ne laisse pas de paraître magnifique sur la terre, puisqu'elle enrichit les justes des dons de la grâce, dons précieux, qui élèvent l'âme au-dessus de la condition humaine et la rendent digne de Dieu. Que n'ai-je pas à attendre de votre miséricorde, ô mon Dieu ! Eh ! que serais-je sans elle ? Je n'ai dans mon propre fonds que faiblesses, misères et péchés. Faut-il moins qu'une miséricorde infinie pour me supporter ? Si, pour être un vase de miséricorde, il suffisait d'en avoir besoin, vous n'avez point de sujet plus propre pour la faire éclater. Pour mon bonheur, vous êtes la miséricorde même, et la miséricorde est à vous, puisqu'elle vous est essentielle ; mais j'ose le dire qu'elle est aussi à moi, puisqu'elle n'est que pour les misérables. Je me jette entre ses bras avec la plus vive confiance ; elle sera mon bonheur en ce monde, puisse-t-elle aussi le faire en l'autre !

TROISIÈME MÉDITATION.

Considérons quels sont les effets de la miséricorde divine à notre égard. La miséricorde a deux effets : elle fait compatir au mal des autres, et elle porte à le soulager. Dieu de lui-même est incapable de compassion ; mais, par un prodige de miséricorde. il a trouvé le moyen de s'en rendre susceptible en se faisant homme. Depuis qu'il a pris un corps mortel semblable au nôtre. il a commencé à s'affliger de nos misères ; il y a pris part d'une manière nouvelle, et il les a ressenties jusqu'à verser des larmes de compassion. C'est ici où je dois admirer et aimer. Comment, ô mon Dieu, vous qui faites les délices des collines éternelles, comment avez-vous pu vous résoudre à vous assujettir à cette compassion triste et affligeante ? C'est que vous nous aimiez, et votre amour vous a tout fait sacrifier. Vous aimé-je assez pour faire volontiers les sacrifices que vous me demandez ? Dieu ne s'en est pas tenu à une compassion intérieure, il a pris sur lui tous nos maux, il s'est chargé de nos péchés, et, pour les expier, il a voulu se soumettre à la mort, et à la mort de la croix. « Le Pontife que nous avons, dit saint Paul, est capable de compatir à nos infirmités, et, au péché près, il a éprouvé toutes nos misères ; » c'est-à-dire que Celui qui fait pour nous l'office de Pontife n'est point un juge rigoureux, mais un Père tendre, qui s'est immolé pour nous, et qui a voulu être sujet à toutes nos misères, excepté le péché. Quel excès de miséricorde ! Que doit sentir, que sent mon cœur en y pensant ? Mon cœur. fût-il plus dur que le rocher, peut-il n'en pas être touché ? Que ne dois-je pas faire pour un Dieu qui a tant fait pour moi ? C'est bien le moins qu'à son exemple je pleure mes misères, et que je les expie par une vie pénitente. Quelque déplorable que soit l'état où il s'est réduit pour moi, il ne veut pas que je pleure sur lui. C'est donc sur moi, ô mon Dieu, que vous voulez que je pleure ? Je le dois ; mais en déplorant mon ingratitude, je n'en serai que plus sensible à votre miséricorde. Mes péchés m'arracheront des larmes de douleur, vos bontés m'arracheront des larmes d'amour.

CINQUIÈME JOUR.

SUR LA LIBÉRALITÉ DE DIEU.

PREMIÈRE MÉDITATION.

Considérons que la libéralité de Dieu consiste à donner des dons excellents et en grand nombre à des créatures auxquelles il ne doit rien et desquelles il n'attend rien. Dons de la nature, dons de la grâce, elle prodigue ses faveurs selon nos besoins. Elle donne à tous généralement, aux bons et aux méchants, aux fidèles et aux ingrats, à ses amis et même à ses ennemis. Elle donne ce qu'il y a de plus précieux, la rosée du ciel et Dieu lui-même. Elle donne par le motif le plus pur, parce qu'elle aime à donner, et par le seul désir de se satisfaire. Elle donne d'une manière désintéressée, sans rien attendre de nous, parce que rien ne lui manque et que nous ne pouvons pas augmenter son bonheur. Que si Dieu demande de nous, pour marque de notre reconnaissance, une parfaite soumission à ses volontés, c'est que sa libéralité n'est point opposée à sa justice, et que, n'ayant pu nous faire que pour lui, il ne doit ni ne peut nous dispenser de

vivre pour lui. Mais en nous imposant des devoirs et en exigeant
de nous une exacte obéissance, il n'en est que plus libéral à notre
égard, puisqu'il ne nous commande qu'afin qu'il ait occasion de
nous donner davantage et de récompenser nos services par de
nouvelles faveurs. O Dieu infiniment libéral, je vous rends
grâces de vos dons. Vous donnez sans perdre, et vous recevez
sans gagner. Votre libéralité ne peut vous appauvrir. Faites que
je sois libérale envers vous ; et, quoi que je vous donne, je ne puis
vous donner que vos propres biens. Quelle injustice si je vous
les refusais ? Qu'est-ce après tout que Dieu me demande pour
preuve de ma reconnaissance ? Il me demande de garder ses com-
mandements, de suivre ses conseils, de remplir mes engagements,
d'observer mes règles, de surmonter mes penchants naturels, de
mourir à moi-même, et d'écouter en tout sa voix. Encore s'offre-t-il
à m'aider pour vaincre les difficultés que je rencontrerai. Ah ! Seigneur, que votre libéralité est admirable ! Vous me comblez de
bienfaits , et vous n'exigez rien ou presque rien de moi. Tout
ce que j'ai n'est-il pas à vous ? N'avez-vous pas droit de le prendre ? Mais vous ne forcez point la liberté de l'homme. Vous
voulez qu'il se donne à vous par amour et non par force. Touchée de votre générosité, je vous réitère de plein gré la donation
que je vous ai si souvent faite de moi-même. Je vous consacre
ma mémoire, mon esprit, mon cœur et ma liberté. Je vous offre
mes pensées, mes paroles et mes actions. Recevez les fruits d'un
arbre que vous avez planté ; recevez l'arbre lui-même. Tout ce
qui m'appartient est plus à vous qu'à moi. Si vous daignez accepter l'hommage que je vous en fais, ce n'est point une obligation que vous m'avez, c'est une grâce que vous m'accordez, grâce
précieuse que je n'attends que de votre infinie libéralité.

DEUXIÈME MÉDITATION.

Considérons combien Dieu est libéral à l'égard de ceux qui le sont envers lui. Il est magnifique envers ceux qui lui donnent peu; que ne doit-il pas être, que n'est-il pas envers ceux qui lui donnent tout? « On se servira pour vous, dit le Sauveur, de la même mesure dont vous vous servirez; plus vous serez libéral envers moi, plus je le serai envers vous. » Ces vérités supposées, que ne doit pas attendre de Dieu une âme généreuse?

Dieu nous fait sentir en toute occasion les effets de sa libéralité. Toujours prêt à prévenir nos désirs, à écouter nos prières, à exaucer nos vœux, il nous presse, il nous sollicite, il nous ordonne de lui demander; il se plaint même à nous, dans la personne de ses apôtres, de ce que nous ne lui demandons rien. Sans que nous le lui demandions, dans combien d'occasions ne nous donne-t-il pas ce qu'il sait nous être utile? Ne prévient-il pas souvent nos besoins? Ne nous offre-t-il pas fréquemment des faveurs qu'il ne devrait, ce semble, accorder qu'à nos larmes et à nos prières? J'en fais tous les jours la consolante épreuve, et je ne puis assez admirer la libéralité de mon Dieu envers moi.

Outre ces faveurs ordinaires, quelles faveurs singulières ne donne-t-il pas, surtout aux âmes religieuses qui se sont dépouillées de tout pour son amour? Quel précieux centuple ne leur accorde-t-il pas? Avec quelle onction ne se communique-t-il pas à elles? Quelles consolations, quelles douceurs, quelles délices ne leur fait-il pas goûter? David avait raison de dire qu'un jour passé dans la maison du Seigneur est préférable à mille passés dans le palais des rois. Grâce à votre libéralité, ô mon Dieu, je l'expérimente. Quel plaisir délicieux ne trouvé-je pas au pied de vos autels? Je n'en puis comprendre la douceur. Oh! que les plaisirs du monde me paraissent fades en comparaison de ceux que je goûte ! Que serait-ce si j'étais plus fidèle ? Ces grâces extraordinaires ne sont pas continuelles, mais voici ce qui ne nous manque jamais. Dieu a pour nous une providence spéciale, il nous couvre à l'ombre de ses ailes, il veille sur nous avec une bonté plus que paternelle, il nous fortifie contre les dangers, il écarte de nous les occasions, il nous soutient contre les tentations, il nous enrichit de grâces et de vertus, enfin il nous couronne de gloire et d'honneur. « Rien ne manque à ceux qui l'aiment, dit le Prophète ; jusque dans les peines, dans les humiliations et dans les épreuves les plus rudes, ils sont inondés de consolations intérieures. » Ce sont là des vérités que je sens, et avec quelle reconnaissance ne dois-je pas en faire l'aveu !

Il est doux de servir un Dieu si libéral, mais il serait honteux d'user de réserve en le servant. Non, ce n'est pas assez pour moi d'avoir une vertu commune ; je dois aspirer à ce qu'il y a de plus parfait. Je vous le promets, ô mon Dieu, dans toutes mes actions, je ferai ce que je croirai le plus parfait et le plus digne de vous. La nature frémit de cette résolution ; mais, avec votre grâce, je triompherai de la nature, et il n'y aura plus de partage dans mon cœur.

TROISIÈME MÉDITATION.

Considérons que la libéralité de Dieu est un reproche de nos réserves à son égard. Quelle honte, quelle ingratitude que nous soyons si resserrés envers un Dieu si libéral ! N'a-t-il pas raison de s'en plaindre ? Jésus-Christ, lorsqu'il était sur la terre, témoigna inutilement qu'il était pressé par la soif en deux différentes rencontres, l'une quand il demanda à la Samaritaine de lui donner à boire, et l'autre quand, sur la croix, il s'écria : *J'ai soif!* N'avons-nous pas pour lui la même dureté, lorsque, comme la Samaritaine, nous lui refusons ce qu'il nous demande, ou que, comme les Juifs, nous lui donnons du vinaigre à boire, c'est-à-dire que nous lui offrons des œuvres si imparfaites qu'elles sont plus propres à l'offenser qu'à le glorifier? Combien de sacrifices n'ai-je pas refusés à mon Dieu? Combien d'imperfections dans mes bonnes œuvres mêmes? Puis-je n'en pas mourir de douleur?

Ces réserves envers Dieu sont un grand obstacle à sa libéralité. Ne nous étonnons point si ce Dieu si libéral envers ceux qui ont un cœur généreux nous témoigne de la froideur et de l'indifférence. Il nous prive de ses consolations, il est sourd à nos prières, il ne nous accorde plus de grâces spéciales, il n'a plus pour nous qu'une providence ordinaire, il ne nous regarde plus qu'avec un air froid, il ne se fait plus sentir, et, plein d'une juste indignation, il nous dit par la bouche d'un prophète : « Ma main, cette main si puissante et si libérale sera-t-elle raccourcie? N'ai-je plus ni puissance ni bonté pour vous aider et pour vous sauver? Non, ce n'est pas moi qui ai changé, mais c'est vous-mêmes. Si je me montre moins libéral envers vous, c'est votre ingratitude qui en est la cause, et qui, malgré ma bonté, force en quelque sorte ma justice à vous punir et à vous vomir de mon cœur. C'est vous qui, par le refus que vous faites de mes grâces, m'obligez à les donner à d'autres qui, plus fidèles que vous, les reçoivent avec reconnaissance et en profitent avec ferveur. » N'est-ce pas à moi que Dieu parle de la sorte? Me parlera-t-il inutilement? Non, mon Dieu, et je suis prête à tout sacrifier pour ne point arrêter le cours de vos libéralités.

Les reproches que Dieu fait aux âmes lâches, quelque amers qu'ils soient, sont une nouvelle preuve de sa libéralité. Il lui en coûte de ne pouvoir pas l'exercer, et il n'y a que nos infidélités qui l'empêchent. Ne faut-il pas qu'il soit infiniment libéral ? O mon Dieu, détruisez en moi tout ce qui vous est opposé et qui me prive de vos grâces. Rendez-moi digne de vos bienfaits, et oubliez mes ingratitudes, puisque je les déteste de tout mon cœur.

SIXIÈME JOUR.

SUR L'IMMENSITÉ DE DIEU.

PREMIÈRE MÉDITATION.

Considérons que Dieu est immense ; il n'y a point de lieu si caché où il ne soit. C'est un esprit infiniment pur, qui pénètre tous les corps, et qui en est comme l'âme. Il est au plus haut des cieux, il est dans le fond de la mer, il est dans le sein de la terre, il est partout, et en quelque endroit que nous soyons, nous sommes dans lui, il est dans nous. Je puis donc dire avec le Prophète : « Si je monte dans les cieux, vous y êtes, ô mon Dieu ; si je descends dans les enfers, je vous y trouve ; si je passe au-delà des mers, c'est votre bras qui m'y conduit. » Mais quoique Dieu soit dans tout l'univers, il n'est point renfermé dans les bornes de l'univers ; son immensité s'étend plus loin. Le monde n'est pas assez vaste pour le contenir. Il peut créer une infinité de mondes plus étendus que celui-ci, et il serait dans tous ces mondes comme il est dans celui-ci. Tous ces espaces mêmes ne seraient qu'un point en comparaison de l'immensité de Dieu. De là je dois voir Dieu partout, marcher partout en sa présence, et me conduire en tout comme si je le voyais des yeux du corps.

Je le vois des yeux de ma foi et de ma raison ; c'est ce qui me rend encore plus assurée de sa présence, et c'est aussi ce qui doit augmenter ma vigilance et mon respect. O Dieu infini, qui avez le ciel pour trône et la terre pour marche-pied, et qui ne pouvez être renfermé dans ce grand espace, étant plus haut que les cieux et plus profond que les abîmes, je contemple avec vénération votre immensité, cette immensité qui, dans les lieux les plus bas et les plus resserrés comme dans les plus éle-vés et les plus étendus, conserve toute sa gloire et toute sa gran-deur. Je l'adore avec tout le respect possible.

Dieu est présent à tout, et il l'est par son essence, parce que son infinité remplit tout ; il l'est par sa connaissance, parce que sa sagesse voit tout ; il l'est par sa puissance, parce que son bras soutient tout et agit en tout. Outre cela, il est dans certains lieux d'une manière spéciale : ainsi, il est plus spécialement dans le ciel, parce qu'il y étale sa gloire ; dans l'enfer, parce qu'il y exerce ses vengeances, et dans nos temples, parce que Jésus-Christ y habite corporellement. Je dois souvent me rappeler cette pré-sence de Dieu, et en quelque endroit que je me trouve, je puis dire avec Moïse : *Dieu est ici.* Oh ! si je consultais ma raison et ma religion, lorsque je me crois seule, je croirais que je ne le suis pas, puisque Dieu est toujours avec moi. Quelle com-pagnie plus propre à me consoler dans mes peines, à m'animer dans mes langueurs, à me soutenir dans les tentations ? En com-prends-je bien tous les avantages ? Dieu me voit partout, par-tout je suis sous ses yeux. Ah ! si je ne perdais pas de vue ces grandes vérités, que ma vie serait sainte ! O Roi des rois, qui êtes tout dans votre royaume et tout entier dans chaque partie, fai-tes que désormais je sois tout entière à vous, dans vous et avec vous. Ainsi soit-il.

DEUXIÈME MÉDITATION.

Considérons que Dieu étant partout, il est par conséquent toujours dans nous et avec nous. Je ne puis donc pas me dérober à ses regards, et quelque précaution que je prenne pour me cacher, il est nécessairement témoin de toutes mes actions. Si je veux me retirer dans la solitude pour prier, il écoute mes prières dans le secret. Si je suis combattue de quelque violente tentation, il me regarde avec des yeux de compassion. Si je suis triste, il connaît mon affliction, et me prépare ou me refuse à son gré la consolation. Si je forme quelque projet, il le lit dans mon esprit et dans mon cœur. Point de ténèbres, point de secret pour lui. Il sonde tout, il pénètre tout, il voit tout, et connaît ce qui n'est pas aussi clairement que ce qui est. O Dieu infiniment éclairé, que ne puis-je me connaître comme vous me connaissez ! Je crains les regards des hommes, et cette crainte me retient souvent dans le devoir. Ne dois-je pas plus craindre vos regards ? Ah! que cette crainte me pénètre et m'engage à ne rien faire qui soit indigne de votre présence.

Dieu est dans nous, et par conséquent nous avons l'être, la vie et le mouvement dans Dieu. Il nous environne de tous côtés, à peu près comme les eaux environnent le poisson qui est au milieu de la mer. Or quelle joie ne dois-je pas sentir en pensant à la manière dont je suis en Dieu ! Il est la maison dont je ne puis pas sortir et où je dois habiter éternellement. Il est le lit où il faut que je repose, et hors duquel je ne puis trouver un véritable repos. Il est le rempart qui me défend et qui me met à couvert de mes ennemis. Il est ma vie et ma nourriture, puisque c'est lui qui me fait vivre. O mon Dieu, qui, comme une mère tendre, me portez toujours dans votre sein, faites que je vous porte toujours dans le mien.

Soyez à jamais dans mon esprit par la connaissance de vos bienfaits, dans mon cœur par la connaissance de votre amour. Transformez-moi en vous, afin que, par un heureux changement, je ne vive plus moi-même, mais que vous viviez en moi.

Dieu est en nous, et nous lui sommes plus intimement unis que l'âme ne l'est au corps. Nous avons au-dedans de nous, réellement et non en figure, le Père, le Fils et le Saint-Esprit, et nous ne pouvons pas nier que ces trois personnes habitent en nous. Si ce grand Dieu cessait un moment d'être dans nous, il cesserait d'être Dieu ; s'il s'éloignait de nous, nous péririons sur-le-champ. Quels transports de joie ne doivent pas me causer ces pensées ? J'ai au-dedans de moi mon Ami, mon Père, mon Sauveur, mon Dieu. Qu'ai-je à désirer ? Ne possédé-je pas le trésor le plus inestimable ? Comment sortirais-je de moi pour mendier le secours des créatures ? Que peut-il manquer, que manque-t-il à une âme qui a dans elle-même le Tout-Puissant ? Perfectionnez, ô mon Dieu, cette union que j'ai avec vous. Que mon esprit, aussi bien que mon cœur, soit tout absorbé en vous. Faites-moi sentir tout le bonheur qu'il y a d'être avec vous.

TROISIÈME MÉDITATION.

Considérons que Dieu est plus particulièrement en certains lieux et en certaines choses qu'en d'autres ; il est de cette façon dans le paradis, car partout ailleurs il se cache, et on ne le voit qu'obscurément. Mais là il se montre à découvert, il ôte le voile qui le dérobe à nos yeux, il se fait voir clairement aux saints, et il opère dans eux les prodiges les plus ineffables.

C'est pour cela que la céleste Jérusalem s'appelle le tabernacle où Dieu habite avec les hommes, c'est-à-dire avec les élus. Seigneur, qui habitez au plus haut des cieux, attirez-moi dans ce lieu délicieux. Quoique je vous possède maintenant, vous êtes encore un bien caché pour moi. Je vous possède sans vous voir et sans vous sentir. Quand on vous connaît et qu'on vous aime, peut-on se contenter de cette possession imparfaite ?

Dieu est, par une présence spéciale, dans certains endroits sur la terre ; les merveilles qu'il y opère ne permettent pas d'en douter. C'est ainsi qu'il est dans nos temples, dans tous les lieux consacrés à la prière, et dans la solitude où il se communique plus familièrement aux âmes dégagées du monde. Cette présence particulière de Dieu demande de moi plus de respect et plus de dévotion. En entrant dans ces lieux saints, je dois dire avec Jacob : *Dieu est ici.* Oh! que ce lieu est vénérable ! De là quels sentiments de confiance et d'amour ne dois-je pas avoir ? Si j'ai ces sentiments, Dieu me fera sentir sa présence.

Dieu est d'une manière particulière dans les justes, et il y est par la foi, par la grâce et par la charité. C'est pourquoi saint Jean dit que qui demeure dans la charité demeure en Dieu, et Dieu demeure en lui, parce que celui qui aime ne vit que dans l'objet de son amour. Ainsi donc, le juste qui aime Dieu demeure en Dieu ; et comme Dieu l'aime, Dieu demeure en lui. Aussi le juste est-il appelé le temple de Dieu et le sanctuaire de l'Esprit saint. Quel bonheur pour une âme qui possède Dieu de cette manière ! Puis-je me flatter d'avoir ce bonheur ? O mon Dieu, délivrez-moi de tout ce qui pourrait me rendre indigne de cette grâce.

Dieu est dans ses favoris d'une manière encore plus particulière ; car il se découvre à eux, il leur parle intérieurement, il leur révèle les profonds mystères de la Divinité ; il les éclaire, les anime, les soutient, les console, et jusque dans les souffrances mêmes leur fait goûter des délices ineffables.

Quel plaisir comparable à celui que sent une âme qui, à la faveur d'une lumière divine, se regarde comme abîmée dans l'immensité, et voit Dieu, tout immense qu'il est, renfermé en elle! Il faut l'expérimenter pour le croire, et en l'expérimentant on se trouve dans l'impossibilité de l'exprimer. Donnez-moi, ô mon Dieu, une fidélité inviolable, afin que je sois moins indigne de vos intimes communications.

———

SEPTIÈME JOUR.

SUR LA PUISSANCE DE DIEU.

PREMIÈRE MÉDITATION.

Considérons que la puissance de Dieu est infinie ; elle n'est limitée ni par le nombre, ni par la grandeur, ni par l'excellence des choses qu'il peut faire. Il peut faire tout ce qui est possible. Un ange l'a attesté en disant à Marie : *Rien n'est impossible à Dieu.* Il l'a lui-même déclaré, lorsqu'il a dit par son Prophète : *Y aura-t-il quelque chose de difficile pour moi? Non, il ne se trouve rien qui passe mes forces.* Notre raison seule ne nous permet pas d'en douter. Dieu étant infini simplement, il faut qu'il soit tout puissant, c'est-à-dire qu'il puisse faire tout ce qui ne renferme point de contradiction.

De là 1° Dieu peut créer infiniment plus de choses qu'il n'en
a créé. Celles qu'il a déjà tirées du néant ne sont pas compara-
bles pour le nombre à celles qu'il y a laissées, et qu'il pourrait
en tirer s'il le voulait. Aussi le Sage nous assure-t-il que les
plus grandes merveilles de Dieu nous sont cachées, et que celles
que nous connaissons sont en petit nombre. J'adore votre puissance, ô mon Dieu; je ne cherche point à en sonder la profondeur, je sais que je le chercherais en vain. Vous êtes admirable
dans les choses que vous avez faites; combien plus l'êtes-vous
dans celles que vous pouvez faire! O Roi des nations, dois-je m'é-
crier avec un de vos prophètes, qui sera assez téméraire pour ne
pas redouter votre puissance ?

De là 2° Dieu peut tout ce qui lui plaît dans les choses qu'il
a créées. Il ne tient qu'à lui de les changer, de les renverser, de
les abaisser, de les élever, et d'en disposer à son gré, sans que
personne ait droit de se plaindre.

Maître absolu de ses ouvrages, il peut en faire ce qu'il veut.
Oui, mon Dieu, quand il vous plairait de me briser comme un
potier brise le vase qu'il a formé, vous useriez de votre droit.
Maladies, douleurs, humiliations, peines intérieures, tentations,
je dois tout accepter; vous êtes mon Maître, gouvernez-moi
comme vous le jugerez bon : je me soumets à tout. Mes murmu-
res vous offenseraient, et ma soumission vous glorifiera.

De là 3° Dieu peut exécuter tout ce qu'il peut vouloir. S'il
voulait absolument quelque chose et qu'il ne pût pas en venir
à bout, il ne serait plus tout puissant, il ne serait plus Dieu.
Quand donc je suis assurée de la volonté de Dieu, je ne dois
plus douter de sa puissance. Ainsi, les difficultés ne doivent
point m'arrêter dans les sacrifices que Dieu me demande. Ils
me paraissent d'abord difficiles et comme impossibles; le fus-
sent-ils encore davantage, dès qu'il me les demande, je suis sûre

du succès. Il m'aidera à exécuter ce qu'il veut de moi. Sa puissance est dans la disposition de sa volonté. O Dieu tout puissant, je répands devant vous mon âme avec toutes ses affections. Vous connaissez l'opposition que j'ai naturellement à tout ce que vous voulez faire de moi; détruisez-la dans moi, cette opposition. Vous le pouvez, parce que vous êtes tout puissant, et j'ose dire que vous le voulez, parce que vous êtes tout miséricordieux. J'attends tout de votre bonté et de votre puissance.

DEUXIÈME MÉDITATION.

Considérons que Dieu seul est tout puissant. Quelque grande que l'on suppose la puissance des créatures, elle est bornée, et qui plus est, elle ne leur vient pas de leur propre fonds. C'est Dieu qui la leur donne. Elles n'ont rien que par grâce et par communication. Nous sommes de nous-mêmes la faiblesse même, et nous n'avons de forces qu'autant que le Tout-Puissant nous en communique. Il n'y a donc que Dieu qui puisse tout faire par lui-même. Nul autre ne peut rien sans lui. Le soleil n'éclairerait pas, le feu n'échaufferait pas, l'homme n'agirait pas, si la main de Dieu ne les aidait et n'agissait avec eux. Je dépends donc absolument de la toute-puissance divine, et sans elle je ne puis ni subsister ni agir. Quelles actions de grâces ne vous dois-je pas, ô mon Dieu ! Si vous m'inspirez des projets de perfection, vous mettez en même temps en moi tout ce qu'il me faut pour répondre à vos saintes inspirations; je vois tout venir de la même source, et la grâce et la fidélité à exécuter ce qu'elle demande de moi. Soyez-en béni à jamais, et que toute la terre confesse la gloire de votre toute-puissance.

Dieu n'est pas tellement jaloux de sa puissance, qu'il ne

veuille bien en communiquer une partie à ses créatures, afin qu'elles soient en état de faire, avec son secours, les actions qui leur sont propres. Mais dans le besoin il donne aux hommes un pouvoir plus grand et plus élevé que la nature humaine ne l'exige en leur donnant le pouvoir de faire des actes surnaturels. *Je puis tout,* disait saint Paul, *en Celui qui me fortifie.* Ainsi, l'homme le plus faible, avec le secours du Tout-Puissant, devient en quelque sorte tout puissant lui-même. Il n'y a rien que le bras de Dieu ne puisse faire en lui et avec lui. Bien loin de nous refuser ce secours extraordinaire, il nous l'offre, il veut que nous le lui demandions, et il l'accorde toujours à notre confiance. *Si vous pouvez croire,* disait le Sauveur à un homme affligé qui le conjurait de guérir son fils, *tout est possible à celui qui croit.*

Puis-je assez admirer la bonté de Dieu ? Il la porte, cette bonté à notre égard, jusqu'à rendre tout puissants ceux qui se confient en sa miséricorde. Quelque grande que soit ma faiblesse, je puis donc, je dois même ne désespérer de rien. Il n'y a rien de si parfait, de si héroïque et de si difficile, que je ne puisse exécuter avec le secours de mon Dieu. Ce secours ne me manquera jamais, ou s'il me manque, ce ne sera que par ma faute. Il ne tient qu'à moi d'être en quelque sorte toute puissante. Soyez à jamais béni, ô Dieu tout puissant, de ce que dans les occasions vous voulez bien me communiquer votre toute-puissance. C'est sur elle que je compte. Avec son assistance, je triompherai de tous les obstacles, et je remporterai une victoire complète sur les ennemis de mon salut. Tandis que je vous aurai pour ami, je serai supérieure à tous les événements.

TROISIÈME MÉDITATION.

Considérons les qualités précieuses que je tiens de la toute-puissance de Dieu. 1° L'immortalité. Comme Dieu est immortel, et que, quoiqu'il soit dans le monde, il ne dépend point du monde, ainsi mon âme est immortelle, et, quoiqu'elle soit dans mon corps, elle ne dépend point de mon corps. Quand le corps meurt, et que les vers et la pourriture le consument, l'âme ne meurt point, elle n'est point sujette à la corruption, et dès qu'elle est séparée du corps, elle retourne à son Créateur, qui lui assigne en l'autre monde la place qu'elle a méritée. Roi des siècles, Dieu éternel, qui seul possédez essentiellement l'immortalité, je vous rends grâces de ce que vous avez communiqué à mon âme cette perfection. Vous pourriez l'anéantir en cessant de la conserver, mais vous voulez qu'elle participe à votre éternité. Je vous en conjure, faites qu'en quittant cette vallée de larmes, elle entre dans le séjour des bienheureux.

2° La liberté. Ma volonté est dépendante en tout de celle de Dieu, mais elle ne laisse pas d'être maîtresse de ses actes. Dieu a mis devant moi la vie et la mort, le bien et le mal. Je suis maîtresse de choisir à mon gré. Le démon a beau me tenter par des appas les plus séduisants, quelques efforts qu'il fasse, il ne peut me vaincre qu'autant qu'il me plaira. Il ne peut forcer ma volonté à lui céder, et je suis toujours libre de lui résister. Dieu même semble respecter ma liberté. Il me presse, me sollicite, m'ordonne de faire le bien, mais il ne me fait aucune violence. Il m'a donné le pouvoir de me déterminer, et ses dons sont sans regret. Il est maître absolu de ma volonté, mais sans donner atteinte à mon libre arbitre. O Dieu, qui avez fait des créatures libres, et qui exigez d'elles une soumission libre, je vous consacre ma liberté. Je ne veux m'en servir que pour me dévouer à votre service. Je ne serai jamais plus parfaitement libre que quand je serai plus exactement soumise à votre volonté.

3° La faculté de recevoir les dons du Saint-Esprit, les vertus infuses, la béatitude et la gloire avec tous les autres dons surnaturels. Mon âme est propre à recevoir tous ces dons, et elle n'en reçoit jamais tant qu'elle ne puisse en recevoir davantage. Connaître Dieu, l'aimer, le glorifier, le posséder, et participer à son bonheur pendant toute l'éternité, c'est la fin à laquelle je suis destinée. Quelle grandeur ! quelle noblesse ! quelle exellence comparable à la mienne ! Quelque excellents que soient les biens dont il plaît à la bonté divine de nous enrichir sur la terre, notre âme ne peut en être pleinement satisfaite ; elle désirera toujours quelque chose de plus, jusqu'à ce qu'elle jouisse de Dieu dans le ciel. Comme rien ne peut rendre heureux Dieu que Dieu même, de même tout autre bien que Dieu ne rassasie pas notre âme et ne remplit pas l'étendue de notre cœur.

O Dieu infini, ne permettez pas qu'un cœur que vous avez fait pour vous et à qui tout autre bien ne suffit pas ne soit pas tout pour vous. Bannissez-en toute affection terrestre. Vous êtes son souverain bien ; remplissez-le de vous-même. Il ne peut être heureux que dans vous, qu'il ne s'attache qu'à vous, qu'il ne désire que vous. Ainsi soit-il.

HUITIÈME JOUR.

SUR LA BÉATITUDE DE DIEU.

PREMIÈRE MÉDITATION.

Considérons que Dieu est lui-même sa propre béatitude, car sa béatitude consiste à se connaître et à s'aimer, et comme sa connaissance et son amour sont la même chose que lui, il s'ensuit qu'il est heureux par lui-même. Il ne peut cesser de se connaître et de s'aimer, et ainsi il lui est aussi essentiel d'être son propre bonheur qu'il lui est essentiel d'être Dieu. Il jouira toujours d'un bonheur infini, parce qu'il sera toujours ce qu'il est, un Etre souverainement parfait, qui se suffit souverainement à lui-même, qui n'a besoin d'aucun autre être, et qui trouve en soi la source unique de sa félicité. O souveraine béatitude de Dieu, oserais-je entreprendre de sonder votre immensité! Ceux à qui vous avez été manifestée sont hors d'état de nous dire ce que vous êtes, et tout ce qu'ils peuvent nous en apprendre, c'est de nous déclarer avec saint Paul que l'œil ne saurait voir, que l'oreille ne saurait entendre, que le cœur de l'homme ne saurait comprendre les richesses et les trésors que vous renfermez. Dieu seul, qui vous produit, vous connaît parfaitement, et il n'appartient qu'à lui de dire ce que vous êtes. O béatitude de Dieu, qui êtes Dieu même, montrez-vous à moi. L'homme ne peut vous voir sans mourir ; faites donc que je meure pour vous voir, ou que je vous voie pour mourir. Vous

nous avez promis, ô mon Dieu, que vous ne refuseriez pas votre
vue à ceux dont le cœur est pur ; purifiez le mien. L'homme ne
vous a jamais vu ; mais l'homme qui vit séparé de l'homme se
rend, par cette séparation, capable en quelque sorte de vous voir.
Anéantissez tout ce qu'il y a d'humain dans moi. Quels transports s'emparent de mon âme ! Un jour j'aurai part à votre béatitude. Vous serez vous-même ma récompense. La félicité dont
vous jouissez, j'en jouirai ; je vous verrai, et je vous verrai face
à face. Je vous aimerai d'un amour jouissant, et mon amour
fera mon bonheur comme il fait le vôtre. Quand viendra cet
heureux jour, ce précieux moment qui me mettra en possession
de mon Dieu? O ciel, ô patrie, ô séjour délicieux, que la terre
me paraît méprisable quand je vous considère ! O demeure
digne de Dieu, soyez au plus tôt ma demeure. Que mon exil est
long ! Hâtez-vous, ô mon Dieu, de le terminer. Je languis du
désir de vous voir tel que vous êtes. Ah! que ce désir n'est-il
assez violent pour finir ma carrière ! Mes yeux, fermez-vous
à la terre. Le ciel est l'unique objet de mes vœux. Je ne veux
plus penser qu'au ciel.

DEUXIÈME MÉDITATION.

Considérons les avantages de la béatitude. Le premier est
l'éternité ; car qui a Dieu pour objet doit durer autant que Dieu,
dont le règne n'aura point de fin. Le second est l'assurance
qu'ont les saints que leur bonheur est éternel ; car ils sont as-
surés que rien ne les séparera jamais de Dieu et que rien ne
séparera jamais Dieu d'eux. La troisième est l'immutabilité ; car
le bonheur essentiel ne diminue point. S'il arrive des change-
ments dans le ciel, ce n'est que parce qu'il arrive à tous mo-

ments aux saints de nouveaux sujets de joie qui leur causent une béatitude accidentelle. Le quatrième est une certaine béatitude qui rassasie l'âme sans lui causer aucun dégoût, qui la remplit sans lui laisser le pouvoir de désirer rien autre. Quand on possède le bien infini, on trouve toujours un nouveau goût dans sa possession. Les plaisirs du ciel ne sont ni fades ni ennuyeux ; ils contentent pleinement, et le temps n'ôte rien à leurs premières douceurs. Ah! si je connaissais le bonheur qui m'est préparé dans le ciel, quel mépris n'aurais-je pas du bonheur que le monde offre à ses partisans? Peut-on s'attacher aux biens périssables de cette vie, pour peu que l'on ait une idée des biens éternels de l'autre? O céleste Jérusalem, ô séjour heureux où l'on jouit de toutes sortes de biens, et où l'on n'a rien à désirer ni à craindre ! Là, on n'est point sujet aux misères de ce monde. Là, on est à l'abri de toutes les infirmités, de toutes les incommodités, de tous les chagrins, de toutes les craintes et de toutes les afflictions. Là, auprès du trône de l'Agneau, on est inondé d'un torrent de délices. Ce bonheur, tout incompréhenhensible qu'il est, m'est promis. J'y ai des droits en qualité de chrétienne et de religieuse. Ma place est marquée dans ce séjour fortuné. Jésus-Christ me l'a méritée par sa mort, mais il me reste l'obligation de la mériter moi-même par une vie sainte et pénitente. Le ciel n'est accordé qu'à titre de récompense à ceux qui, comme dit un apôtre, ont lavé et blanchi leur robe dans le sang de l'Agneau, c'est-à-dire à ceux qui ont purifié leur âme par la pénitence et par les souffrances. Frappez donc, ô mon Dieu, appesantissez votre bras sur moi, mettez-moi et tenez-moi dans le creuset des tribulations; je suis prête à tout souffrir, et je souffrirai tout en victime, trop heureuse si je puis, par les souffrances, mériter d'avoir part à votre béatitude. Il ne me faut qu'un regard vers le ciel pour me combler de joie au milieu des plus grandes peines. Oh! que les croix sont précieuses, puisqu'elles procurent un bonheur éternel!

TROISIÈME MÉDITATION.

Considérons plus particulièrement la nature et la grandeur de la nature des saints. Dès qu'une âme entre dans le ciel, Dieu l'investit tout à coup d'une lumière de gloire qui, s'élevant au-dessus de sa nature, la met en état de voir Dieu intuitivement. Au même instant Dieu l'absorbe tout entière et se communique à elle à peu près comme le feu pénétrant le fer lui communique son éclat et sa chaleur.

L'âme se trouve alors comme déifiée et transformée en Dieu. Sa mémoire n'est plus occupée que de Dieu. Elle n'a plus d'autre objet. Elle se retrace ses grâces, ses bontés, ses miséricordes; elle ne peut les oublier, et dans ce souvenir quelle satisfaction ne trouve-t-elle pas? Son entendement est aussi plein de Dieu. Elle le connaît ce Dieu infini, et ce n'est plus par la foi, c'est par une vision claire qu'elle le connaît. L'unité de la nature divine, la trinité des personnes, tous ces mystères adorables, elle les voit, elle les contemple. Et quelles douceurs ineffables ne goûte-t-elle pas dans cette contemplation ? Sa volonté est également abîmée en Dieu. Elle a dans Dieu intuitivement comme un motif nécessaire de l'aimer, et elle l'aime de l'amour le plus ardent, le plus constant et le plus satisfaisant. De là cette joie béatifique qui consiste dans la complaisance que l'âme bienheureuse a de posséder invariablement le seul bien qu'elle aime. Oh ! qui pourrait comprendre les transports de joie que causent à un prédestiné ces réflexions qu'il ne peut s'empêcher de faire et qu'il fait toujours avec un nouveau plaisir ?

J'aime mon Dieu, et je l'aimerai toujours ; je possède le Dieu que j'aime, et rien ne m'en séparera jamais. Je puis me former une légère idée de ce bonheur par celui que j'éprouve en certaines occasions où Dieu se fait sentir à mon cœur.

Quelles ardeurs, quels transports, quelles délices ne sens-je pas alors ! Les plaisirs du monde les plus piquants ont-ils rien de comparable ? Si Dieu connu par la foi se plaît à donner, dans cette vallée de larmes, des moments si doux à des âmes qui le servent, de quels torrents de délices ne doit-il pas inonder, dans le séjour du bonheur, ses élus qui le voient intuitivement ? O bonheur incompréhensible, mon cœur s'enflamme, se ravit, se transporte de joie quand je vous considère. Que sera-ce quand je vous posséderai ? S'il est si doux de vous aimer sur la terre, ô mon Dieu, quelle douceur ne produit pas la plénitude de votre amour dans le ciel ? Eh ! à quoi pensé-je, si je ne pense pas uniquement à mériter un bonheur éternel ? Sortirai-je de ma retraite sans être embrasée d'un désir aussi efficace que constant de ne plus travailler que pour la gloire du ciel ? Non, mon Dieu, et, par votre grâce, je sens que rien ne m'intéresse plus que mon salut. Soutenez-moi dans les sentiments que vous m'avez inspirés. Que ma mémoire ne soit plus occupée qu'à se souvenir de vous, mon esprit qu'à vous connaître, mon cœur qu'à vous aimer, et mon corps qu'à vous servir. Vous êtes mon Dieu et mon tout pour le temps et pour l'éternité. Ainsi soit-il.

CARÊME SPIRITUEL

POUR SE PRÉPARER A LA FÊTE DU SACRÉ CŒUR DE JÉSUS

Composé par la Sœur ANNE-MADELEINE REMUZAT.

(On le commence le lundi après le troisième dimanche d'après Pâques.)

On doit se proposer d'entrer en esprit dans le Cœur sacré de Jésus-Christ pour honorer sa retraite dans le sein de son Père, se conformant à ses sentiments et à sa conduite, en s'unissant aux hommages, à l'amour et à l'adoration qu'il se rend à lui-même, seul digne de lui. La pratique essentielle à ce Carême, c'est celle du silence. On observera trois sortes de silence : celui d'esprit, pour ne point raisonner ni s'occuper volontairement des occasions journalières de mortification qui se présentent et que nous portons avec nous. Le second silence est celui de la langue, afin de n'en parler, pour quelque motif que ce soit, si ce n'est au Cœur de Jésus, qui doit seul en être le témoin. Le troisième silence est celui de tout nous-mêmes, que nous devons rendre égal dans ces sortes d'occasions autant qu'il dépendra de nous, évitant aucun témoignage extérieur qui puisse le donner à connaître et nous en faire perdre le mérite. Le Cœur de Jésus-Christ étant infiniment jaloux du nôtre, par ces trois sortes de silence, nous lui en ferons un sacrifice qui l'en rendra le maître et le possesseur. On pourra pratiquer le Carême en cinq neuvaines.

Dans la première, on tâchera d'honorer la *sainteté* du Cœur de Jésus-Christ, en portant la qualité d'un criminel, chargé non seulement du poids de ses propres péchés, mais encore de tous ceux qui font injure à sa sainteté infinie. On pourra lui dire quelquefois pendant le jour : « Je me réjouis, ô sacré Cœur de mon Dieu, de ce que, dans les rebuts de vos créatures, vous trouvez en vous-même de quoi vous satisfaire pleinement. Que n'ai-je, comme votre Prophète, ce cœur contrit et humilié que vous ne méprisez point ? » On récitera pendant la neuvaine les litanies du sacré Cœur.

Dans la deuxième neuvaine, on prendra la qualité de *disciple* qui étudie la vérité émanée du Cœur de Jésus-Christ et qui tâche d'y conformer sa conduite, recevant avec docilité et soumission sa divine instruction, lui disant souvent dans le jour : « Parlez, Seigneur, et me rendez docile à votre parole. » On dira tous les jours de la neuvaine le chapelet du sacré Cœur de Jésus.

Dans la troisième neuvaine, on s'appliquera à honorer la *souveraineté* et le domaine du Cœur de Jésus-Christ sur toutes les créatures, en prenant la qualité d'un esclave, toujours prêt d'accomplir les volontés de son Seigneur, lui disant souvent pendant le jour : « J'adore, ô Cœur sacré de Jésus, votre souverain pouvoir et votre domaine sur moi et sur tout être créé. Je désire vous rendre les hommages de la plus parfaite soumission; commandez-moi tout ce que vous voudrez, et donnez-moi tout ce que vous me commanderez. » On fera tous les jours l'acte de consécration.

Dans la quatrième neuvaine, on tâchera d'honorer la *gran-*

deur du sacré Cœur de Jésus-Christ en prenant la qualité d'adoratrice, confessant qu'il est seul digne de toute louange et de tout amour, lui disant souvent, par forme d'aspiration : « Adorez-vous vous-même, ô sacré Cœur de mon Dieu, et suppléez par vos propres adorations à l'indifférence et au mépris que vous recevez de ceux qui refusent de vous adorer en esprit et en vérité. » On fera tous les jours l'acte d'offrande.

La cinquième neuvaine sera pour honorer la *divinité* du Cœur sacré de Jésus-Christ comme le centre des trois adorables personnes de la sainte Trinité, en prenant devant lui les dispositions d'une victime qui désire lui être associée et venger sur elle les outrages qu'il reçoit dans le Saint-Sacrement de l'autel. On lui dira souvent avec le Prophète : « Vous n'avez point voulu, Seigneur, d'holocauste ni de sacrifice ; mais j'ai dit : Me voici. » On fera chaque jour de la neuvaine l'amende honorable.

FIN.

Lyon. — Imprimerie Félix Girard, rue Saint-Dominique, 13.

TABLE DES MATIÈRES.

FIN DE LA TABLE.

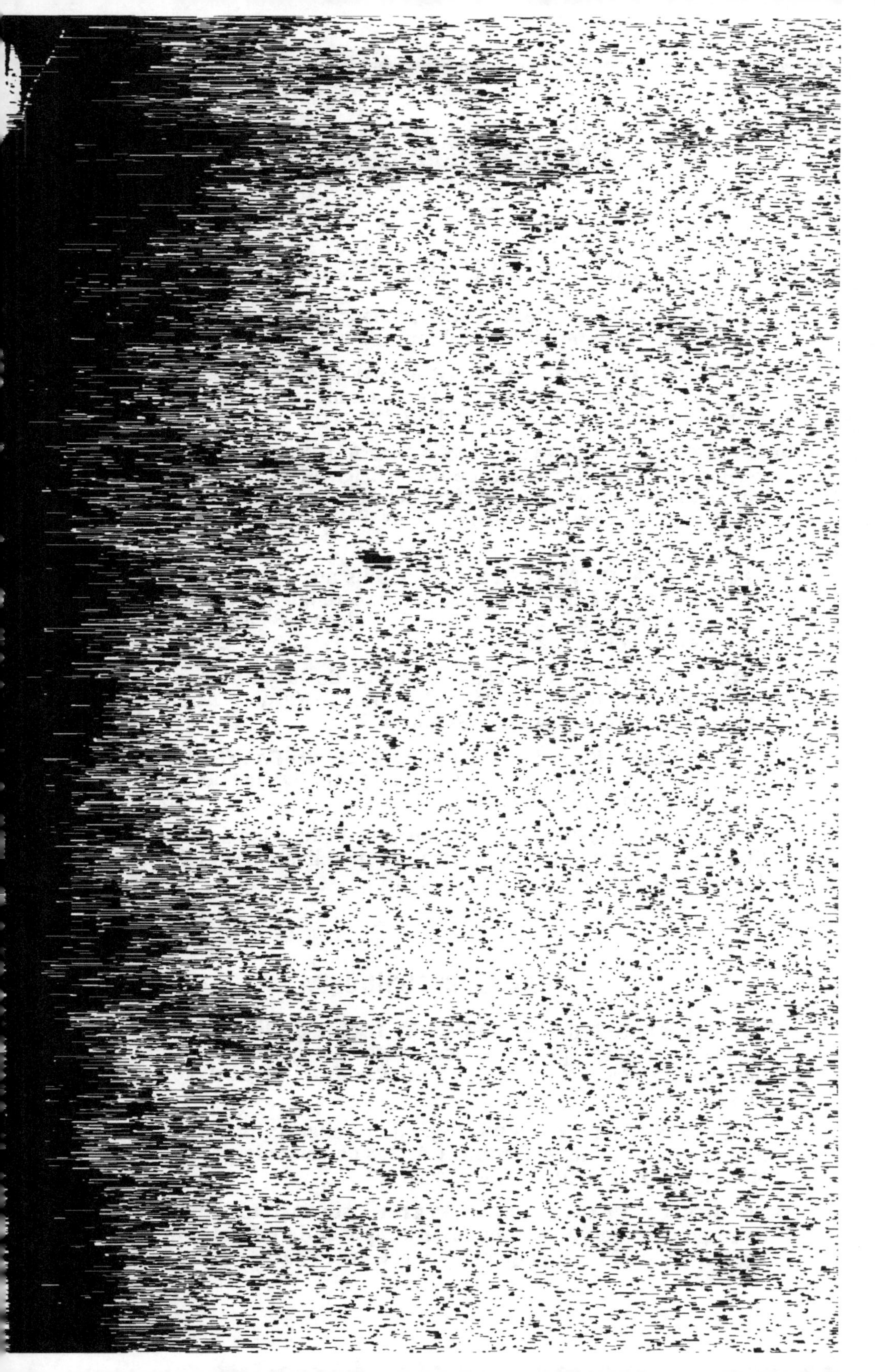

OUVRAGES DE DIRECTION ET LECTURES.

LE DIRECTEUR DES AMES PIEUSES dans leurs peines de conscience; par un aumônier. 1 vol. in-18.   1 fr. 50 c.

ENTRETIENS D'UNE ENFANT DE MARIE avec son directeur spirituel pour se conserver dans la vertu au milieu des dangers du monde; par un aumônier. 1 vol. in-12.   2 fr.

MÉDITATIONS À L'USAGE DES JEUNES PERSONNES sur les vérités de la foi, la passion de notre Seigneur et les fêtes de la sainte Vierge. Approuvé par Mgr l'Archevêque d'Avignon et par NN. SS. les Evêques de Valence et de Saint-Brieuc. 2 volumes in-12.   5 fr.

LE LIVRE DES JEUNES FILLES, Conseils aux jeunes personnes qui ont terminé leur éducation; par une religieuse de la Nativité. Approuvé par Mgr l'Evêque de Valence. 3e édition revue avec soin. 1 vol. in-12.   2 fr. 50 c.

MANUEL DE PIÉTÉ (nouveau), à l'usage de la jeune pensionnaire; par une religieuse de la Nativité. 2e édition. Approuvé par l'autorité ecclésiastique. Grand in-32.   1 fr.

LES PETITES VERTUS ET LES PETITS DÉFAUTS DE LA JEUNE FILLE au pensionnat et dans sa famille; par un aumônier. 3e édition approuvée. 1 vol. in-18.   80 c.

SCIENCE DU MÉNAGE (la), complément de l'éducation de la jeune fille au pensionnat et dans sa famille; par l'auteur des *Petites Vertus et Petits Défauts*. 1 vol. in-18.   80 c.

OUVRAGES CLASSIQUES.

DE LA COMPOSITION LITTÉRAIRE, Leçons de littérature spécialement rédigées pour les demoiselles; par un aumônier, auteur des *Petites Vertus* et de *la Science du ménage*. 1 volume in-12 cart.   3 fr.

FABULISTES INSTITUTEURS (les), choix religieux, moral et littéraire de 250 fables empruntées à plus de soixante poètes; par Mme Woillez. 2e édition. In-18 cart.   75 c.

HISTOIRE DE FRANCE ÉLÉMENTAIRE, suivie d'un questionnaire pouvant servir de résumé historique et de tableau chronologique; par Mme Drohojowska. 1 vol. in-18 cart.   75 c.

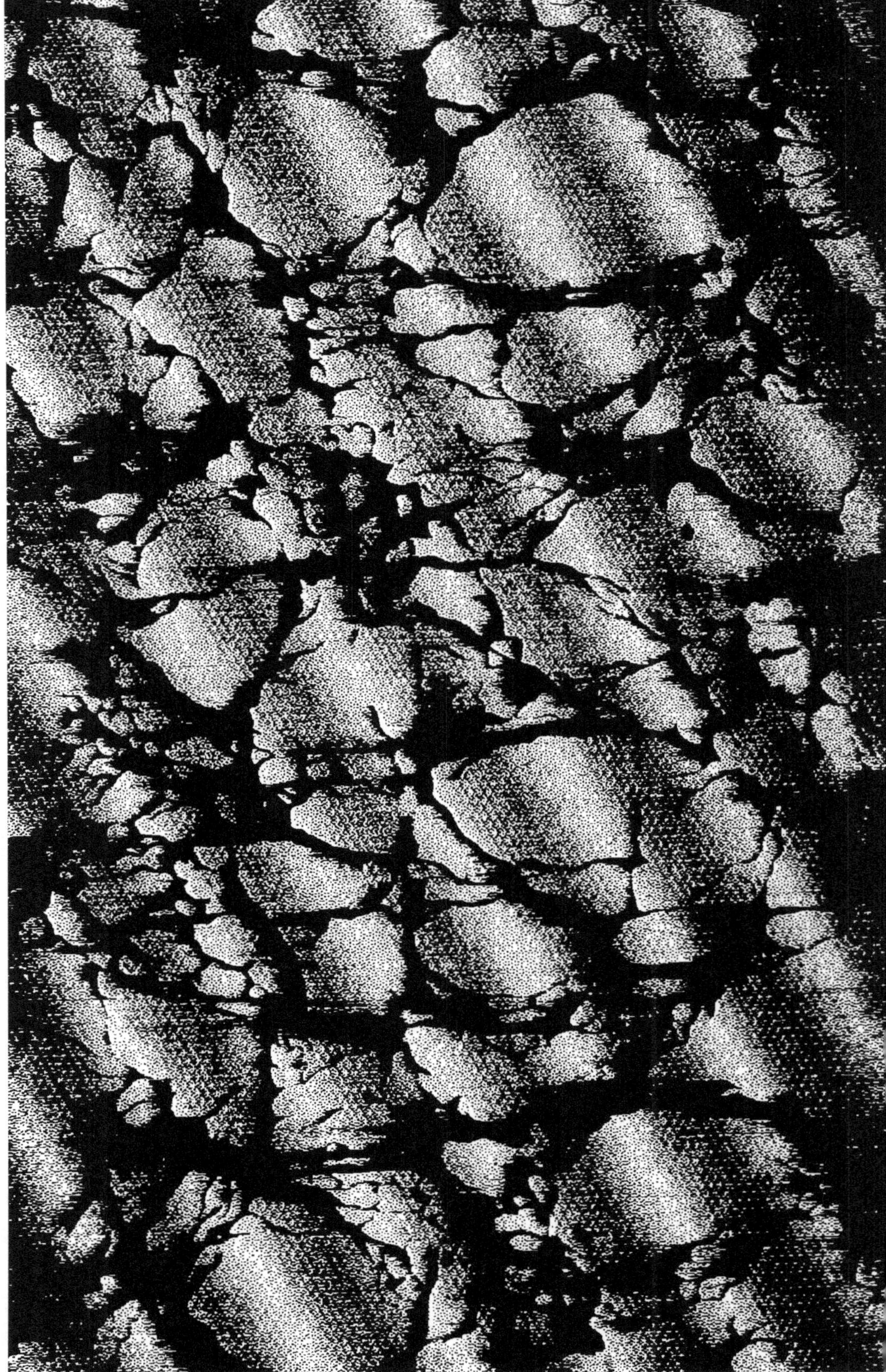

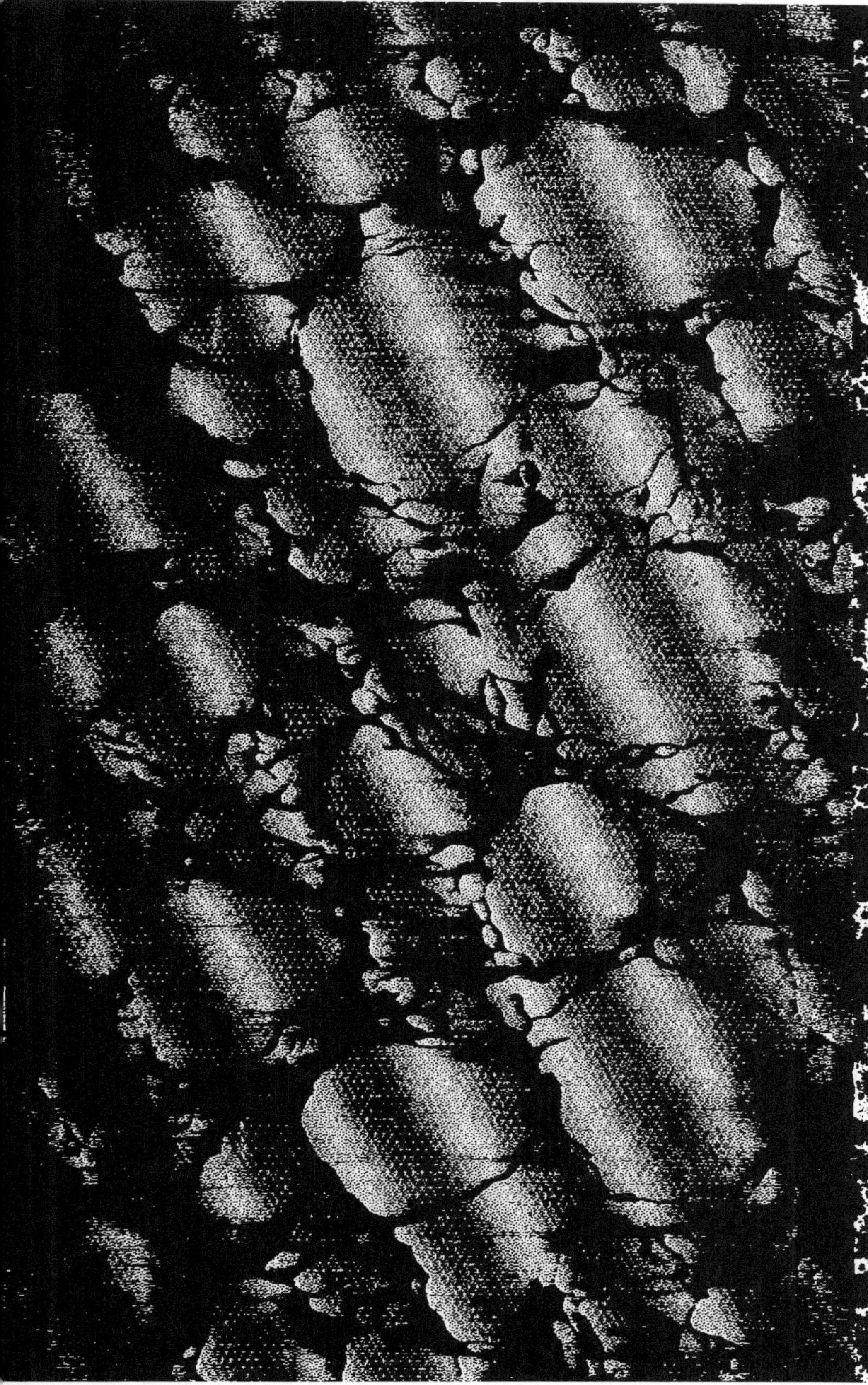

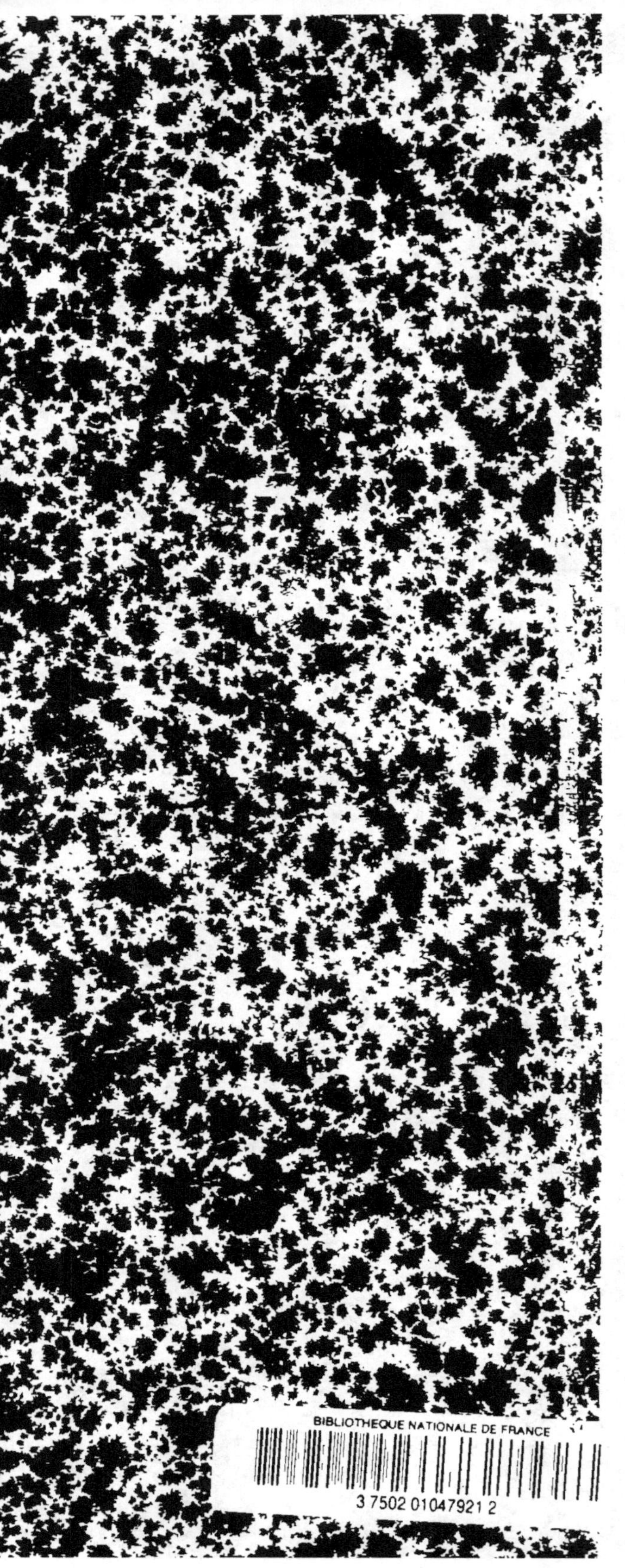

BIBLIOTHEQUE NATIONALE DE FRANCE
3 7502 01047921 2